当代中国人文大系

诠释学

它的历史和当代发展

（修订版）

洪汉鼎 著

中国人民大学出版社
·北京·

"当代中国人文大系"出版说明

改革开放以来，中国社会的变革波澜壮阔，学术研究的发展自成一景。对当代学术成就加以梳理，对已出版的学术著作做一番披沙拣金、择优再版的工作，出版界责无旁贷。很多著作或因出版时日已久，学界无从寻觅；或在今天看来也许在主题、范式或研究方法上略显陈旧，但在学术发展史上不可或缺；或历时既久，在学界赢得口碑，渐显经典之相。它们至今都闪烁着智慧的光芒，有再版的价值。因此，把有价值的学术著作作为一个大的学术系列集中再版，让几代学者凝聚心血的研究成果得以再现，无论对于学术、学者还是学生，都是很有意义的事。

披沙拣金，说起来容易做起来难。俗话说，"文无第一，武无第二"。人文学科的学术著作没有绝对的评价标准，我们只能根据专家推荐意见、引用率等因素综合考量。我们不敢说，入选的著作都堪称经典，未入选的著作就价值不大。因为，不仅书目的推荐者见仁见智，更主要的是，为数不少公认一流的学术著作因无法获得版权而无缘纳入本系列。

"当代中国人文大系"分文学、史学、哲学等子系列。每个系列所选著作不求数量上相等，在体例上则尽可能一致。由于所选著作都是"旧作"，为全面呈现作者的研究成果和思想变化，我们一般要求作者提供若干篇后来发表过的相关论文作为附录，或提供一篇概述学术历程的"学术自述"，以便读者比较全面地了解作者的相关研究成果。至于有的作者希望出版修订后的作品，自然为我们所期盼。

“当代中国人文大系”是一套开放性的丛书，殷切期望新出现的或可获得版权的佳作加入。弘扬学术是一项崇高而艰辛的事业。中国人民大学出版社在学术出版园地上辛勤耕耘，收获颇丰，不仅得到读者的认可和褒扬，也得到作者的肯定和信任。我们将坚守自己的文化理念和出版使命，为中国的学术进展和文明传承继续做出贡献。

“当代中国人文大系”的策划和出版，得到了来自中国社会科学院、北京大学、清华大学、中国人民大学、北京师范大学、复旦大学、南京大学、南开大学等学术机构的学人的热情支持和帮助，谨此致谢！我们同样热切期待得到广大读者的支持与厚爱！

中国人民大学出版社

再版序

诠释学，横跨中外和通达古今之桥梁

本书初版于2001年，时间匆匆，十八年过去了。当时汉语学界诠释学的研究和发展才刚开始，山东大学中国诠释学研究中心正在酝酿，时至今日，汉语学界的诠释学可以说不仅在思想范围上、在成果数量上，而且在研究品质上、在学术力量上都有了很大的积累、更新乃至突破。山东大学中国诠释学研究中心先后联合海峡两岸和港澳学术机构主办或协办了14届“诠释学与中国经典诠释”系列国际学术研讨会，编辑出版了14辑《中国诠释学》集刊，2015年牵头成立了中国现代外国哲学学会诠释学专业委员会；华中科技大学建立了西方诠释学研究中心，那里每年培养好几位诠释学研究博士；湖南大学的岳麓书院不仅多年一直开设诠释学的《真理与方法》课程，而且致力于其与中国经典诠释的比较研究；复旦大学中文系有中国经学的诠释学研究；深圳大学的国学院，儒学与诠释学的研究走在了前列；大连理工大学英语系有文学与诠释之关系研究，并计划出版《文学与诠释》；中央民族大学哲学系开展了汉传佛教与诠释学的重要研究；安徽师范大学学报还办了“诠释学研究”栏目，并出版了《理解之路——诠释学论文选粹》。这些诠释学研究基地可以说共同促进着汉语学界诠释学事业乃至中国诠释学学科的蓬勃发展。

汤一介先生生前曾提出创建“中国解释学”，余敦康先生也提出“诠释学是哲学和哲学史的唯一进路”，我本人特别强调将诠释学作为沟通中外古今思想之桥梁，是开拓和创新中华优秀传统文化的必经之路。创建中国经典诠释学是一项重要的学术理论工程，其最有益而可靠的途径是：既要深入理解西方诠释学的发展历史以及当代哲学诠释学理论，特别是全面掌握伽达默尔诠释学思想和理论及当代的发展，又要全面整理中国经学的漫长经验与历史及其训诂学、考证学、文字学、文献学、注释学等学问，以经学的现代化作为出发点来建立一门既不同于中国传统经学又高于西方诠释学的中国经典诠释学。我认为只有这样，我们才能立足中国、借鉴国外、挖掘历史、把握当代，从而在学科体系、学术观点和话语系统上充分体现中国特色、中国风格和中国气派。

借此书再版之机会，我想就诠释学再强调如下几点：

一、Hermeneutik 这一诠释学原词的词源学分析

“诠释学”的德文是 Hermeneutik，英文是 hermeneutics，它们的词源都是希腊文 ερμηνευτικηχ。Hermeneutik 一词有两个要点：一个是词根 Hermes，另一个是词尾 ik。

词根 Hermes（赫尔默斯）是希腊神话中诸神的一位信使，他的任务就是来往于奥林匹亚山上的诸神与人世间的凡夫俗子之间，迅速给人们传递神的消息和指示。因为诸神的语言与人类的语言不同，因此赫尔默斯的传达就不是单纯的报道或简单的重复，而是翻译和解释。翻译是把人们不熟悉的诸神的语言转换成人们自己的语言；解释则是对诸神的晦涩不明的指令进行疏解，以使一种意义关系从陌生的世界转换到我们自己熟悉的世界。伽达默尔在《古典诠释学和哲学诠释学》一文中写道：“赫尔默斯是诸神的信使，他把诸神的旨意传达给凡人——在荷马的描述里，他通常是从字面上转达诸神告诉他的消息的。然而，特别在世俗的使用中，hermeneus（诠释）的任务却恰好在于把一种用陌生的或不可理解的表达的东西翻译成可理解的语言。翻译这个职业因而总有某种‘自由’。翻译总以完全理解陌生的语言，而且还以对被表达东西本来含义的理解为前提。谁想在理解上成为一个口译者，谁就必须把所意指的东西重新用语言表达出来。‘诠释学’的工作就是这样从一个世界转换到另一个世界，从神的世界转换到人的世界，从一个陌生的语言世界转换到另一个自己的语言世界。”①

这段话实际上讲到诠释学有两个重要观点：一是诠释不只是字面上转换，诠释一定是与诠释者的理解有关的，它一定是把一种陌生的或不可理解的表达翻译成可理解的东西，这里存在翻译或

① 伽达默尔．真理与方法［H.-G. Gadamer. Wahrheit und Methode. Tübingen: J. C. B. Mohr (Paul Siebeck)］：第 2 卷．1986：92．以下凡引《真理与方法》原文，均为德文页码，可以在中译本边页找到。

诠释的某种“自由”；二是诠释也不是主观任意的，它总是以完全理解陌生的语言，以对被表达东西本来含义的理解为前提。这两点说明诠释学既不是纯客观主义，因为在文本解释中试图确定文本的唯一正确的解释是不合理的，也不是纯粹相对主义，因为在文本解释中，从来就没有所谓“怎么都行”这回事，理解总是一种效果历史事件。

词尾 ik 不是“学”，尽管我们将其翻译成“诠释学”，但它本身确实不是一门学问，而是一种技艺、一种操作、一种经验。在西方语言里，“学”是 ologie（ology），而 ik（ics）指一种操作或技术（techne，Kunst，art），它不属于学问或理论，因此 Hermeneutik 的正确译法应是“诠释技艺”、“诠释术”或“解释技艺”（Kunst der Deutung）。伽达默尔在上述一文中说：“诠释学首先代表一种技艺高超的实践。它表示一种可以补充说‘技艺’的构词。”[①] 并说：“它与其说是一门‘科学’，不如说是一种实用的技巧。”[②] 类似的概念如 Analytik，尽管我们一般将它译为“分析论”或“分析学”，但它实际上意指一种分析技艺或分析术，它偏重于操作与做法，有时就可直译为“分析”。诠释和分析这种技艺的产生源于原先的经验，经验是个别的，而多次经验就产生了技术，技术可说是一种熟练的经验。因此亚里士多德在《形而上学》导论中说：“经验产生技艺。”托马斯·阿奎那也曾在其《亚里斯多德形上学注》中说：“在人身上，科学和技术导源于经验。当人们由许多经验概念中形成一个关于类似事物的普遍判断时，技术就产生了。”[③] 类似的概念还有很多，如 Logik——逻辑学或逻辑操作，Dialektik——辩证法或辩证处理，Metaphysik——形而上学或在物理学之后编排等。由于这种操作的强调，德国哲学词典对于 Hermeneutik 的解释一般有两方面内容：一是诠释实践（Praxis der Auslegung）或导致理解的做法或程序（Verfahren zum Verstehen）；另一是诠释理论（Theorie der Auslegung），即作为对理解及其语言表达的条件和规则进行反思的理论或学问。[④]

如果说赫尔默斯的功能是理解与解释，技艺的本质是应用，那

---

① 伽达默尔．真理与方法：第 2 卷．1986：92．

② 同①93．

③ 托马斯·阿奎那．亚里斯多德形上学注：第 1 册．孙振青，译．台湾：明文书局，1991：5．

④ 哲学与科学理论百科全书：第 2 卷．北京：科学出版社，1984：85．

么诠释学就是理解、解释与应用的统一。所谓统一，就是说它们三者互不分离，没有前后之别，即不是先有理解而后有解释，也不是理解在前而应用在后。解释就是理解，应用也是理解，理解的本质就是解释和应用。传统诠释学把这三个要素均称为技巧，即理解的技巧（subtilitas intelligendi）、解释的技巧（subtilitas explicandi）和应用的技巧（ subtilitas applicandi ）。这里所谓技巧，就是我们上面所说的实践技艺。从这里我们就可看出诠释学与实践哲学的紧密关系。

二、诠释学的关键是理解，究竟怎样的理解才是诠释学所说的理解呢?

我们现在可以具体来分析诠释学的所谓理解了。伽达默尔说："每一时代都必须按照它自己的方式来理解历史传承下来的文本，因为这文本属于整个传统的一部分，而每一时代则对这整个传统有一种实际的兴趣，并试图在这传统中理解自身。当某个文本对解释者产生兴趣时，该文本的真实意义并不依赖于作者及其最初的读者所表现的偶然性，至少这种意义不是完全从这里得到的，因为这种意义总是同时由解释者的历史处境所规定的，因而也是由整个客观的历史进程所规定的。"①

按照伽达默尔的看法，任何理解都绝不是一种复制性的原样理解，而是理解者根据自己的当前语境和现实问题对一直传承到自己的传承文本的把握，这里既有理解者的具体境遇和效果历史前理解，又有传承物本身经历的效果历史，因而我们的理解本身就是一种具体的效果历史事件。伽达默尔说，当我们摆脱那种有害于理解的历史思维而要求一种更好地进行理解的历史思维时，我们就一定看到这种真正的历史思维必须同时想到它自己的历史性。只有这样，它才不会追求某个历史对象（历史对象乃是我们不断研究的对象）的幽灵，而将学会在对象中认识自己的他者，并因而认识自己和他者，这样——伽达默尔继续写道——我们就会认识到："真正的历史对象根本就不是对象（客体），而是自己和他者的统一体，或一种关系，在这种关系中同时存在历史的实在以及历史理解的实在。一种名副其实的诠释学必须在理解本身中显示历史的实在性。因此我就把所

① 伽达默尔．真理与方法：第1卷．1986：301.

需要的这样一种东西称为'效果历史'(Wirkungsgeschichte)。理解按其本性乃是一种效果历史事件。"① 效果历史事件本身就是一个时空事件。

对于伽达默尔来说，理解绝不是重新领会他人的原始意见或重构他人的原本观念，而是与某人在某事上取得相互一致的意见，理解总是相互理解(Verständigung)。例如我们对于某一作品的理解，就是与作品的作者在某事上取得相互一致的意见，与作者达成相互理解，因此伽达默尔说："所谓理解某人所说的东西，就是在语言上取得相互一致的意见，而不是使自己置身于他人的思想之中并重新地领会他人的体验。"② 这是一种视域融合过程。

为了说明这种融合过程，伽达默尔以翻译为例，因为翻译典型地表现了视域融合过程。无论翻译者在翻译时如何力图进入原作者的思想感情中或设身处地地把自己想象为原作者，翻译都不可能纯粹是作者原始心理过程的重新唤起，而是在新的条件下对文本的再制作。这种再制作一方面需要传达原本语词的意义，另一方面又需要用新的语言展示这种意义。伽达默尔说："在对某一文本进行翻译的时候，不管翻译者如何力图进入原作者的思想感情中或是设身处地地把自己想象为原作者，翻译都不可能纯粹是作者原始心理过程的重新唤起，而是对文本的再制作(Nachbildung)，而这种再制作乃受到对文本内容的理解的引导，这一点是完全清楚的。同样不可怀疑的是，翻译所涉及的是解释(Auslegung)，而不只是重现(Mitvollzug)。"③ 一个很明显的例证是，在任何翻译中，我们都需要进行一种突出重点的活动(Überhellung)。翻译者不可能把原文中的所有意义都表现出来，原文中模棱两可和含糊不清的意义，翻译者都要避免，他要明确表示他自己的观点和立场。当他这样做时，他实际上是在把他自己的视域和他自己的理解带入原文的翻译中。我们不能把文本所具有的意义视同于一种一成不变的固定观点。在重新唤起文本意义的翻译过程中，翻译者总是把他自己的思想和理解带入此过程。在翻译中得以阐明的东西既非仅仅是原文的意见，也非仅仅是翻译者的意见，而是一种共同的意见。

---

① 伽达默尔. 真理与方法：第1卷. 1986：305.

② 同①387.

③ 同①389.

中国文论有很多这种例证，如北宋陆九渊《语录》："或问先生：何不著书？对曰：六经注我，我注六经。"清人张潮："少年读书，如隙中窥月；中年读书，如庭中望月；老年读书，如台上玩月。"这两个古典例子都说明理解不是如实表达客观对象的性质，而是一种理解者与客观对象的共同意见。为何有人说，一百个人读《哈姆雷特》就有一百种理解？一部《论语》已经经历了两千多年，怎么还在不断的理解和诠释中？其实就是这种理解的本质结果。

按照当代诠释学的观点，我们每次理解都是根据自己具体的语境去理解，我们每次理解都是一种效果历史事件，因此我们所理解的传承文本的意义也必定是具体的、历史的意义而不是什么抽象的、普遍的意义，因而没有什么与具体相脱离的所谓抽象的或普遍的思想。过去我的老师冯友兰先生鉴于当时否定传统的情境，提出抽象继承，尽管有一定的历史意义，但抽象继承是不可能的，因为我们理解传统都是根据自己具体的语境的效果历史事件。我们可以举出今天常引用的"水能载舟，亦能覆舟"这一命题来说明。这命题出自《荀子·王制篇》"庶人安政，然后君子安位。传曰：'君子者，舟也；庶人者，水也；水则载舟，水则覆舟'"，显然此命题在当时是比喻君主与庶民关系，荀子借此命题告诫君主要"选贤良，举笃敬，兴孝弟，收孤寡，补贫穷，如是则庶人安政矣"，而"庶人安政，然后君子安位"。宋代邵雍在《伊川击壤集》序里也说了此句话，他是这样说的："噫！情之溺人也甚于水。古者谓水能载舟，亦能覆舟，是覆载在水也，不在人也。载则为利，覆则为害，是利害在人也，不在水也。"邵雍当时想以此句批评近世诗人"殊不以天下大义而为言者，故其诗大率溺于情好也"，显然他从此句话中所继承和接受的意蕴与荀子不同。今天我们引用此句主要是说明党政机关与人民群众的关系，人民群众是我们治国的根本，我们的工作应以人民群众利益为重。

《真理与方法》对此有一段很深刻的论述："表达所表达的东西不只是表达中应当得以表达的东西，即它所意指的东西，而首先是那种不是应得以表达而是在（当下）这种言辞和意见中一起得以表达的东西，即那种几乎可以说是表达'暴露'的东西。在这种广泛的意义里，'表达'概念所具有的内容远远超过语言学的表达概念。它其实包括了我们为理解一切事物而必须返回的一切东西。同样又包括了使我们有可能进行这种返回的东西。解释在这里不是指被意指的意义，而是指被隐藏了的而且必须要揭示的意义。”①

这段话我们需要解释一下。表达也可译成表达式，即文本中的命题，当我们理解某一命题时，该命题对我们所表露的东西，也就是对我们构成意义的东西，既不是该命题原来作者所想表达的东西，即他们所意图的东西，又不是该命题字面所给出的语言意义，而是该命题在现在于我们理解者的言辞和意见中一起得以表达的东西，也就是该命题向我们暴露的东西。因此该命题的意义既不是原作者的意图，即使我们需要返回原来的作者，我们也是在使我们有可能返回的语境中这样做，也不是语言学字面的东西，因为它的内容远远超过了语言学的表达概念。因此，理解在这里不是指被原来作者或语词字面所意指的意义，而是指该命题中被隐藏了的而且当下我们作为理解者必须要揭示的意义，也就是说，这种当前的理解包含我们与该命题的当下生存关系。根据这种理解过程，我们今天之所以需要再提出“爱人”“己所不欲，勿施于人”“己欲立而立人，己欲达而达人”等这些传统哲学命题，实际就已经包含我们今天对它们的肯定理解，而这种肯定理解绝不是一种抽象的形式的字面意义，而是一种在我们当下生存语境中对它们的现实意义的揭示。因此我们可以说，冯先生提出的抽象或普遍意义与具体或特殊意义的区分，其实乃是在我们的理解过程中通过所谓逻辑思维和科学抽象分析而得出的，所谓命题的抽象或普遍的意义和具体或特殊的意义，其实都是我们理解命题后通过逻辑和科学抽象思维分析的结果，而实际的整个理解过程始终是一种一般与个别、抽象与具体相统一的效果历史事件。

施莱尔马赫曾经用同质性（Kongenialität）和同时性（Simultaneität）来作为理解和解释古典作品的基础，认为古典作品的意义可以无须现代的参与而客观地发掘，只要理解者与古典作品的作者达到同质性，并返回该作品原来的时代，理解和解释就会成功。历史主义者也曾经提出我们必须舍弃我们自己现时的境域而置自身于过去传承物的时代，我们对传承物的理解才会正确。对于这些观点，伽达默尔反问道：“说我们应当学会把自己置入陌生的视域中，这是对历史理解艺术的正确而充分的描述吗？有这种意义上的封闭的视域吗？我们想起了尼采对历史主义的谴责，它毁坏了由神话所包围的视域，而

① 伽达默尔．真理与方法：第1卷．1986：341.

文化只有在这种视域中才能得以生存，一个人自己现在的视域总是这样一种封闭的视域吗？具有如此封闭视域的历史处境可能被我们设想吗？”① 按照伽达默尔的看法，“所谓历史地思维实际上就是说，如果我们试图用过去的概念进行思维，我们就必须进行那种在过去的概念身上所发生过的转化。历史地思维总是已经包含着过去的概念和我们自己的思想之间的一种中介。企图在解释时避免运用自己的概念，这不仅是不可能的，而且也是一种妄想。所谓解释正在于：让自己的前概念发生作用，从而使文本的意思真正为我们表述出来。我们在分析诠释学过程时已经把解释视域的获得认作一种视域融合……我们之所以决不可能有一种所谓正确的‘自在的’解释，就是因为一切解释都只同文本本身有关。传承物的历史生命力就在于它一直依赖于新的占有（aneignung）和解释（Auslegung）。正确的‘自在的’解释乃是一种毫无思想的理想，它认错了传承物的本质。一切解释都必须受制于它所从属的诠释学境况”②。

为了反对施莱尔马赫的同时性（Simultaneität）概念，伽达默尔从克尔凯郭尔那里借来一个概念，即 Gleichzeitigkeit（共时性），试图用此概念说明哲学诠释学所强调的不同时的同时性或视域融合，他写道：“‘共时性’（Gleichzeitigkeit）是属于艺术作品的存在。共时性构成‘共在’（Dabeisein）的本质。共时性不是审美意识的同时性（simultaneität）。因为这种同时性是指不同审美体验对象在某个意识中的同时存在（Zugleichsein）和同样有效（Gleich-Gültigkeit）。反之，这里‘共时性’是指，某个向我们呈现的单一事物，即使它的起源是如此遥远，但在其表现中却赢得了完全的现在性。所以共时性不是意识中的某种给予方式，而是意识的使命，以及为意识所要求的一种活动。这项使命在于，要这样地把握事物，以使这些事物成为‘共时的’，但这也就是说，所有的中介被扬弃于彻底的现在性中。众所周知，这种共时性概念来自克尔凯郭尔，克尔凯郭尔曾赋予这一概念某种特殊的神学意蕴。在克尔凯郭尔那里，共时性不是同时存在，而是表述了向信仰者提出的这样一种任务，即要完全联系在一起地传达两件并不是同时的事情，即自身的现在和基督的拯救，以使这两件事情仍然像某种现在之事（不是作为当时之事）被经验并被认真地接受。与此相反，审美意识的同时性则依据于对

① 伽达默尔．真理与方法：第1卷．1986：309．

② 同①400-401．

提出这种共时性任务的回避”①。

在伽达默尔看来，理解永远是陌生性与熟悉性的综合、过去与现在的综合、他者与自我的综合。他曾经这样讲到诠释学的一般特征：“即必须把一些远离我们的东西拉近，克服疏远性，在过去和现在之间建造一座桥梁。”② 文本的意义既不可局限于原作者的意图或文本的原意，同时，文本也非一完全开放的系统任由理解者或解释者按其所需进行诠释，也就是说，理解者或解释者并非仅从自身的视域出发去理解文本的意义而置文本自己的视域于不顾，反之，理解者或解释者也不只是为了复制与再现文本的原意而将自己的前见和视域舍弃。这种既包含理解者或解释者的前见和视域又与文本自身的视域相融合的理解方式，伽达默尔称之为“视域融合”：“其实，只要我们不断地检验我们的所有前见，那么，现在视域就是在不断形成的过程中被把握的。这种检验的一个重要部分就是与过去的接触（Begegnung，照面），以及对我们由之而来的那种传统的理解。所以，如果没有过去，现在视域就根本不能形成。正如没有一种我们误认为有的历史视域一样，也根本没有一种自为的现在视域。理解其实总是这样一些被误认为是独自存在的视域融合过程。”③ 伽达默尔说：“在异己的东西里认识自身，在异己的东西里感到是在自己的家，这就是精神的本质运动，这种精神的存在只是从他物出发向自己本身的返回。”④ 他认为，诠释学的优越性在于它能把陌生的东西变成熟悉的东西，它并非只是批判地消除或非批判地复制陌生的东西，而是用自己的概念把陌生的东西置于自己的视域中并使它重新起作用。正如翻译会让他者的真理相对于自身而得到保存，从而使陌生的因素和自身的因素在一种新的形态中相互交流。

这样我们就可以看出诠释学的两大重要特性：现代化和本土化。我们可以说，当代哲学诠释学最重要的贡献是强调了任何传统或观念要持续存在，就必须进行现代化和本土化，现代化是从时间方面说的，而本土化则是从空间方面说的，因此现代化与本土化可以说是传统或观念活着的时空存在方式。我们可以说，任何传统继承和理论发展都必须进行这种现代化和本土化的转向，所谓创造性转化和创新性发展，

---

① 伽达默尔. 真理与方法：第1卷. 1986：132.

② 伽达默尔. 哲学解释学. 夏镇平，等译. 上海：上海译文出版社，1994：23.

③ 同①311.

④ 同①19-20.

实际就是这种现代化和本土化的过程。

三、诠释学既横跨中西，又通达古今，它是中西和古今间的桥梁或中介

正是基于上述这两种过程，我们看到诠释学关于中西和古今的关系，即它乃是中西和古今的沟通与通达之桥梁。当代诠释学的宇宙实际上就包含这两个主题，所以，诠释学就是一种沟通两种传统、两种思想或两种观念的中介技艺。它的作用就是在两种传统、两种思想或两种观念之间进行中介作用或居间作用，伽达默尔曾说它是经济领域的经济人或外交领域的大使或使节。

首先，我们从近代学术历史上看中西方是否真可分开。早在民国时期，王国维和陈寅恪就认为这两者乃是统一不可分的。王国维说："余非谓西洋哲学之必胜于中国，然吾国古书大率繁散而无纪，残缺而不完，虽有真理，不易寻绎，以视西洋哲学之系统灿然，步伐严整者，其形式上之孰优孰劣，固自不可掩也。"① 此说已开中国哲学研究必须借鉴西方哲学之"形式系统"的先河。王国维说："欲通中国哲学，又非通西洋之哲学不易明也……异日昌大吾国固有之哲学者，必在深通西洋哲学之人，无疑也。"② 又说："欲完全知此土之哲学，势不可不研究彼土之哲学。异日发明光大我国之学术者，必在兼通世界学术之人，而不在一孔之陋儒，固可决也。"③ 陈寅恪也说："其真能于思想上自成系统、有所创获者，必须一方面吸收输入外来之学说，一方面不忘本来民族之地位，此二种相反而适相成之态度，乃道教的真精神，新儒家之旧途径，而二千年吾民族与他民族思想接触史之所昭示者也。"④ 贺麟先生也指出，儒化西洋文化的关键，在于吾国人能否真正彻底地、源源本本地了解并把握西洋文化，他以"认识就是超越，理解就是征服"这句名言来说明，真正了解了西洋文化，便能超越西洋文化，通过吸收、转化、利用和陶熔西洋文化，以形成新的儒家思想、新的民族文化。

如果我们回顾中国经学史或儒学史，我们就可看到中国儒学在

---

① 王国维．哲学辨惑//王国维文集：第3卷．北京：中国文史出版社，1997：5.

② 同①.

③ 王国维．奏定经学科大学文学科大学章程书后//王国维遗书：第3册．上海：上海书店出版社，1983：647.

④ 陈寅恪．冯友兰中国哲学史下册审查报告//金明馆丛稿二编．上海：上海古籍出版社，1980：284.

二千多年的发展中也是经历了各种外来思想而进行现代化转型的，如汉代的神学化（与秦国强调力治以反对儒家德治，走一条霸道路线相对立，汉代提出“罢黜百家，独尊儒术”，董仲舒为了强化儒学，将儒学进行神学化），魏晋玄学化（为了抵制两汉阴阳灾异，谶纬造神的烦琐注疏，魏晋何晏、王弼倡导弃繁就简的玄学，提倡老庄“无为”思想），宋明理学化（为抵制魏晋空虚抽象化，又与汉代经学训诂不同，宋明儒者接受佛学影响，求义理解释，倡导微言大义，理气心性），清代朴学化（为抵制宋儒义理空疏，乾嘉学派标榜“实事求是”，主张“六经皆史”）以及民国的西学化（胡适的实用主义和冯友兰的新实在论）。特别要指出的是中国儒学在历史上受到了两次外来文化的大的影响：一是公元1世纪开始到7、8世纪的印度佛教文化的影响，这成为宋明理学产生的重要原因之一；二是16世纪开始至19世纪西方文化的传入，这成为现代中国哲学产生的动因。冯友兰先生曾经把这种接受外来文化以发展自身的方法比为“下转语”。“下转语”并不是简单否定自身原来的语，而是比原来的语更进一步。用禅宗的话说是“百尺竿头，更进一步”，用陆游诗句形容是“山重水复疑无路，柳暗花明又一村”。

当然，在学习西洋文化方面，我们不是光点头，也不是光反对，而是吸收、利用和超越西洋文化。真正理解西洋文化的，不是消灭自己的民族文化，而是通过吸收和利用而超越和征服西洋文化，以形成自己更高的新的民族文化。在中西哲学关系上，我很赞同我的老师贺麟先生的观点。贺师既不主张全盘西化，又反对中体西用，而是提出“化西”的中国哲学。他说，正如宋明理学不是“佛化”的中国哲学，而是“化佛”的中国哲学一样，现今的中国哲学也不能是“西化”的中国哲学，而只能是“化西”的中国哲学。王国维曾说：“中西二学，盛则俱盛，衰则俱衰。”我还想起了三十多年前（1985年2月12日）在德国和盖尔特赛策（Lutz Geldsetzer）教授讨论未来世界哲学前景的一番谈话：中西方哲学发展的方向不是中西合璧，而应当是中西归一，而在达到这种归一之前，中西方哲学要保持差异和不同，因为只有差异和不同才是发展的动力。

其次，我们再来考虑古代与现代的关系。伽达默尔在《怀疑诠释学》一文中说：“浪漫主义发展了克服古典主义并且去发现过往、远方、异地（中世纪，印度，中国等）的魅力的能力。诠释学也许会被定义为克服那些难有共感以及不易达到共识的区域中的距离的尝试。”这种关系通过当代哲学诠释学的阐述，已经提高到人类文化发展的本质形态。按照伽达默尔的哲学诠释学，对古代经典的理解，正如古代的建筑物一样，需要过去与现在的综合，也就是一种“与现时生命的思维沟通”。伽达默尔在《真理与方法》中说：“事实上，往日的大建筑纪念物在现代快节奏生活以及在现代设立的建筑群中的出现，提出了一种在石块上对过去和现在进行综合的任务。建筑艺术作品并不是静止地耸立于历史生活潮流的岸边，而是一同受历史生活潮流的冲击。即使富有历史感的时代试图恢复古老时代的建筑风貌，它们也不能使历史车轮倒转，而必须在过去和现在之间从自身方面造就一种新的更好的中介关系，甚至古代纪念物的修复者或保管者也总是其时代的艺术家。”① 我们讲过的古希腊、柏拉图已不是当时的古希腊、柏拉图，而是我们此时的古希腊、柏拉图，我们对其的思想情感已不是当时人们的思想情感。古典型或经典型就是一个很重要的例证，它不只是一个历史性的概念，而且更重要的还是一个规范性的概念。虽然历史主义的理想是要把过去的规范要求承服于历史理性的要求，然而经典型或古典型仍保持一种评价词汇，它包含一种对于以后不定的时代同样具有积极价值的力道。经典型或古典型的规范价值在于它是不断检验的真理的源泉、历史真理的源泉。伽达默尔利用了德语 Bewahrung（保存）与 Bewährung（证明）在构词方面的类似性，把两个根本不同的意思结合在一起。历史的存在就是在保存（Bewahrung）中而存在的存在。这种保存不只是贮藏，而是不断地置于检验证明（Bewährung）之中，检验什么东西在证明自身中让某种真的东西进入存在。经典型或古典型的这种积极价值力量在于它是不断检验的真理的源泉和生命的源泉。历史研究最终的成功不是处于古典著作之后或从上面解释它们，因为在古典型里来到存在的真理先于历史研究，并通过研究和在研究过程中持续存在。古典型的历史学不仅是研究，也是检验、证明和参与古典型东西的真理。所以经典型或古典型不是自在存在，它的真理并不自在持存，而只是通过这种历史的参与，即与历史学家的现在不断进行中介。为此理由，经典型或古典型东西对我们所说的不只是关于过去的陈述，而且也是告诉现代人的真理。经典型或古典型的东西就是那种经过不同时代检验而保存其真理的东西。

① 伽达默尔. 真理与方法：第1卷. 1986：161-162.

诠释学可以说是传统继承的天然使者，传统继承不是原样的继承而是创造性的继承。传统继承不是模仿和重现，不能仅仅停留在文本的背诵和训诂层次，而是在新时代面向新问题的新的理解，是对传统文本在新的视域下的参与和诠释。传统不是存在，而是活着，传统并不是存在于我们之外的、我们只能对之认知和评价的僵死的东西，而是活在我们心中并与我们合而为一的力量。作品的意义不是存在于作品的后面，而是存在于作品的前面，作品要在当代的新光亮中开启它的存在。对作品真理内容的理解不是在昔日的黄昏中，而是在其来日的晨曦中。传统继承是通过作品的语言中介或构成物对作品在当代视域下进行诠释，作品的语言中介或构成物的抽象观念性或意象性既规定了诠释的界限，使得传统继承不是任意的继承，同时又使继承不囿于原先的意蕴，使得传统继承成为创造性的继承。这里正可说是对有限手段的无限使用。

伽达默尔特别强调诠释学是一门经验理论，经验就表明诠释有某种有限性，诠释学主张解释者与文本之间的一致性是一种永无止境的路，人与人之间的所有一致性，社会所有组成部分之间的全部一致性都是以此为前提的。海德格尔说艺术作品是作为一种冲力（Stoss）而与我们照面的。对文本的体验可能总是包含着这样一种边界经验，每一种寻求理解的阅读都只是一条永无尽头的道路上的一个步骤。谁走上这条道路，谁就会知道，他决不能“对付”他的文本，他只能把这种冲力接受下来。这一点从诠释者方面说，就是人类认识到自身的有限性。伽达默尔始终把诠释学与人的有限性联系起来，并反对无限理智这一概念。伽达默尔曾以柏拉图的辩证法原则来说明这一点，他在《怀疑诠释学》一文中说：“柏拉图的这些‘原则’并不是意谓着产生终极的确定性（ultimate determinancy）。我认为当柏拉图说哲学是为了人类而非为了诸神时，他是相当清楚地意识到这个立场的。诸神知道真理，但我们却是辩证地在接近与克服错误的进程上迈向真理。”这种人类认知有限性观点使伽达默尔也拒绝“无限理智”这一概念，他在给施特劳斯的信中这样说道：“如果我作如下的补充，也许你对我这本书的倾向就会清楚：与海德格尔相反，几十年来我一直主张（verfochten），即使他‘跨步’（Satz）或‘跳跃’到形而上学背后，但只有通过这本身才有可能（=效果历史意识!）。我想我通过海德格尔所理解的东西（以及我的新教出身所能证实的东西）首先是，哲学必须学会不靠一种无限理智的观念去安身（die philosophie lernen muss，ohne die Idee eines unendlichen Intellektes auszukommen）。我已经努力筹划一种相应的诠释学。但是我能做到这点，只有通过——与海德格尔意图相反——在一种这样的诠释学意识里最终把我所看到的一切带到证明。我确实相信我理解了后期海德格尔，即他的‘真理’。但是我必须根据我自己的经验去‘证明’它，这就是我称之为‘诠释学经验’的东西。”①

人类心灵的共振能逾越古今和中西。

洪汉鼎，北京怡斋

2018 年秋

① 见伽达默尔 1961 年 4 月 5 日给施特劳斯的信。

前　言

诠释学作为一门指导文本理解和解释的规则的学科，在以前类似于修辞学、语法学、逻辑学，从属于语文学。可是在20世纪，由于解释问题的普遍性——这种普遍性不仅表现在人文科学领域，而且也表现在自然科学领域，甚至像卡尔·波普尔这样的认识论哲学家以及像托马斯·库恩这样的科学史家也主张科学理论总是解释，观察对象具有理论负载，科学不是像实证主义者所认为的那样限制于描述事实，而是必须组织它们，概念化它们，换言之，科学必须解释它们——诠释学已把自身从一种理解和解释的方法论发展成一种哲学理论。当代哲学诠释学抛弃了那种把自身限制于更基本层次的规范的和技术的计划，它不再教导我们如何解释，而是告诉我们在解释中什么东西发生。正如伽达默尔所说："我本人的真正主张过去是、现在仍然是一种哲学主张：问题不是我们做什么，也不是我们应当做什么，而是什么东西超越我们的愿望和行动而与我们一起发生。"①

今天诠释学可以说进入了作为实践哲学的更深层次的发展阶段。在当代科学技术和全球经济一体化对社会全面统治而造成人文精神相对日益衰退的时候，诠释学再次强调古希腊的那种与纯粹科学和技术相区别的"实践智慧"（phronesis），这无疑会给当代人们对于经济和技术发展的狂热注入一种清醒剂。亚里士多德曾把人类的活动和行为区分为两类：一类是指向活动和行为之外的目的的或本身不完成目的的活动和行为，另一类是本身即目的的或包含完成目的在内的活动和行为。例如，生产这种活动，其目的在于产品而不是生产，它是本身不完成目的的活动；反之，政治或道德这类行为，如果它是真正的政治或道德行为，其本身就应当是目的即善的活动。

① 伽达默尔．真理与方法：第2卷．1986：438.

目的是在活动之外的，活动就变成了手段，因而会造成不择手段地去追求它之外的目的；反之，目的是在活动之内的，活动本身也就是目的，因而活动就不会超出目的而不择手段。诠释学作为哲学，就是实践哲学，它研讨的问题就是所有那些决定人类存在和活动的问题，是那些决定人之为人以及对善的选择极为紧要的最伟大的问题。

诠释学的哲学转向与多元论的转向并行。当传统的规范的诠释学主张文本只能有一种真正的意义时，哲学诠释学则完全准备接受单一文本能得到不同意义的多元论观点，本来只对一种意义开放的诠释学现在变成了对多元意义开放的诠释学，诠释学从而具有了一种与时俱进的理论品格。伽达默尔说："如果我们一般有所理解，那么我们总是以不同的方式在理解。"① 这种所谓"以不同的方式在理解"（Andersverstehen），不仅与传统诠释学的"原样理解"或复制说相对立，而且也与施莱尔马赫所谓的"更好理解"（Besserverstehen）相区别。伽达默尔立论的基础是"文本意义超越它的作者，这并不只是暂时的，而是永远如此的，因此理解就不只是一种复制的行为，而始终是一种创造的行为"②。

在强调理解与应用的统一时，伽达默尔也走向这种理解的多元论。理解文本总是知道如何把这种文本的意义应用于我们现时的具体境遇和问题，应用绝不是理解之后才开始的过程，绝不是什么首先理解，然后才把所理解的东西应用于现实。理解和对我们自己境遇的应用，其实乃同一个诠释学事件。如果不让过去的文本对我们今天的问题进行挑战，那么所谓理解过去文本的意义究竟有什么意思呢？哲学诠释学强调一切理解都包含应用，这鲜明地表现了诠释学经验的卓越实践能力。生活世界的实践视域指明了诠释学活动的出发点和目的地，哲学诠释学成功地摈弃了那种脱离实践脉络而评价知识或理论的真理的素朴的客观主义。

这种多元论是否会导致相对主义？诠释学的反对者一直以这种结论来攻击伽达默尔的哲学诠释学，认为诠释学强调多元论就是一种相对主义，其情形有如费耶阿本德的"什么都行"。对于这种反对，伽达默尔做了两个有力的反驳。首先，伽达默尔在反驳相对主义攻击中要我们回忆事实上从未有过像绝对的相对主义这样的东西。

---

① 伽达默尔. 真理与方法：第1卷. 1986：302.

② 同①301.

相对主义通常被理解为一种关于某主题的一切意见都是同样好的学说。伽达默尔说，事实上这种相对主义从未被任何人主张过，因为总是会有某种理由强迫我们支持一种意见而不是另一种意见。正如罗蒂所说，我们称之为相对主义者的哲学家只是那样一种认为这些理由比许多理性主义者所想象的较少规则的人。其次，按照诠释学观点，相对主义几乎就是那些对真理或解释应是什么抱有固定看法的人所构造的概念虚构物。诠释学努力证明相对主义问题要有意义，唯有我们预先设定绝对主义的观点，事实上，只有那种要求绝对主义标准的人才会讲相对主义，只有涉及一种绝对知识的尺度或绝对真理才有相对主义。伽达默尔说："我们绝不能在这种历史科学的领域中，用那种只是局部地存在的进步来看待解释事件的'结果'，而是要在与知识的下滑和衰落相对立的成就中看待这种结果，即语言的重新赋予生气和意义的重新获得，这种意义是通过传承物向我们诉说的。只有按照绝对知识的尺度，也即并非人类知识的尺度，才能说它是危险的相对主义。"①

按照哲学诠释学的观点，绝对主义必须丢弃，正如形而上学必须丢弃一样。什么是形而上学？这个问题直到今天也很难回答，但不管是它的拥护者还是它的反对者，至少在以下这点上是一致的，即形而上学本质上是从超时间世界而走向无时间世界。这种超越的基础是什么呢？海德格尔派诠释学回答说，基于一种拒绝，即拒绝有限的存在，因而形而上学的实质就是一种否定有限性的绝对主义。哲学诠释学想成为一种后形而上学的哲学，一种没有形而上学的第一哲学，它力求通过发展一种基于有限性的严格讨论，克服形而上学的时间遗忘性，对于哲学诠释学来说，一旦哲学坚固地站在有限性的基础上，相对主义的阴影就不再存在。

但是，相对主义并不等于相对性。尽管多元论不等于相对主义，但它却蕴含了一种积极的相对性概念，因为说真理对于经验它的任何人都是相对的，这却是真的。诠释学真理总是采取一种问答形式，这就是说，它总是对那个纠缠解释者并使他或她去解释文本的问题进行回答，也可以说是文本对当前解释者的提问进行回答。相对性在这里意味着真理之所以被认为是真理，只是因为它照亮我们、启示我们。解释所发现的意义乃阐明昏暗的意义，作为对问题回答的

---

① 伽达默尔．真理与方法：第2卷．1986：262．

意义。真理在这里并不是脱离人的存在，如果认为它是一种独立于人类问题和期望的真理，那么它就不是真理。真理的这种与有限性的本质关系，我们可以在希腊文“真理”(aletheia) 一词那里得到启示。按照海德格尔的看法，aletheia 由于 a 这一否定前缀而成为 lethe (蔽) 的否定。真理就是去蔽，也就是说，对蔽的澄清。这是一种比传统的所谓思想符合实在的真理概念更根本的真理经验。要求意义发现出来，lethe (蔽) 总是真理显现的构成要素。正如无限、绝对总是相对于有限、相对而有意义一样，一切无蔽都是相对于蔽而有意义。从哲学诠释学上看，一切真理都有相对性，每一个正确的回答都相对于它当时所面临的处境和问题。

伽达默尔以“明显”(Erleuchten) 这一概念来提示真理的性质，他说道：“明显这一概念属于修辞学传统，所谓 eikos (模仿的)、verisimile (似真的)、wahr-scheinliche (或真的) 以及明显的都属于同一个系列，它们相对于被证明东西和被确知东西的真实性和确实性而维护自身的正确性……确实，正如美是一种经验，它像一种魔术或一种冒险一样在我们经验的整体内部呈现出来和突发出来，并提出一种诠释学综合的固有任务，同样，明显的东西也是某种使人惊异的东西，犹如一道新的光芒的出现，通过这种光芒就使观察的领域得到了扩展。”① 诠释学真理显然适合于可能的领域，它照耀一切，但不是一切地方都确实。

这样我们来到了客观性问题域。客观性概念在传统上与绝对主义相联系。客观性要求往往包含我们陈述的无时间性或绝对真理。古典诠释学家确实致力于这样一种客观性解释，他们把解释的标准视为作者意图的复制或重构，解释是唯一性和绝对性的。就此而言，伽达默尔的哲学诠释学并不想追求这种所谓实在的或文本意义的照相式或复制式的客观性，因为这样一种客观性丢弃了文本意义的开放性和解释者的创造性。正如我们前面所说，文本的理解只表现为对解释者的问题的回答，这种问题由前理解或前见所制约，因此文本的理解的正确性在诠释学里是指我们的前理解与文本所说的东西之间的融合性。正是在这种意义上，古老的与绝对主义相联系的“客观性”概念不适合于诠释学。伽达默尔说：“这里除了肯定某种前见之外，不存在任何其他的‘客观性’。”② 在抛弃绝对主义客观

① 伽达默尔. 真理与方法：第1卷. 1986：488-489.
② 同①272.

性方面，诠释学显然优于素朴的实在论，因为它明确意识到前理解对于解释的创造性以及我们的解释对于作品理解的具体现实性。

但这是否意味着否定客观真理的主观主义呢？答案是否定的，因为哲学诠释学要求我们区分允许文本意义正确被解释的合法的前见与那些使理解不能完成的非合法的前见。这里的区分标准就是海德格尔和伽达默尔所说的“事情本身”（Sache selbst）。紧接着海德格尔说解释的首要的、不断的和最终的任务是不让向来就有的前有、前见和前把握以偶发奇想和流俗之见的方式出现，“它的任务始终是从事情本身出发清理前有、前见和前把握，从而确保论题的科学性”①。伽达默尔曾这样描述理解过程：要对原来的筹划进行修正，我们必须预先做出一种新的意义筹划，在意义的统一体被明确确定之前，各种相互竞争的筹划可以彼此同时出现，解释开始于前把握，而前把握可以被更合适的把握所代替，正是这种不断进行的筹划过程构成了理解和解释的意义活动。伽达默尔继续写道：“谁试图去理解，谁就面临了那种并不是由事情本身而来的前见的干扰。理解的经常任务就是做出正确的符合事物的筹划，这种筹划作为筹划就是预期，而预期应当是‘由事情本身’才得到证明。”② 显然，哲学诠释学抛弃的只是那种绝对主义的客观性，而不是由事情本身而来的客观性。与其说它寻求无客观性的解释，毋宁说它严格以客观性名义要求解释者。我们不是要消除客观性，而是使客观性可能，我们可以让那些不合法的前见脱离那些有成效的并能为诠释学客观性铺平道路的合法前见。

总之，诠释学主张意义多元性，但这不是主张什么都行的相对主义；诠释学主张意义相对性，但这不是否认客观真理的主观主义。相对性表明意义的开放性，多元性表明意义的创造性。无论是开放性还是创造性，都表明诠释学的与时俱进的理论品格。

本书是国家社会科学基金项目的研究成果，自 1995 年立项以来，我先后完成了《伽达默尔〈真理与方法〉解读》（山东人民出版社，2001 年版）、《理解与解释——诠释学经典文选》（东方出版社，2001 年版）和这本《诠释学：它的历史和当代发展》。在这里我首先

① 海德格尔. 存在与时间（Martin Heidegger. Sein und Zeit. Tübingen：Max Niemeyer Verlag）. 1979：153. 以下凡引《存在与时间》原文，均为德文页码，可以在中译本边页找到。

② 伽达默尔. 真理与方法：第 1 卷. 1986：272.

要感谢我的德国朋友盖尔特赛策（Lutz Geldsetzer）教授，正是他编辑出版的一套诠释学古典读本丛书，使我对诠释学的历史发生兴趣，并在他的指导和敦促下，开始筹划此书。1999 年，我应台湾中正大学和南华管理学院的邀请，在台湾近十所大学讲演诠释学，本书基本上是由这些讲稿整理而成的。在这里我特别应当感谢台湾大学林正弘教授和南华管理学院戚国雄教授，正是他们的鼓励和支持，本书才得以写成。

洪汉鼎，北京怡斋

2001 年夏

目　录

第一章　诠释学概念

第一节　诠释学与赫尔默斯

1. 词源学意义

“诠释学”（Hermeneutik）一词来源于赫尔默斯（Hermes）。赫尔默斯本是希腊神话中神的一位信使的名字，古希腊作家赫西俄德（Hesiod）曾在其《神谱》中说：“阿特拉斯之女迈亚睡上宙斯的圣床，为他生下永生诸神之信使，光荣的赫尔默斯。”① 赫尔默斯不但有双足，而且足上有双翼，因此也被人称为“快速之神”。过去德国火车站常以他带上翅膀的鞋作为装饰。赫尔默斯的任务就是来往于奥林匹亚山上的诸神与人世间的凡夫俗子之间，迅速给人们传递神的消息和指示。② 因为诸神的语言与人间的语言不同，因此赫尔默斯的传达就不是单纯

---

① 赫西俄德．工作与时日　神谱．张竹明，蒋平，译．北京：商务印书馆，1991：54.

② 对于“诠释学”在词源上来源于赫尔默斯这一看法，近年也有人提出不同意见。例如，卡尔·凯伦依（Karl Kerenyi）曾认为“诠释学”一词与赫尔默斯神并没有任何语言学或语义学的关系，见他为《希腊基本概念》（苏黎世，1964）所写的诠释学词条。另外，H. E. 哈索·耶格尔（Hasso Jäger）在其一篇论文《诠释学前史研究》（见《概念史档案》第 18 期，1974）里说，把诠释学认为是从赫尔默斯而来，是一种无根据的虚构，按他的看法，诠释学肇始于约翰·孔哈德·丹恩豪尔（Dannhüer）的《圣经诠释学或圣书文献解释方法》（1654）一书，诠释学是 17 世纪根据亚里士多德逻辑学发展起来的一门科学理论。不过，他们这种看法在德国很少有人表示赞同。伽达默尔在《逻辑学还是修辞学——再论诠释学前史》（1976）一文中曾对这种观点做了详细的分析和批评（见《真理与方法》，第 2 卷，第 292～300 页）。而且在《真理与方法》第 2 卷的另一篇论文《古典诠释学和哲学诠释学》中，伽达默尔又加了注：“这个词的词源真的与信使‘赫尔默斯’有关，如词的使用和古代词源学所认为的那样，这在最新的研究（见弗尼斯特）里是受到怀疑的。”（《真理与方法》第 2 卷，第 92 页）

的报道或简单的重复，而是需要翻译和解释的。翻译是把人们不熟悉的诸神的语言转换成人们自己的语言，解释则是对诸神的晦涩不明的指令进行疏解，以使一种意义关系从陌生的世界转换到我们自己熟悉的世界。伽达默尔在“古典诠释学和哲学诠释学”一文中写道：“赫尔默斯是诸神的信使，他把诸神的旨意传达给凡人——在荷马的描述里，他通常是从字面上转达诸神告诉他的消息。然而，特别在世俗的使用中，诠释（hermeneus）的任务却恰好在于把一种用陌生的或不可理解的语言表达的东西翻译成可理解的语言。翻译这个职业因而总有某种‘自由’。翻译总以完全理解陌生的语言而且还以对被表达东西本来含义的理解为前提。谁想成为一个翻译者，谁就必须把他人意指的东西重新用语言表达出来。‘诠释学’的工作就总是这样从一个世界到另一个世界的转换，从神的世界转换到人的世界，从一个陌生的语言世界转换到另一个自己的语言世界。”① 正是基于这种最初的含义，古代语文学家都是用“翻译”和“解释”来定义诠释学的。例如，直到16世纪牛津大学神学教授L．汉弗雷（Humphery）在其《诠释方法》（卷三，1559）中还把希腊文hermeneia定义为“翻译”。而同时不久的F．德·桑科（de Sancto）则在其《论作者的解释或论运用》（1581）中把诠释定义为“分析”，其所谓“分析”，事实上就是解释活动，即“从头到尾地重构这一活动所打算说明的整个作品，就是说，首先找出问题，这个问题究竟是什么，它涉及的是什么，然后观察该问题得以证明的论点并把这些论点放回它们原先所取出的主题中”②。总之，诠释学的工作就是一种语言转换，一种从一个世界到另一世界的语言转换，一种从神的世界到人的世界的语言转换，一种从陌生的语言世界到我们自己的语言世界的转换。

2. 理解与解释

不过，正如上面伽达默尔所指出的，赫尔默斯要做到翻译和解释，他必须首先理解神的语言和指示，唯有他理解了神的语言和指示，才能进行翻译和解释，因此理解就成为翻译和解释的前提。

---

① 伽达默尔．真理与方法：第2卷．1986：92.

② Franciscus Sanetius Brocensis. De autoribus interpretandis sive de exercitatione. Antwerpen，1581：S. 28。引文译自盖尔特赛策．何谓诠释学？（L. Geldsetzer. Was ist Hermeneutik?）德文讲稿．1986：6.

这样一来，诠释学在古代就可以说是一门关于理解、翻译和解释的学科，或者更正确地说，它是一门关于理解、翻译和解释的技艺学。由于翻译就是解释，因而诠释学也可被说成理解和解释的技艺学。不过，我们要注意的是理解与解释的关系，这种关系并不总是理解是解释的基础，理解处于解释之前。在诠释学的发展史上，理解先于解释的看法只是早期阶段的看法。近代，特别是自施莱尔马赫以来，这种看法被推翻了，因为理解本身就是解释，理解必须通过解释才能实现。按照施莱尔马赫的看法，理解与解释不是两回事，而是一回事。伽达默尔曾这样写道："正如我们所看到的，诠释学问题是因为浪漫派认识到理解和解释的内在统一才具有其重要意义的。解释不是一种在理解之后的偶尔附加的行为，正相反，理解总是解释，因而解释是理解的表现形式。按照这种观点，进行解释的语言和概念同样也要被认为是理解的一种内在构成要素。因而语言的问题一般就从它的偶然边缘位置进入了哲学的中心。"①

近年来，德国宗教理论家 G. 艾伯林（Ebeling）在其主编的《历史和现代的宗教辞典》的"诠释学"词条里对诠释学中的理解与解释的关系做了这样的考证：诠释学的希腊词在古代至少有如下三种意义指向：1. 说或陈述（aussagen，ausdrücken），即口头讲说；2. 解释或说明（auslegen，erklären），即分析意义；3. 翻译或口译（übersetzen，dolmetschen），即转换语言。因此，诠释学既可能指某种事态通过话语被诠释，又可能指被说的话通过解释被诠释，同时也可能指陌生语言通过翻译被诠释，但不论哪一种意义指向，其目的都是"带入理解"（zum Verstehen bringen）或"促成理解"（Verstehen vermitteln）。例如，在宗教里，诠释学促成上帝与人之间的相互理解就有三种方式：福音预告（Verkündigen）、解释（auslegen）以及口译（dolmetschen）。

3. 诠释学与技艺实践

"诠释学"（Hermeneutik）一词的词尾 ik 与一般所谓学（ologie）不同，ik 一般指实践与方法，严格翻译，Hermeneutik 应是诠释技艺。伽达默尔说："诠释学一直被理解为说明和解释的理论或艺

① 伽达默尔．真理与方法：第 1 卷．1986：312-313.

术。表述这一内容的德语词 Kunstlehre（一门有关某种技能或技巧的技艺学）实际上是从希腊文 techne（技术）一词翻译而来的。它使诠释学与语法学、修辞学和辩证法等‘艺术门类’（artes）建立了联系。”① 又说：“诠释学首先代表了一种具有高度技巧的实践，它表示了一种可以补充说是‘技艺’（techne）的词汇。这种艺术就是宣告、口译、阐明和解释的艺术，当然也包括作为其基础的理解的艺术。”② 就“诠释学”一词的神话起源及其以后的历史而言，Hermeneutik 作为这种实践技艺，即作为语言转换和交往实践的诠释学，是与古代作为对永恒本质沉思的理论（Theorie）对立的。这一点在它的各种语言的传统表述里表现出来，如它的希腊文 hermeneutike techne，拉丁文 ars interpretationis，德文 Kunst der Interpretation 和英文 art of interpretation，这里的 techne，ars，Kunst，art 都表示一种与理论相对的实践技艺。

从诠释学这种词源学意义出发，伽达默尔就曾反对把诠释学看成一种语言学或语言科学，而是把它解释为语言的一种普遍的中介活动，是“一切思想的使节”（Nuntius für alles Gedachte）。他说：“传统的证据十分重要——但却不是作为一种语言科学的论据，它只是有效地指出，诠释学现象必须以及正被看得如何宽广而普遍，它被看作‘一切思想的使节’。”③ 所谓使节，就是指两国进行交往的使者。伽达默尔曾把诠释学与法国人文主义者安东尼·孔德（Antoine Conte）所说的法国经纪人事务加以比较，他说“它涉及的是最广义上的一种通译工作和中介工作，但这种通译的作用并非仅限于技术语言的翻译，也并不限于对含糊不清的东西的阐明，而是表现一种包容一切的理解手段，它能在各方利益之间进行中介”，并说这与柏拉图《伊庇诺米篇》把诠释学理解为一种从符号象征中猜出神意和未来的占卜术完全一样，“涉及的是一种普遍的中介活动，这种活动不仅存在于科学的联系之中，而且更存在于实际生活过程之中”④。这里我们要注意伽达默尔这一句比喻，即诠释学“能在各方利益之间进行中介”，这就是说，诠释学要照顾两方面

① 伽达默尔．科学时代的理性（H.-G. Gadamer. Reason in the Age of Science. Translated by F. G. Lawrence. Gambridge：The MIT Press）．1981：88．以下凡引《科学时代的理性》原文，均为德文页码，可在中译本边页找到。

② 伽达默尔．真理与方法：第 2 卷．1986：92．

③ 同②295．

④ 同②295．

的利益，以后哲学诠释学所强调的过去与现在之间的中介、作者视域与解释者视域之间的融合，正是对这种双方利益加以照顾的体现。

4. 诠释学与应用

另外，我们还必须注意到，由赫尔默斯发展而来的诠释学还有另一层意思，即传达诸神的旨意，而这种旨意人们是必须绝对服从的，也就是说人们必须承认这种旨意是真理，必须对之无条件地服从。因此，诠释学也是一门我们必须把它的要求当作真理和命令一般加以服从的艺术。伽达默尔写道："作为艺术的'诠释学'还会从古老的宗教来源中增添一点东西：它是一门我们必须把它的要求当作命令一般加以服从的艺术，一门会让我们充满惊奇的艺术，因为它能理解和解释那种对我们封闭的东西——陌生的话语或他人未曾说出的信念。"① 古代最早出现的两门诠释学是神学诠释学和法学诠释学，前者以《圣经》为诠释学对象，后者以罗马法为诠释学对象，它们都具有这种理解真理内容和服从真理旨意的作用。正是因为这种具有规范性的职能长久以来成为这两门独断型诠释学（神学诠释学和法学诠释学）的基础，因而"应用"这一要素在诠释学的发展过程中得到普遍强调。什么叫应用呢？就是把普遍的原则、道理或观点，即真理内容运用于诠释者当前的具体情况，或者说，在普遍真理与诠释者所面临的具体情况之间进行中介。不过，诠释学所强调的这种应用，与一般日常的或科学所说的应用不同，一般日常的或科学所说的应用是先理解后应用，应用仿佛是理解之后的要素；而诠释学所说的应用是理解本身必具有的成分，它从一开始就规定了理解活动。伽达默尔说："我们已经证明了应用不是理解现象的一个随后的和偶然的成分，而是从一开始就整个地规定了理解活动。所以应用在这里不是某个预先给出的普遍东西对某个特殊情况的关系。研讨某个传承物的解释者就是试图把这种传承物应用于自身……为了理解这种东西，解释者一定不能无视他自己和他自己所处的具体的诠释学境遇。如果他想根本理解的话，他必须把文本与这种境遇联系起来。"② 正是基于这一点，伽达默尔把当代发展的诠释学与浪漫主义诠释学加以区别，他写道："这样，我们似乎不得不

① 伽达默尔．真理与方法：第2卷．1986：93.

② 伽达默尔．真理与方法：第1卷．1986：329.

超出浪漫主义诠释学而向前迈出一步，我们不仅把理解和解释，而且也把应用认为是一个统一的过程的组成要素……因为我们认为，应用，正如理解和解释一样，同样是诠释学过程的一个不可或缺的组成部分。”① 因为对于浪漫主义诠释学，特别是后期浪漫主义科学学说来说，古老的诠释学传统（尤其是虔诚派传统）里的三大技巧，即理解、解释和应用，只有前两者属于诠释学要素，而应用却与诠释学不发生任何关系。

综上所述，诠释学传统从词源上至少包含三个要素的统一，即理解、解释（含翻译）和应用的统一。所谓统一，就是说它们三者互不分离，没有前后之别，即不是先有理解而后有解释，也不是理解在前而应用在后。解释就是理解，应用也是理解，理解的本质就是解释和应用。传统诠释学把这三个要素均称为技巧，即理解的技巧（subtilitas intelligendi）、解释的技巧（subtilitas explicandi）和应用的技巧（ subtilitas applicandi ）。这里所谓技巧，就是我们上面所说的实践技艺，它与其说是一种遵循或使用规则的方法，毋宁说是一种本身不能由规则保证的判断力，即所谓“规则需要运用，但规则的运用却无规则可循”，因此诠释学与其说是一种我们所创造的理论，不如说是一种由特殊精神所造就的能力或实践。总之，对于《诠释学》一词，我们至少要把握它的四个方面的意义，即理解、解释、应用和实践能力，前三个方面是统一过程中不可分的组成成分，而最后一方面的意义则说明它不是一种语言科学或沉思理论，而是一种实践智慧。

第二节　诠释学学科与诠释学哲学

今天，当我们接触诠释学时，我们需要区分诠释学学科与诠释学哲学，因为诠释学作为一门理解和解释的学问，具有很漫长的历史，可以说它是一门关于理解与解释的学科。不仅古代就有了宗教诠释学和法学诠释学，而且现代一些人文科学甚至也把它看成一种最新的视角或方法论，如近来出现的文学诠释学、历史诠释学、法学诠释学、艺术诠释学和宗教诠释学等，我们有些学者甚至还提出

① 伽达默尔．真理与方法：第1卷．1986：313．

要建立我们中国的诠释学①，这显然是指一种诠释学学科。但是，诠释学作为一种西方哲学流派，却是20世纪中叶以后的事，这是随着海德格尔的本体论转向而出现的，伽达默尔是其集大成者，他的哲学诠释学与那些传统的或现代的以方法论模式探究的哲学形成鲜明的对立，这里显然是指一种特殊的诠释学哲学。

1. 诠释学与逻辑学

很长时期，诠释学作为一门理解与解释的学问在哲学中的学科位置尚未确定，按照古代哲学的三个技术学科即辩证法、语法学和逻辑学的分类来说，诠释学曾一直被隶属于逻辑学，成为逻辑学的一个部分。例如，把诠释学作为书名的第一个作者丹恩豪尔（Dannhaür）在其《卓越解释的观念》（1630）一书中，就说过我们必须有一门叫诠释学的哲学学科，这种学科既与语法学和修辞学一样是普遍的，但又不同于语法学和修辞学，因此他把诠释学归于逻辑学的一部分。因为当时的逻辑学不仅包括形式逻辑（概念、判断、推理），而且也包括我们现在所谓的语义学，即研讨言语文字的意义。这一看法显然受了亚里士多德的影响，因为亚里士多德的《工具论》中有一篇《论诠释》（Peri hermeneias），拉丁文译为De Interpretatione（《解释篇》），其中主要是逻辑语法研究，即研讨直陈语句（判断）的逻辑结构，但同时也研讨了言语、文字与思想的关系，如亚里士多德在书中一开始就写道："言语是心灵过程的符号和表征，而文字则是言语的符号和表征，正如所有的人并不是具有同一的文字记号一样，所有的人也并不是具有相同的说话声音，但这些言语和文字所直接意指的心灵过程则对一切人都是一样的。"② 亚里士多德这种讲法颇类似我国古代《礼记·乐记》里的讲法："凡音者，生人心者也。情动于中，故形于声。声成文，谓之音。"不过，丹恩豪尔也认为诠释学与逻辑学不同，逻辑学研讨基于真前提的普遍陈述，而诠释学则与语法学和修辞学一样，它可以对那些只是可能的或

① 例如，台湾历史学家黄俊杰教授在其《孟子思想史论》中就提出建立中国特色的诠释学，他所谓"中国诠释学"，是指"中国学术史上源远流长的经典注疏传统中所呈现的，具有中国文化特质的诠释学"（《孟学思想史论》，卷二，"中央"研究院中国文哲研究所筹备处，1997年，第470页）。同样，北京大学哲学系汤一介教授在2000年《中国社会科学》第1期上也发表了一篇题为《再论创建中国解释学问题》的文章，以继续他在1998年于《学人》第13期发表的"能否创建中国的解释学"的讨论。

② 亚里士多德. 解释篇：16a3-7.

错误的前提的陈述进行解释。诠释学这种逻辑学科定位一直沿用到 18 世纪，如弗里德希·奥古斯特·沃尔夫（Fri. A. Wolf）在其《逻辑学》一书中还划出专门一章论述诠释学，认为诠释学是“关于那些使符号的意义得以认识的规则的科学”（Wissenschaft von Regeln）。

2. 诠释学与修辞学

自德国人文主义者和神学家梅兰希顿（Melanchthon）以来，诠释学与修辞学发生联系。按照梅兰希顿的观点，修辞学，即古典的优美讲话艺术，其真正的优点在于，年轻人不能缺少良好的阅读艺术，即理解和评判讲话、长时间的争论以及书籍和文本的能力。这种把阅读能力与讲话能力加以联系的观点对施莱尔马赫影响很大，以致他认为诠释学似乎不应属于逻辑学，而应与修辞学相互关联。施莱尔马赫写道：“要规定诠释学的精确性质（地位）是困难的。这种诠释学很久以来被处理为逻辑的补充，但是，因为我们在它的实践中必须抛弃一切逻辑原则，所以诠释学就一定不是逻辑的补充。”① 由于理解艺术不需要严格的逻辑规则，而讲话艺术又是思维艺术的审美外观，因而理解艺术与讲话艺术相互关联，所以施莱尔马赫认为诠释学与修辞学相互隶属，他说：“解释艺术依赖于讲话艺术和理解艺术的组成并以它们为前提……由此可见，修辞学和诠释学具有相互隶属关系，并且与辩证法有共同关系。”② 按照伽达默尔的看法，修辞学与诠释学之所以具有同一性，其实是因为它们两者都是非理论性的，也就是说，它们不是逻辑理论，而是实践能力。他说：“修辞学并非只是讲话形式的理论和说服的手段，而是从一种自然的能力发展成实际的技能，并对它的手段不做任何理论反思，这是众所周知的。同样，理解的艺术——它总同时就是它的手段和方法——当然也并不直接依赖于它据以遵从其规则的意识。在理解的艺术中，每个人都具有的自然能力也转变成一种能力，人们可以通过这种能力通达到一切他者，而理论则至多只能问个为什么。”③ 按照伽达默尔的看法，也正因为诠释学与修辞学的这种同一特征，才使它们两者“都共同具有限制科学理论的真理概念和维护真理概

---

① 施莱尔马赫. 诠释学讲演（1819—1832）//洪汉鼎. 理解与解释——诠释学经典文选. 北京：东方出版社，2001：48.

② 同①.

③ 伽达默尔. 真理与方法：第 2 卷. 1986：234.

念独立自主权利的作用”①。不过，上述施莱尔马赫的最后一句话，我们要注意，所谓与辩证法有共同关系，在施莱尔马赫那里是指与哲学有某种联系。施莱尔马赫在1826—1827年一次冬季讲演中曾提到诠释学有三种兴趣，即历史的兴趣、艺术的兴趣和思辨的兴趣，其中最重要的是思辨的兴趣，即纯粹科学的兴趣和宗教的兴趣。他说，诠释学可以帮助我们认识人是怎样在教化中和使用语言中得到发展的，使我们理解人的人性理念，并使我们进入与上帝和精神的神圣联系中。这种观点对以后诠释学从一种诠释学学科发展成一门诠释学哲学有很大的影响。

3. 诠释学与哲学

不论诠释学是作为逻辑学科还是作为修辞学学科，它都属于一种方法论，而不是作为一门哲学。因此在我们探讨诠释学的学科位置时，我们还必须研究诠释学与哲学的关系。从历史上说，尽管“诠释学”一词很早就在古希腊文献里出现了，但它与哲学的结合无论如何却是近代的事。柏拉图的《伊庇诺米篇》中的诠释学只是类似于占卜术的技术，与哲学毫不相关，而亚里士多德的《工具论》中的《解释篇》尽管使用了hermeneias一词，但不仅与哲学无关，而且与以后发展的诠释学即解释的技巧也大相异趣。《解释篇》根本不是诠释学，而是一种逻辑语法研究，它研究直陈语句（判断）的逻辑结构。只有到了近代，丹恩豪尔才把media hermeneutia（诠释的工具），即文本理解的技术规则概括为“哲学”，继后在J. F. 布德斯（Buddeus）那里，诠释学作为解释规范是philosophia instrumentalis（工具哲学）的一部分，认为解释的逻辑常常附带产生了哲学。但我们要注意，尽管这里出现了诠释学与哲学的结合，但绝非今天我们所说的“哲学诠释学”或“诠释学哲学”，它们并不是当代哲学新趋向的直接根源。因为，正如在当时神学、法学和语言学中所表现的那样，诠释学只作为工具或技巧一类的辅助学科，其功用仅在于疏通文本的上下文联系，只服务于说教的目的。即使就施莱尔马赫来说——尽管正是通过施莱尔马赫，诠释学才作为一门关于理解和解释的普遍学说而摆脱了一切独断论的偶然因素——诠释学也只是某种哲学体系框架中的技术性的辅助学科，他的哲学从总体上说并非

① 伽达默尔．真理与方法：第2卷．1986：431.

诠释学的。按照施莱尔马赫的看法，诠释学只是“避免误解的技艺”，它包括语法的解释技术和心理学的解释技术，因此他所提出的普遍诠释学设想只是一门包括各种具体解释规则的方法论。

似乎只有经过19世纪的哲学危机，单纯作为一门解释规则技艺学的诠释学才有可能在此基础上发展成一门预示哲学新趋向的哲学诠释学或诠释学哲学。真正作为哲学诠释学或诠释学哲学先驱的经典作家是狄尔泰。狄尔泰所面临的哲学危机，一是由于自然科学占统治地位，哲学失去了科学的地盘；二是由于历史主义的发展，历史意识消融了众所周知的哲学概念。狄尔泰首先试图通过对哲学历史和本质的思考来克服这两种危机。在他看来，以往的哲学是一种矛盾的混合体，一方面它盯着宗教，是形而上学；另一方面它又盯着实证的知识，追求知识的普遍有效性。这种双重的本质必然使哲学在现代陷入悲剧性的冲突，因为形而上学不可能成为科学，而实证知识却忽视了人类存在和认识的条件性和有限性，而且也未回答“生命之谜”。狄尔泰对哲学的本质所下的定义是，哲学是“关于人类在思想、教化和行为方面所做出的东西的自身不断发展的意识”①。这里一方面指出哲学是对人类自身所创造的东西，而不是对其他非人类所创造的东西的意识；另一方面又指出哲学乃一种自身不断发展的意识。前者使哲学摆脱实证科学，后者使哲学消除绝对知识幻觉。狄尔泰哲学的主导概念是生命，按他的说法，哲学是对具体的、个别的和历史的生命的表达，哲学的基础是在“经历”(Erleben) 和自我领悟 (Selbstbesinnung) 中展示出来的人类经验，哲学并不是在概念中解释生命，而是在对客观精神的理解中发现通向世界的道路，这里显然已有了诠释学哲学的萌芽。

狄尔泰的哲学观念在海德格尔那里得到了充分发展。早在1921年“关于亚里士多德的现象学解释”的讲座中，海德格尔就提出哲学是“根本的认识，它在自身实施过程中涉及它自身的事实”，哲学不能再走外在理解 (Fremd-Verstehen) 的弯路，而要直接走向自我理解，走向“实际性诠释学”(Hermeneutik der Faktizität)，实际性即意味人类此在的实际状态。在《存在与时间》中，海德格尔更进一步把理解和解释看作人类此在的生存结构 (Existentialen)，看作此在对自身各种可能性进行自我筹划。这里达到一个关键点，即诠

① 狄尔泰．狄尔泰全集 (Wilhelm Dilthey. Gesammelte Schriften. Leipzig/Berlin)：第5卷．1914—1936：32．以下凡引《狄尔泰全集》原文，均为外文页码，可在中译本边页找到。

释现象的工具主义方法论现已转向（Kehre）本体论领域，哲学被看成“精神-历史的实在”。伽达默尔写道：“面对此在的这样一种生存论分析的背景，以及这种分析对于一般形而上学的要求所带来的一切深远的和不可测量的后果，精神科学的诠释学问题就突然显得很不一样……由于海德格尔重新唤起存在问题并因此超越了迄今为止的全部形而上学……（哲学）获得了一种根本不同的新立场。理解概念不再像德罗伊森所认为的那样是一种方法论概念。理解也不是像狄尔泰在为精神科学建立一个诠释学基础的尝试中所确立的那样，只是跟随在生命的理想性倾向之后的一种相反的操作。理解就是人类生命本身原始的存在特质。如果说米施曾经从狄尔泰出发，把‘自由地远离自身’认为是人类生命的一种基本结构，所有理解都依赖于这种基本结构，那么海德格尔的彻底本体论思考就是这样一个任务，即通过一种‘对此在的先验分析’去阐明此在的这种结构。他揭示了一切理解的筹划性质，并且把理解活动本身设想为超越运动，即超越存在者的运动。”①

当海德格尔后期放弃了他在1930年代把哲学置于“基础本体论”之上的尝试并把哲学探索作为哲学的和诗的文本之解释时，伽达默尔明确地提出了“哲学诠释学”这一概念。在他看来，诠释学绝不是精神科学的单纯方法论，而是此在的根本运动性，他在《真理与方法》中写道：“它（诠释学）标志着此在的根本运动性，这种运动性构成此在的有限性和历史性，因而也包括此在的全部世界经验。”② 因为“诠释学问题从其历史起源开始就超出了现代科学方法论概念所设置的界限。理解文本和解释文本不仅是科学深为关切的事情，而且也显然属于人类的整个世界经验”③。在海德格尔把艺术和语言当作真理之显现，语言是“存在之家”和人类本质的住所的思想影响下，伽达默尔更进一步提出语言本体论，即一种以语言共同体作为人类社会生活最根本形态的学说。他写道：“理解和解释并不是从方法角度训练的与文本的关系，而是人类社会生活的进行方式。人类社会生活的最终形态是语言共同体，任何东西都不能离开这种共同体。无论什么样的世界经验，不管是现代科学的专门化，还是它日益增长的奥秘活动，抑或物质劳动和它的组织形式，甚或

---

① 伽达默尔．真理与方法：第1卷．1986：264.

② 伽达默尔．真理与方法：第2卷．1986：440.

③ 同①1.

用统治形式管理社会的政治机构和管理机构，它们都不处于这种普遍的实践理性（和非理性）的媒介之外。”① 我们并非先同世界有一种超出语言的接触，然后才把这个世界放入语言之中，如果这样，语言就降低为一种工具或手段。在伽达默尔看来，语言展开了世界和自我的先行关系，并使两者相互和谐。世界不再是事物的存在，而是特定的“在世存在”的境遇，我们可以经由语言的理解而参与世界的进程。至此，诠释学就具有了事件性质或事件特征（Geschehenscharakter），意义的理解是一种参与事件。按照伽达默尔的看法，诠释学最终应当作为一种实践哲学，但这是在恢复亚里士多德的实践智慧的意义上讲的。

今天，诠释学作为一门理解和解释的学问已获得这样一种普遍性：由于它研讨理解和解释的基础问题，因而它与本体论相关；但也由于它研讨理解和解释的具体过程，它又与认识论相关。正是由于这种普遍性，诠释学在今天已深入各种人文学科中去了。诠释学的领域不仅是哲学，而且还迅速扩大至文学、历史学、法学、宗教学、艺术、神学和社会学等领域，以至不仅有哲学诠释学，而且还有文学诠释学、历史诠释学、法学诠释学、宗教诠释学、艺术诠释学等，甚至不同民族和国家还有各自不同的符号诠释学或文化诠释学。

第三节　独断型诠释学与探究型诠释学

不管诠释学的学科定位是否正确得以解决，诠释学作为一门关于理解、解释和应用的技艺学，在漫长的历史发展中确实是被普遍认同的，它的主要任务是：第一，确立语词、语句和文本的精确意义内容；第二，找出这些符号形式里所包含的教导性的真理和指示，并把这种真理和指示应用于当前具体情况。前者我们可以说是一种探究型诠释学（die zetetische Hermeneutik），它是研讨任何文本设定的天然的和真正意义的诠释学；而后者我们则可以称之为独断型诠释学（die dogmatische Hermeneutik），它是把卓越文献中早已众所周知的固定的意义应用于我们自身的现实问题上。

---

① 伽达默尔．真理与方法：第2卷．1986：255.

1. 独断型诠释学

独断型诠释学旨在把卓越文献中早已众所周知的固定的意义应用于我们所意欲解决的问题上，即将独断的知识内容应用于具体的现实问题上。它的前提就是文献中的意义是早已固定和清楚明了的，无须我们重新加以探究。我们的任务不过是把这种意义内容应用于我们当前的现实问题中。神学诠释学和法学诠释学是它的典型模式。前者研讨《圣经》的教义以便回答人们宗教信仰的问题和良心问题，后者则研讨法律条文的意义以便按法律条文对个别案例进行裁决。在宗教布道和法律案例判决中，《圣经》文献、法律条文的意义一般都是确定的，因为这一意义通过权威的注释，通过占统治地位的观点而被认为是有效的。牧师和法官在阅读《圣经》和法律条文时，正如我们阅读字典一样，不是为了研究其意义，而是为了证实其意义，也就是把这种意义应用于当前的具体情况，来解决现实的问题。最明显的例子是奥古斯丁的《论基督教学说》，鉴于基督教教义学的任务是由于犹太民族的特殊苦难历史（如《旧约圣经》的解释）和新教《圣经》耶稣的泛世说教之间的紧张关系而被提出的，奥古斯丁在此书中就试图借助新柏拉图主义的观点从诠释学方面做出解答，以使灵魂通过文字的和道德的意义而上升到精神的意义。这里的指导方法论原则是一般与个别的统一，一般可用于个别，个别服从于一般。牧师和法官的任务就是在一般与个别发生冲突时调解一般与个别，其方法或者是放宽一般意义以包括个别，或者是通过阐明使个别的意义纳入一般。在独断型诠释学里，任何独断的解释不是真与假的问题，而是好与坏的问题。这种诠释学是实践性的，而不是理论性的。

2. 探究型诠释学

探究型诠释学是以研究或探究文本的真正意义为根本任务的，其重点在于：我们为了获得真正的意义而必须有哪些方法论准备。因为时间的距离和语言的差别，过去文本的意义对我们而言变成了陌生的，因此我们需要把陌生的文本的语言转换成我们现在的语言，把其陌生的意义转换成我们所熟悉的意义。语文学诠释学是探究型诠释学的主要模式，其对象是古代作家如荷马和其他诗人的作品。与独断型诠释学不同，这些作者不是神，而是人，因而没有那种我们必须绝对信仰和服从的神性灵光，甚至我们还可对作者本人如荷马是否存在产生怀疑。探究型诠释学就是重构作品的意义和作者原初所想的意义，这种重构可能正确也可能不正确，因此相对于独断型诠释学，任何探究型诠释学都有真和假，这种诠释学不是实践性的，而是理论性的。

我们可以用斯宾诺莎的观点来说明这两种诠释学。斯宾诺莎在其《神学政治论》中说："凡事物因其本身之性质容易理解者，等到表达出来，也不会暧昧晦涩，难以索解，俗语说得好：'聪明人一个字就懂了。'欧几里得只讲简而易明的事物，任何人都能懂得，没有语言的限制。我们可以把他的用意了解得十分明白，确实知道他的真意所在，不必完全懂得他著书时所用的语言。事实上，关于这种语言，大略知道一点就够了。我们用不着仔细考究作者的生平、事业和习惯。我们也无须推求用什么语言写的，什么时候写的，书在历代所经过的遭遇，各种不同的本子，是否受人欢迎，因谁的推崇才为世人所赏识，都用不着。欧几里得是如此，凡是一本书，由于所论事物之性质，容易为人所了解，都是如此。"① 斯宾诺莎认为《圣经》绝大部分内容，就它是清楚明白的而言，其真理一定是可以为我们直接所理解的，就如我们可以直接地理解欧几里得的几何学而无须知道欧几里得生平一样时，斯宾诺莎是运用了独断型诠释学。但是当斯宾诺莎继续说《圣经》中还有一些内容是晦涩不明的和不可理解的，因此我们就必须了解"每编作者的生平、行为与学历，他是何许人，他著作的原因，写在什么时代，为什么人写的，用的是什么语言。此外，还要考求每编所经历的遭遇，最初是否受到欢迎，落到什么人的手里，有多少不同的原文，是谁的主意把它归到《圣经》里的。最后，现在公认为是神圣的各编是怎样合而为一的"②，以便根据历史资料推出作者的精神并以作者的精神来进行历史的解释，他此时就使用了探究型诠释学。在他使用独断型诠释学时，他涉及的是命题的真理，而当他使用探究型诠释学时，他涉及的则只是命题的意义。我们需要提及的，由探究型诠释学所产生的这种对《圣经》的历史批判正代表着近代理性主义精神的觉醒及其对中世纪宗教神学的批判。

3. 伽达默尔对这种区分的批评

当然，这两种诠释学并不是绝对对立的，因为不论是《圣经》诠

---

① 斯宾诺莎. 神学政治论. 温锡增，译. 北京：商务印书馆，1963：121-122.

② 同①111.

释学还是法学诠释学同样也有探究形式和正确解释的问题。例如，独断型诠释学所谓的固定的意义，其实在任何时代也不是真正固定和一致的，而是需要后人不断地探究；同样，探究型诠释学所谓把某表达式从某种陌生的意义转换成我们所熟悉的意义，也是具有一种应用因素的。因此，如果认为这两种诠释学是绝对对立的，那么对这两种诠释学的区分本身也就是独断论的。伽达默尔曾说，最近诠释学（指他的哲学诠释学）虽然支持神学独断论诠释学，即强调应用的重要，但并不因而走向独断论，因为它也接受法学诠释学这一实践，即法官的判案并不是光让个别案例符合一般法律，而是对法律的补充和创造。同样，《圣经》和文学作品的诠释也需要修正我们的前理解以便对之正确解释，他写道："借助于把一种和独断论相联系、受到机构及其权威确认的并总以捍卫独断的教规为目的的解释和非独断的、公开的、探究性的有时甚至在进行解释时导致'不可理解的'文本的解释相区别，从而使诠释学的历史带上了一种显示出打上现代科学理论意义的前理解的形态。在这点上可以说，虽然最近的诠释学也支持神学-教义学的兴趣，但它却显然更接近一种法学诠释学，这种法学诠释学曾非常独断地认为自己就是去实施由法律固定下的法制。然而问题恰好在于，如果在制订法律的过程中忽视了解释法律时的探究因素，并认为法学诠释学的本质仅仅在于把个别案例归入一般法律，这是否就是对法学诠释学的误解？在这点上很可能关于法律和案例之间辩证关系的新观点（黑格尔为这种辩证关系提供了具有决定性意义的思维手段）改变了我们法学诠释学的前理解。司法判例的作用历来限制着概括模式，它实际上服务于对法律的正确解释（而不仅是它的正确运用），这也同样适用于与一切实际任务无关的《圣经》解释或对古典作家进行必要的修正。正如'信仰类推'对于《圣经》的解释并不是坚固的、独断的预先确定，语言也是如此。如果对古典文本的语言运用科学理论的客观性概念进行衡量，并把这种文本的示范性质当作对理解的独断限制，那么古典文本的语言就是无法理解的。我认为独断型诠释学和探究型诠释学的区别本身就是独断的，因此应该对它进行诠释学的消解。"①

4. 今天的两种诠释学态度

今天，独断型诠释学与探究型诠释学的区别已发展成两种对作

① 伽达默尔．真理与方法：第2卷．1986：278-279．

品意义不同理解的诠释学观点的区别：独断型诠释学代表一种认为作品的意义是永远固定不变的和唯一的所谓客观主义的诠释学态度，按照这种态度，作品的意义只是作者的意图，我们解释作品的意义只是发现作者的意图。作品的意义是一义性，因为作者的意图是固定不变的和唯一的。我们不断对作品进行解释，就是不断趋近作者的唯一意图。这种诠释学态度的主要代表人物是施莱尔马赫，他认为理解和解释的方法就是重构或复制作者的意图，而理解的本质就是"更好理解"（besserverstehen），因为我们不断地趋近作者的原意。反之，探究诠释学则代表一种认为作品的意义只是构成物（Gebilde）的所谓历史主义的诠释学态度，按照这种态度，作品的意义并不是作者的意图，而是作品所说的事情本身（Sachen selbst）的真理内容，而这种真理内容随着不同时代和不同人的理解而不断进行改变。作品的真正意义并不存在于作品本身之中，而是存在于它的不断再现和解释中。我们理解作品的意义，只发现作品的意义是不够的，还需要发明。对作品意义的理解，或者说，作品的意义构成物，永远具有一种不断向未来开放的结构。这种诠释学态度的主要代表人物是伽达默尔，他认为理解和解释的方法是过去与现在的中介，或者说，作者视域与解释者视域的融合，理解的本质不是"更好理解"，而是"不同理解"（Andersverstehen）。伽达默尔写道："理解就不只是一种复制的行为，而始终是一种创造性的行为。把理解中存在的这种创造性的环节称为'更好理解'，这未必是正确的。因为正如我们已经指出的，这个用语是启蒙运动时代的一项批判原则转用在天才说美学基础上的产物。实际上，理解并不是更好地理解，不管这种理解是由于有更清楚的概念因而有更完善的知识这种意思，还是因为有意识性对于创造的无意识性具有基本优越性这个意思。我们只消说：如果我们一般有所理解，那么我们总是以不同的方式在理解，这就够了。"①

第四节　诠释学的六种性质规定及三大转向

1. 诠释学的六种性质规定

随着诠释学从古代到现代的历史发展，诠释学作为一门关于理

① 伽达默尔. 真理与方法：第1卷. 1986：301-302.

解和解释的学科至少经历了如下几个关于它的性质和作用的历史规定①：

（1）作为《圣经》注释理论的诠释学

对“诠释学”一词的最为古老也可能是最为广泛的理解，就是指《圣经》解释的原则。丹恩豪尔于1654年出版的《圣经诠释学或圣书文献注释方法》，可能就是对诠释学长期发展的一次总结，鉴于诠释学长期被用于《圣经》注释，所以他把诠释学称为圣经诠释学。按照当时的理解，《圣经》作为上帝的书，本身具有一个超出其具体内容的真理要求，而这种要求必须阐明出来，因此圣经诠释学在当时就是《圣经》学（Sakralsphäre），即对上帝的话语的解经学（Exegese）。这种情形就像我们中国的“经学”，当孔子说他自己“述而不作”“信而好古”并删订四书五经时，就基本规定了我国以后发展的哲学只是对经典著作的注释。我们不难理解，丹恩豪尔的书的出版对于基督新教反对教会传统和坚持《圣经》自解原则是一个有力的促进，人们普遍感到需要制定一些独立可行的《圣经》解释规则。这样，自1720年至1820年这一百年间，似乎不到一年就有一部支持新教牧师的某种诠释学手册问世。按照帕尔默的看法，圣经诠释学的历史可以追溯至原始教会，其后又可分出教父社会，中古对《圣经》的四种解释，路德对神话的、教义的、人文主义的和其他解释系统的反抗，18世纪批判历史方法的兴起以及重新做出了《圣经》解释，施莱尔马赫的贡献与解释相关的宗教学派的历史，1920年辩证神学以及现代非神话化的解经学等几个阶段。

（2）作为语文学方法论的诠释学

随着近代科学和启蒙运动而出现的理性主义的发展，世俗著作相对于《圣经》而得到重视，因而在18世纪出现了一门新学科——语文学（Philologie），这是试图从语言学和文献学角度对古典文本进

① 帕尔默（Richard E. Palmer）在其《诠释学：施莱尔马赫、狄尔泰、海德格尔和伽达默尔的解释理论》（*Hermeneutics. Interpretation Theory in Schleiermacher*，*Dilthey*，*Heidegger and Gadamer*. Evanston，1969，1982）中提出对于诠释学的六种界定：1. 《圣经》注释理论；2. 一般语文学方法论；3. 普遍语言理解的科学；4. 人文科学的方法论基础；5. 存在和存在理解的现象学；6. 重新恢复和破坏偶像的解释系统。我在这里提出的关于诠释学的六种性质规定与帕尔默的差别主要在于最后一种规定，帕尔默主要根据保罗·利科的观点，而我主要依据伽达默尔的观点。我认为作为实践哲学的诠释学应当是20世纪诠释学的最高发展。

行分析和疏解的一门学问。它的中心动机可能是这样的：由于宗教改革时期转向《圣经》的文字的研究，过去教会的独断论传统受到批判，特别是寓意方法受到抨击，因而出现了一种新的方法学意识，这种意识试图成为一种客观的、受对象制约的和摆脱一切主观意愿的方法，其中既有语法方面的要求，又有历史方面的要求。为了适应这一发展，诠释学从它最初的《圣经》注释学发展成广义的语文学诠释学。作为语文学方法论的诠释学也发展了两种解释：语法的解释和历史的解释。语文学诠释学的主要代表是德国语文学家格奥尔格·弗里德里希·迈耶尔（C. Fr. Meier）和 G. A. 弗里德里希·阿斯特（G. A. Friedrich Ast）。迈耶尔在其 1756 年发表的《普通解释技术试探》里试图以一种普通语义学来奠定诠释学的基础，而阿斯特在其 1808 年出版的《语法学、诠释学和批评学的基本原理》中曾区分了三种理解：历史的理解、语法的理解和精神的理解。历史的理解是指对作品的内容的理解，也就是揭示什么内容构成作品的精神；语法的理解是指对作品的形式和语言的理解，也就是揭示作品的精神所表现的具体特殊形式，其中包括训诂、语法分析和考证；精神的理解是指对作者和古代整个精神的理解。阿斯特还区分了解释的三要素，即文字、意义和精神，因而诠释学可分为文字的诠释学（Hermeneutik des Buchstabens）、意义的诠释学（Hermeneutik des Sinnes）和精神的诠释学（Hermeneutik des Geistes）。不过我们要注意，作为语文学方法论的诠释学尽管有了阿斯特的全面总结，但在当时还只是片段零碎的，虽然为了实用的目的，它曾从古代语法学和修辞学里发展了一些解释规则，但这只是一种规则的汇集，而尚未成为一门系统的科学。

（3）作为理解和解释科学或艺术的诠释学

19 世纪开始，人们不再满足于诠释学仅作为规则汇集的语文学方法论，他们试图发展一门关于理解和解释的普遍科学或艺术。这个要求最后是由施莱尔马赫完成的。施莱尔马赫把他的诠释学称为普遍诠释学，以便把诠释学从特殊诠释学领域加以扩大，包括所有流传下来的文本和精神作品，而不只是那些经过特别选择的古典的、权威性的或神圣的著作。由于这种范围的扩大，诠释学失去了它原先强调的理解文本就是阐明和传达真理的使命，而代替这种传达真理使命的文本被认为是作者的思想、生活和历史的表现，理解和解释只不过是重新体验和再次认识文本所产生的意识、生活和历史。

因此诠释学的任务就不再是使我们接近上帝的或神圣的真理，而是应发展一种有助于我们避免误解文本、他人讲话或历史事件的方法。诠释学作为一门普遍的技艺学，其目的就是“首先要像作者一样好地理解文本，然后甚至要比作者更好地理解文本”。为了达到这一目的，我们必须创造性地重新认识或重新构造作者的思想。这种重认或重构，施莱尔马赫是用“设身处地”（Einleben）的理论来解释的，他认为作者与读者是同一个精神的表现。

（4）作为人文科学普遍方法论的诠释学

19 世纪中叶，人文科学面对自然科学的挑战需要为自己的科学性和有效性进行辩护。尽管穆勒在自然科学之外还承认有一门 moral sciences，即人文科学（译成德文为 Geisteswissenschaften，即精神科学），但他认为这门人文科学的科学性却无法与自然科学相比，它最多只能如长期天气预报，因而把它称为“不精确的科学”。赫尔姆霍茨虽然也想为人文科学做出辩护，提出一种所谓艺术归纳法以与科学归纳法相对立，但这种做法本身就把人文科学归属于艺术，而不是归属于科学。面对这种情况，狄尔泰的毕生任务就是要为人文科学奠定认识论基础。按照狄尔泰的看法，自然科学与人文科学同样都是真正的科学，只不过自然科学是从外说明（erklären）世界的可实证的和可认识的所与，而人文科学则是从内理解（verstehen）世界的精神生命。因而说明与理解分别构成自然科学与人文科学各自独特的方法，他说“我们说明自然，我们理解心灵”。这样，关于理解和解释的诠释学就被规定为人文科学的普遍方法论。人文科学的对象是过去精神或生命的客观化物，而理解就是通过精神的客观化物去理解过去生命的表现。狄尔泰在这里提出“体验”（Erleben）和“再体验”（Nacherleben）概念，如果说对于施莱尔马赫来说，理解就是重新构造作者的思想和生活，那么对于狄尔泰来说，理解就是重新体验过去的精神和生命。正是在这里狄尔泰迈了一大步，他说：“如果从对理解任务的态度中产生了自己体验到的精神关系，那么，人们也将此称为从本己的自我向某种生命表现之总体的转移。”① 显然这里也预示了以后海德格尔的本体论转向。

（5）作为此在和存在理解现象学的诠释学

20 世纪 20 年代末，随着海德格尔的划时代著作《存在与时间》

① 狄尔泰．对他人及其生命表现的理解//洪汉鼎．理解与解释——诠释学经典文选．北京：东方出版社，2001：103.

的出版，诠释学经历了一场从认识论到本体论的根本转向。与以前的诠释学观点不同，理解不是主体的行为方式，而是此在本身的存在方式，因此诠释学既不是对文本进行单纯理解和解释的学科，也不是指人文科学的普遍方法论，而是指对人存在本身的现象学阐释。海德格尔把这种作为此在存在方式的理解现象称为“实际性诠释学”（Hermeneutik der Faktizität），即实际存在的事实的自我解释（Selbstauslegung des Faktischen），或者说，处于存在之中的此在的自我解释（Selbstauslegung des sich vorfindlichen menschlichen Daseins）。伽达默尔写道：“正如懂得使用工具的人不会把工具当作客体，而只是使用它，同样，此在在其存在和世界中得以理解自身的理解也绝不是和某种认识客体打交道，而是实现它的在世存在本身。这样一来，打上狄尔泰印记的诠释学方法论就转变成一种‘实际性诠释学’，它引导出海德格尔对存在的追问，并包括了对历史主义和狄尔泰的更深一层的追问。”① 由于诠释学的这种根本转向，诠释学重新产生了那种被施莱尔马赫、狄尔泰所抛弃了的与真理概念的联系，解释着的理解占有（auslegende Verstehensaneignung）成为我们借以理解我们自身的真理的占有。正是在这里伽达默尔把诠释学发展成一门诠释学哲学。伽达默尔对他的哲学诠释学这样写道：“像古老的诠释学那样作为一门关于理解的‘技艺学’，并不是我的目的。我并不想炮制一套规则体系来描述甚或指导精神科学的方法论程序。我的目的也不是研讨精神科学工作的理论基础，以便使获得的知识付诸实践……我本人的真正主张过去是、现在仍然是一种哲学的主张：问题不是我们做什么，也不是我们应当做什么，而是什么东西超越我们的愿望和行动而与我们一起发生。”② 哲学诠释学的核心概念是效果历史意识，伽达默尔说：“对于海德格尔曾经引导他的思想到‘转向’的东西，我则试图把它描述为我们自我理解的一种界限经验，描述为效果历史意识，而这种效果历史意识与其说是一种意识，倒不如说是一种存在。我以此所表述的东西从来就不是为艺术科学和历史科学的方法论实践而提出的任务，它也绝不是主要为这些科学的方法论意识服务，而是唯一地或首要地为着对解释能力进行哲学思考服务。方法在多大程度上能为真理做担保？哲学必然要求科学和方法认识到它们在人类存在及其理性的

① 伽达默尔．真理与方法：第2卷．1986：331.

② 同①438.

整体中的微不足道。”① 诠释学哲学就是这样一门关于人的历史性的学说：人作为“在世存在”总是已经处于某种理解境遇之中，而对于这种理解境遇，人必须在某种历史的理解过程中加以解释和修正，伽达默尔说：“理解从来就不是一种对于某个被给定的‘对象’的主观行为，而是属于效果历史，这就是说，理解属于被理解东西的存在。”②

（6）作为实践哲学的诠释学

当代诠释学的最新发展是作为理论和实践双重任务的诠释学，或者说是作为实践哲学的诠释学。伽达默尔说：“诠释学是哲学，而且是作为实践哲学的哲学。”③ 这种诠释学既不是一种单纯理论的一般知识，也不是一种光是应用的技术方法，而是一门综合理论与实践双重任务的哲学。与以往的实践哲学不同，作为实践哲学的当代诠释学是以亚里士多德的实践智慧（phronesis）为核心的，它试图重新恢复古老的实践智慧或实践理性概念来为人文科学规定其真正模式。伽达默尔写道：“在我看来，在所谓精神科学的自我理解方面，实践理性问题不仅是其中的一个问题，而且比所有其他问题更首要地被提了出来，Humanities，即‘精神科学’在科学领域中究竟占有何种位置？我将试图指明，正是亚里士多德的实践哲学——而不是近代的方法概念和科学概念——才为精神科学正确的理解提供了唯一有承载力的模式。”④ 按照伽达默尔的看法，知识并非只是基于统治他在的疏异的东西这个问题而被提出来的，这只是自然科学对事实进行科学研究的基本激情，人文科学最关键的不是客观性，而是与对象的前行关系，正如在艺术和历史中人的主动参与是它们理论有无价值的根本标准，同样在其他人文科学中，如政治、文学、宗教等，实践参与正构成它们的本质特征。作为实践哲学的诠释学不仅提供关于科学应用程序的解释，而且还对预先规定一切科学之运用的问题做出说明。按照伽达默尔的看法，这是“规定所有人的知识和活动的问题，是对于人之为人以及对‘善’的选择最为至关紧要的‘最伟大的’问题”⑤。

① 伽达默尔．真理与方法：第2卷．1986：495-496．

② 同①441．

③ 伽达默尔．科学时代的理性．1981：111．

④ 同①319．

⑤ 同①318．

2. 诠释学的三大转向

从上述诠释学在历史发展过程中所经历的六种性质规定，我们可以看出诠释学在从古代到现代的发展历史中存在三次重大的转向：

第一次转向是从特殊诠释学到普遍诠释学的转向，或者说，是从局部诠释学到一般诠释学的转向。这一转向一方面指诠释学的对象从《圣经》和《罗马法》这样的特殊卓越的文本到一般世俗文本的转向，即所谓从神圣作者到世俗作者的转向，另一方面指诠释学从那种个别片段解释规则的收集到作为解释科学和艺术的解释规则体系的转向。这次转向的主要代表是施莱尔马赫。施莱尔马赫把诠释学从独断论的教条中解放出来，使之成为一种解释规则体系的普遍诠释学。但这一转向的消极结果却使诠释学失去了本来与真理内容的联系，使对真理内容的理解转变成对作者意图的理解，从而原先诠释学的三种技巧（理解的技巧、解释的技巧和应用的技巧）在浪漫主义诠释学里只剩下理解和解释两种技巧，诠释学问题里本有的第三个要素即应用（Applikation）则与诠释学不发生关系。

第二次转向是从方法论诠释学到本体论诠释学的转向，或者说，是从认识论到哲学的转向。狄尔泰以诠释学为精神科学奠定认识论基础这一尝试，使诠释学成为精神科学（人文科学）的普遍方法论。但在海德格尔对此进行的生存论分析的基础本体论里，诠释学的对象不再单纯是文本或人的其他精神客观化物，而是人的此在本身；理解不再是对文本的外在解释，而是对人的存在方式的揭示或阐释（Auslegung）；诠释学不再被认为是对深藏于文本里的作者心理意向的探究，而是被规定为对文本所展示的存在世界的阐释。这种转向的完成则是伽达默尔的哲学诠释学。诠释学哲学就是这样一门关于人的历史性的学说：人作为“在世存在”总是已经处于某种理解境遇之中，而对于这种理解境遇，人必须在某种历史的理解过程中加以解释和修正，伽达默尔说：“理解从来就不是一种对于某个所与对象的主观行为，而是属于效果历史，这就是说，理解属于被理解东西的存在。”①

第三次转向是从单纯作为本体论哲学的诠释学到作为实践哲学的诠释学的转向，或者说，是从单纯作为理论哲学的诠释学到作为

---

① 伽达默尔. 真理与方法：第2卷. 1986：441.

理论和实践双重任务的诠释学的转向。这可以说是20世纪哲学诠释学的最高发展。与以往的实践哲学不同，这种作为理论和实践双重任务的诠释学在于重新恢复亚里士多德的“实践智慧”（phronesis）概念。在当代科学技术和全球经济一体化对社会进行全面统治从而造成人文精神相对而言日益衰退的时候，再次强调古希腊的与纯粹科学和技术相区别的“实践智慧”这一德行，无疑会给当代人们热衷于经济和技术发展的狂热带来一副清醒剂。伽达默尔说：“一种理解实践的理论当然是理论而不是实践，然而实践的理论也因此而并非一种‘技术’或所谓社会实践的科学化工作：它是一种哲学思考，思考对一切自然和社会的科学-技术统治所设置的界限。这就是真理，面对近代的科学概念而捍卫这些真理，这就是哲学诠释学最重要的任务之一。”① 诠释学作为哲学，就是实践哲学，它研讨的问题就是所有那些决定人类存在和活动的问题，那些决定人之为人及人对善的选择极为紧要的最伟大的问题。

① 伽达默尔．真理与方法：第2卷．1986：117．

第二章　诠释学的早期发展

综观诠释学的发展，我们一般可以区分两种诠释学：一是以方法论为主要取向的诠释学理论或解释理论（Interpretationslehre），其代表人物有施莱尔马赫、狄尔泰以及以后的埃米里奥·贝蒂（Emilio Betti）和汉斯·伦克（Hans Lenk）等；二是以存在论为主要取向的诠释学哲学，其代表人物是海德格尔、伽达默尔以及此后试图批判和综合哲学诠释学的哈贝马斯（Habermas）、利科尔（Ricoeur）和阿佩尔（Karl-otto Apel）等。伽达默尔曾用古典诠释学与哲学诠释学来概括这两种诠释学，但这只是 20 世纪 60 年代的概括，而不包括以后时期的发展。从时间上看，诠释学可以分为古代诠释学、近代诠释学和当代诠释学三个时期：文艺复兴和宗教改革以前的诠释学可以被称为古代诠释学，之后的直到 19 世纪的施莱尔马赫和历史学派的诠释学可以被称为近代诠释学，从狄尔泰开始的直到今天的诠释学则可以被称为当代诠释学。当代诠释学虽然也包括像埃米里奥·贝蒂的以方法论为主要取向的诠释学理论，但其主要趋向是海德格尔和伽达默尔的以存在论为主要取向的哲学诠释学，同时也包括哈贝马斯的批判诠释学和利科尔、阿佩尔、罗蒂等人的综合诠释学。而作为哲学诠释学的后期发展的实践哲学更应该作为当代诠释学在今天的一个新的发展趋向。

第一节　古代诠释学

随着语言的产生，在人类生活中出现一种解释的活动。亚里士多德在其《动物志》里曾讲到人类语言有两种不同的任务，即“说明某物”和“指出某物”。这种“说明”和“指出”就是一种解释的活动。从诠释学观点看，这种解释活动是与语词或文本相关联的，因而说明和指出某物，就是说明和指出该语词或文本的意义，也就是说，当我们解释一个语词或一个文本时，我们总是对它们的意义进行说明。如果我们以对意义的理解作为诠释学的本质特征，那么诠释学的历史就相当古老，如果不是从《伊利亚特》中的涅斯托耳开始的，至少也是从《奥德赛》开始的。前者是古希腊远征特洛亚大军最年老的国王，后者则是伊萨卡国王的后代，两者都以善于言辞和辩解词义著称。由于诠释学是以对意义的理解为其特征的，所以最早的诠释学是随着意义的探究而发展的。首先出现的一个问题是：语词或文本究竟只有一个意义还是有多种意义，这里就出现了两种不同的诠释学。

1. 多种意义

古代诠释学首先被用来解释在预言和自然现象中神的符号和指示，由于神的智慧总被认为高于人类的认识能力，因而僧侣们都努力做多种意义解释。在他们看来，神的符号或《圣经》文本都有一种意义丰满（Sinnfülle）或一种意义过剩（Sinnüberschuss），这种意义丰满或意义过剩从来只能部分地被人们汲取出来。正是在这一基础上，古代的诠释学家提出语言或符号至少应有两种不同的意义，即历史性的文字意义（sensus litteralis）和神秘性的精神意义（sensus spiritualis）。历史性的文字意义通过研究一般可以获得，但神秘性的精神意义却难以获得。因为要获得前者，仅需知识，而要获得后者，除了知识外还需信仰，唯有真诚信仰的人才可能与神秘性的精神意义沟通，这里似乎预设了知识与信仰是诠释学的基础。在此，我们还可以提到柏拉图的《伊庇诺米篇》，柏拉图在此书中把诠释学与占卜术归于一类，也就是说，他把占卜或猜测神的旨意的技术视为诠释学。

2. 单一意义

作为一种严格的解释理论必须坚持意义的单一性，即凡在文本和文献旨在传达某种确定意义的地方，我们首先应以一种唯一的和本质的意义作为前提。这首先适用于科学性的文本。西方逻辑学的产生首先就要归功于这种解释努力，即通过表达式的规范化而确定单词和句子的意义和意思。至今保存下来的最早的一篇诠释学论文，就是后来被收进亚里士多德的《工具论》中的《解释篇》(*De Interpretatione*),在这篇论文中,亚里士多德一开始就说“言语是心灵过程的符号和表征,而文字则是言语的符号和表征。正如所有的人并不是具有同一的文字记号一样,所有的人也并不是具有相同的说话声音,但这些言语和文字所直接意指的心灵过程,则对于一切人都是一样的”①。这里亚里士多德阐明三个重要观点:(1)言语和文字是心灵过程的符号和外在表现;(2)作为符号和外在表现的言语和文字所指称的是心灵过程;(3)不同的言语和文字所指称的心灵过程对于一切人都是一样的。亚里士多德这三个观点实际上就为诠释学以后的发展奠定了两个基本方向:(1)语词和命题的意义是心灵过程,即精神或思想;(2)同一的思想或意义可以表现在不同的语言和文字中。前者确立了语词和命题的意义是人们在使用它们时所想到的思想内容,后者确立了不同种类的语言和文字具有翻译或相互转换的可能性。

第二节 中世纪诠释学

1. 唯名论与唯实论

中世纪的经院哲学虽然在学科上并没有推动诠释学的发展,但它关于共相的唯名论和唯实论的争论却澄清了诠释学的本体论基础。我们知道在古希腊,柏拉图根据绘画(Bild)理论把事物的理念称为Urbild(原型),反之,把摹绘理念的事物称为Abbild(摹本)。柏拉图的这种原型与摹本的关系在中世纪表现为共相(一般)与事物(个别)的关系,如桌子可以有千万个,但其共相或理念只有一个。共相与事物的关系也可以表述为意义与符号(语词、语句和文本)的关系。新柏拉图主义的唯实论主张共相具有实在性,作为共相存在的意义独立于语言和符号而存在。在新柏拉图主义唯实论看来,不仅许多不同的语词和符号可以具有同一的意义,而且每个语词和符号都有一固定而永恒的意义,它并不随着时间和历史的变迁而改变。这种观点可以说一直延续到现在,如逻辑主义的意义和所指理论,不论波尔查诺、弗雷格还是罗素,这些人都想通过这种方式确

① 亚里士多德. 解释篇:16a3-7.

保在逻辑、数学和语言上可以把握的真思想和命题的绝对性。反之，新亚里士多德主义的唯名论则主张共相不是实在的，而只是名称，因而强调了意义与符号的一致性。不仅每一语词和符号有其自身的意义，有多少符号就有多少意义，而且同一语词和符号由于时间的改变和历史的变迁也可具有不同的意义，同一符号在新的情况里产生新的意义。这种观点也可以说一直影响到现代，现代诠释学关于符号和文本的意义的无限可能性和开放性的观点实际上就是因袭这种新亚里士多德主义的唯名论。

2. 奥古斯丁的贡献

在奥古斯丁（Augustine）那里，诠释学问题与构造一种基于符号理论的知识论交织在一起，这种交织现象并不是在奥古斯丁那里才出现的，其实，诠释学与符号学平行发展早在亚里士多德和斯多葛派那里就已经出现，尤其是斯多葛派一方面构造一种诠释学理论，另一方面又提出一种基于符号理论的知识论。但正是在奥古斯丁这里，这两种理论得到了有机的结合。按照奥古斯丁的看法，语词就是符号（参见他的《论基督教学说》和《论导师》）。他曾区分了符号（signa）和符号所指物（significabilia），可见符号和可听符号（如手势是可见的，语词却是可听的），以及指称其他符号的符号和指称事物的符号。内在词与外在词的区分，也是奥古斯丁的一个贡献，内在词是心灵内部产生的语词，而外在词是指与声音等外在现象相联系的语词。按照奥古斯丁的看法，在每一个语言里，语词（verbum）都有不同的发音，这一事实只说明语词不能通过人类的舌头表明它的真实存在。真正的语词，即内心中的语词，是完全独立于感性现象的，“内在词就是上帝语词的镜子和图像”①。在对话中，我们永不能确信我们的对话者已经正确理解了我们的意思，因为我们所用的表达式对我们有某种意义，而对那些听我们讲话的人却可能有完全不同的意义，这就是所谓的误解的问题。因此理解不能由外在词来保证，而只能由内在词来保证。

奥古斯丁对诠释学史还有另一贡献。奥古斯丁概述了历史哲学，或者说，澄清了异教徒的时间观念（作为同一东西的循环往返的时间）和基督教的时间观念［作为具有开端（创造）和结尾（复活）

① 伽达默尔. 真理与方法：第1卷. 1986：424.

的线性发展的时间〕之间的差别。异教徒给予世界以上帝的属性即永恒性，认为世界只是重复或回归而没有发展。但按奥古斯丁的看法，这种观点违背了《圣经》里的说法，因为按照《圣经》，上帝在一开始创造了天地。因此奥古斯丁反对古典的时间概念的最终论证是一种道德论证。按他的看法，异教徒的学说是无希望的，因为希望与信仰在本质上是与未来相关联的。如果过去与未来是在没有开端的循环往返里的同样的阶段，那么真实的未来就不能存在。正是在这里，奥古斯丁建立了他的神学性的历史哲学。

3. 四种意义学说

中世纪的诠释学在实践上继续那些在教父时代的倾向，特别是关于历史性的文字意义（sensus litteralis）和神秘性的精神意义（sensus spiritualis）这两种意义并存的假说。不过，后一种意义又被分为譬喻的意义、道德的意义和通往的意义，因此亚历山大语文学（alexandrinische Philologie）派学者曾提出著名的四重文字意义学说。在他们看来，文字的意义至少有四种，即字面的（Wörtliche）意义、譬喻的（allegorische）意义、道德的（moralische）意义和通往的（hinführende）意义，通往的意义即通往或通达神圣以及不可言喻之物。里拉的尼古拉（Nicholas of Lyra）在关于盖拉丁（Galatian）的信的注释里以诗的形式报道了这四种意义："字面的意义说明事实，譬喻的意义说明信仰的内容，道德的意义指明应当要做的事情，而通往的意义则指明你应当努力争取的东西（littera gesta docet，quid credas allegoria，moralis quid agas，quo tendas anagogia）。"①斯特万在其《诠释学的两个来源》一文中是这样解释这种意义的：字面的意义，这是事实上构成文本可理解性的年代学线索的材料；譬喻的意义，因为《新约》对《旧约》有一种追仿效力，《圣经》的材料看上去就像是精神意义的符号，或是对后来事件的预期，如复活节的羔羊是钉死在十字架上的耶稣基督的象征；道德的意义，这是文本的皈依力量，基督和他的道对于日常生活规则的示范性影响，这是人与上帝的内在联系；通往的意义，即将现世一切日常的和历

① 费拉里斯．诠释学史（Maurizio Ferraris．History of Hermeneutics．Luca Somigli，trans．New Jersey：Humanities Press）．1996：16．以下凡引《诠释学史》原文，均为外文页码，可在中译本边页找到。

史的材料都转移到最后审判的和被许诺的永生的来世学向度。①

4. 圣经诠释学

中世纪诠释学的主要对象是《圣经》，但这并不表示中世纪对《圣经》的信仰狭隘化，而是表示中世纪的整个文化，其中包括世俗的和科学的研究，都是在《圣经》的精神视域之内，因此《圣经》的解释就成为中世纪人文知识的试金石。在中世纪并没有现在所谓宗教文化与世俗文化的对立，如果全部知识包括世俗知识，都是启示的结果，那么《圣经》的研究就具有百科全书的价值。甚至自然研究也是按对文本的注释模式进行的，自然研究者把自然称为自然之书，这是所谓 interpretatio naturä（自然解释）的典型。世界与书相比，表明整个现象世界是一部由上帝的手所写的书，个别的创造物是这书的符号和语词。如果说不能阅读的人想看一本书，他只能看符号而不能阅读它们；那么同样，愚人是非神性的人，他在可见创造物中看不到神圣的东西，因为他只看到它们外在的现象，而不认识它们内在的意义。反之，智慧的人能判断一切事物，能在外在的现象中感知创造者的奇异的内在智慧。因此，自然之书对于智慧的人而言是完全可理解的，正如文本对于那些能阅读它的人而言是可理解的一样。这种智慧的人就是受教会传统所教导的人，因而教会传统成了《圣经》理解的保证。以后宗教改革正是在反对这种教会传统作为《圣经》解释的原则和指南下发展起来的。

5. 法学诠释学

古代诠释学除了宗教诠释学或圣经诠释学外，还有法学诠释学。法学诠释学肇始于古罗马帝国时期，当时罗马人不仅建立了专门的法律组织，而且也制定了包括诉讼法在内的大量法律，特别是公元 6 世纪查士丁尼一世（Justinian Ⅰ）制定的罗马法《法典》，为西方法学诠释学的出现和发展提供了基础。在中世纪，西欧围绕罗马法的解释问题产生了前后期两个注释法学派：13 世纪以前的注释学派称为前期注释法学派，其研究重点是恢复查士丁尼时代编纂的各种罗马法文献，并以此规定它们的意义；13 至 15 世纪的注释法学派则是后注释法学派，其主要任务是致力于罗马法于实际生活的应用。前

① 斯特万．诠释学的两个来源．哲学译丛，1990（3）．

者可以说是理论的法学诠释学，后者则可以说是应用的法学诠释学。不过，无论是早期的还是后期的注释法学派，它们都是法学诠释学的早期阶段，真正意义的法学诠释学直到近代才开始形成。

第三节　宗教改革时期诠释学

上述关于法学诠释学的情况事实上也适合于一般诠释学。虽然我们说诠释学在古代希腊就已经出现了，但它真正作为一门对理解和解释的反思学科则应当说是以后的事，因为作为反思的学科必须在它所反思的东西发展到一定阶段后才可出现。因此真正意义上的诠释学应当是在文化发展的较后阶段，即后期犹太教、亚历山大语文学派、作为犹太教信条继承者的基督教，或者作为拒斥基督教教义旧传统的路德神学时期才得以发展。一般诠释学第一个明显发展时期自然是16世纪的宗教改革运动。

1. 路德的《圣经》自解原则

随着对古典文化的重新接纳，文艺复兴时期在另一种新的高度上推动了诠释学的发展。由于近代自然科学的出现，神学的信仰逐渐让位于科学的方法。为了获得古代文献的深刻含义，作为意义确立的方法论的诠释学也成了反思的对象。宗教改革家为了维护自己对《圣经》的理解以反对特利恩特派神学家的攻击，曾经大力发展了早期的诠释学理论。对《圣经》的理解在以前一直被教会的独断论传统所规定，在这里不允许有任何违背正统教义的自由解释。为了反对这种独断论传统，宗教改革家提出"《圣经》自解原则"（Schriftprinzip）。马丁·路德（M. Luther）曾把这种原则解释为《圣经》自身解释自身（sui ipsius interpres）。按照他的看法，《圣经》本身是清楚明了的，即使某些语词可能不是清楚的，但根本的东西、拯救的内容却是清楚的，因此在我们对《圣经》的解释中，我们既不需要依赖于教会传统，也不需要一种解释技术。《圣经》的原文本身就有一种明确的可以从自身得知的意义，这就是他所谓"唯独圣经"（Sola Scriptura）的改革原则以及他所谓"因信称义"学说，即人要获得上帝的拯救，不在于遵守教会的教条，而在于个人的内心的信仰。我们知道，古代诠释学的核心是一种譬喻（寓意）

解释，而在宗教改革时期，这一譬喻解释受到了批判。按照宗教改革诠释学家的看法，《旧约圣经》不能通过譬喻解释而得到其特殊的基督教义。我们必须按照文字本身的意义去理解它，而且正是由于我们按照文字本身的意义去理解《旧约圣经》，并把它视为基督拯救行为所维护的法则的表现，从而《旧约圣经》才具有一种基督教义的重要性。由于《旧约圣经》的语言是希伯来文，而不是当时普遍的学者语言即拉丁文，因此，正如古典语文学诠释学强调精通希腊文一样，新教神学家也强调精通希伯来文的重要性。他们认为，只有通过对原始创作语言的研究，才能揭示那种语言所创作的经典文献的真正意义。

2. 《圣经》解释的诠释学循环

由于宗教改革转向《圣经》的文字研究，诠释学出现了一种新的方法论意识，即想成为一种客观的、受对象制约的和摆脱一切主观意愿的科学解释，这种科学解释的基本原则就是部分与整体关系的原则，这一原则其实并不是新的东西。古代的修辞学就知道这种关系，它把完美的讲演与有机体的身体同头和肢体的关系加以比较。路德和他的追随者把这种从古代修辞学里得知的观点运用于理解过程，并发展成文本解释的一般原则，即文本的一切个别细节都应当从上下文即从前后关系，以及从整体所目向的统一意义即从目的去加以理解。这一整体与部分的关系原则在以后的诠释学发展过程中起了很大作用，即所谓“诠释学的循环”。不过，按照伽达默尔的看法，宗教改革派学者只是为了解释《圣经》而依据这一原则，因而他们本身仍被一种以独断论为基础的前提束缚，即他们预先假设了《圣经》本身是一种统一的东西。在这前提下，他们排除了对《圣经》的任何可能正当的个别解释。这说明宗教改革派的神学的不彻底性，狄尔泰后来以一种历史精神科学的观点批判了新教派诠释学的这一矛盾。

3. 弗拉西乌斯

这个时期有名的诠释学著作有：牛津大学神学教授 L. 汉弗雷（Humphrey）的《解释方法》（卷三，1559），鉴于当时的兴趣在于把古希腊文本和拉丁文本翻译成新的语言，汉弗雷在书中把 Hermeneutik 解释为“翻译”；弗拉西乌斯（Mathias Flacius Illyricus）的

《圣经指南》(1567)或《论圣经文字的合理认识》(1567)试图通过诠释学对《圣经》进行一种普遍有效的解释，他认为，《圣经》中凡不是直接清楚的段落，我们可以通过语法解释，援引实际宗教经验并根据一般与个别原则进行解释；F. 德·桑科的《论作者的解释或论运用》(1581)，按照作者的观点，诠释学是对文本的“分析”活动，其目的在于彻底地重构这一活动所打算说明的整个作品。

这里我们需对弗拉西乌斯介绍一下：弗拉西乌斯生于依斯特里亚，曾在巴塞尔、蒂宾根、维登堡学习，正是在维登堡他接触了路德的思想。他是一位极端主义者，正是由于这一点，他后来在法兰克福被迫害而死。他拥护诺斯替教立场，按照这一立场，人在本质上是罪人，没有意志自由，因此对人来说也没有任何拯救可通过劳作来实现。对于人来说，只有上帝的恩惠，但这不表现在任何人为的制度里，而只表现在《圣经》里。所以弗拉西乌斯彻底地离开人文主义的意识形态，拒绝任何关于人的自由和责任的论辩。然而，由于这两方面的决裂——与天主教义决裂和与人文主义决裂——他不得不更彻底地面对《圣经》文本的诠释学问题。唯一的拯救就在对《圣经》文本的解释中。他的著作很丰富，包括《论教义的历史》和《注释学》，但对诠释学发展史最重要的著作则是《圣经指南》。弗拉西乌斯的作用首先可视为对特利恩特会议(1545—1563)的反宗教改革计划的反应。在特利恩特会议上，天主教关于《圣经》与传统的关系——这种关系在中世纪的教会里是比较自由的，有着不同的意见——第一次得到规定。按此规定，《圣经》与传统没有任何矛盾，因为它们都源自同一精神。特利恩特会议的纲领强调教会权威以反对《圣经》自解原则，其主要目的不仅是为反对路德教对牧师权威的拒绝而斗争，而且也是为反对比喻形象解释方式——这种解释方式在人文主义的和文艺复兴的新柏拉图主义者中间广为流传——而斗争。因此，这一时期天主教会的神学工作就是一方面证明教会的权威，另一方面证明《圣经》的可理解性，后一证明必然引导出诠释学方法。作为一位伟大的希伯来语言学家和语文学家，弗拉西乌斯捍卫路德“《圣经》自身解释自身”的口号而反对天主教特利恩特会议的争论，也正是在这里，弗拉西乌斯承担了通过诠释学证明普遍有效解释的可能性。他所澄清的第一个原则是宗教性的：如果解释者在《圣经》注释里发现某种困难，那么帮助他的并不是牧师的传统，而是使他与文本联系起来的真正的基督教信仰。狄尔泰曾把这一原则规定为客观联系解释法，即任何时代和任何领域的解释者都认为他的理解与文本中所呈现的历史世界和理想世界相联系，由于精神的和文化的亲缘关系。除了这一宗教原则外，弗拉西乌斯还概述了两个理解原则：一是语法原则，二是心理学原则。语法原则肯定路德对比喻和形象程序的排斥，正如弗拉西乌斯在《指南》中所写的，“读者应当高兴地把握《圣经》的平凡的真正的意义，他不应当追逐虚影，或成为比喻或神秘的梦幻的奴隶”①。心理学原则对于诠释学后来的发展是很重要的，因为正是通过它，弗氏证明了诠释学的循环：文本的部分能被真实理解，仅当我们具有一种前知识，而这种前知识随着以后对个别部分的理解而更坚固和完全。

4. 现代诠释学基本原则的预示

总之，宗教改革派学者强调《圣经》自解原则并反对特利恩特派独断论教义解释，这实际上展示了狄尔泰所认为的现代诠释学基本原则的东西：文本可以根据自身而不是按照教义被理解，理解不需要教条，而只需要对解释原则的系统运用，在这种系统运用中他们又发展了古代修辞学里的诠释学循环。不过，这里值得我们注意的是，宗教改革时期诠释学的动机不是因为流传下来的东西难以理解，可能造成误解，如后来施莱尔马赫所认为那样，而是因为现存的传统由于发现它被掩盖了的原始东西而被视为是被破坏了或变形了，因此其意义应当被再探究和重新说明。诠释学试图通过返回原始的根源来对那些由于歪曲、变形或误用而被破坏了的东西（如被教会独断传统所歪曲的《圣经》，被经院哲学粗野拉丁文所变形了的古典文献）获得一种新的理解。不过，正如伽达默尔所说的，宗教改革新教神学虽然反对了教会独断论传统，但它仍被一种本身也是以独断论为基础的前提所束缚，即它预先假设了新教派的信仰形式是理解《圣经》统一性的唯一指南，这是一种自我矛盾，狄尔泰曾讽刺地批评了新教神学诠释学的这些矛盾。另外，他们在强调《圣经》是一个自我一致的统一体时，忽略了《圣经》不同部分被写的不同情况。这里实际上也忽略了另一诠释学原则，即《圣经》不同

① 费拉里斯. 诠释学史. 1996：31.

卷可以根据语境和语言用法的差异来理解，这一原则允许迈耶尔在18世纪扩大宗教诠释学到语文学研究，特别允许施莱尔马赫在19世纪表述了普遍诠释学的理论原则。

第四节　17世纪和18世纪诠释学

宗教改革在诠释学历史上的最重要的成果是使《圣经》世俗化，在此世俗化过程中，《圣经》与古典文学作品受到同等对待。正是在这种同等对待中，诠释学作为一门古典文献一般解释方法的学问发展了起来。继诠释学被作为翻译和分析的理论，法国P.D.休特（Hüt）在1661年出版了《论解释》（卷二），除了重新肯定L.汉弗雷关于诠释学是翻译学说的观点外，休特还指出翻译者（解释者）在进行这种诠释-翻译时，既不可通过任何形式的取消而减少作者的性格，也不可通过任何形式的附加而增多作者的性格，翻译或解释者应当完全忠实地描述作者的性格。同样J.H.阿尔斯泰德（Alsted）在1630年出版的《七卷本百科全书》（第二版，1649）中对诠释学的分析活动做了如下解释："分析的目的是更正确地理解他人的著作，更有力地铭记他人的著作，以及模仿着更漂亮地表达他人的著作。"①

1. 诠释学作为书名的首次出现

17世纪和18世纪诠释学最大的贡献应当在于它确立了诠释学作为一门独立的学科的位置，当然这是由于近代自然科学的发展而促进的，因为自然科学的方法论意识必然促进了诠释学作为一门解释方法的学科的发展。诠释学作为书名第一次出现是在1654年，作者是丹恩豪尔，其书名为《圣经诠释学或圣书文献解释方法》。丹恩豪尔不仅正式以书名提出有诠释学这一门学科，而且对诠释学相对于古代哲学学科的三种附属学科，即修辞学、语法学和逻辑学的地位也做了论述。正如我们前面已说过的，他这种学科定位一直影响到沃尔夫。丹恩豪尔在诠释学史上另一个重要的贡献在于他把"media hermeneutia"（诠释的工具），即文本理解的技术规则概括为"哲

① 引自我的德国朋友盖尔特赛策（Lutz Geldsetzer）在1987年深圳大学召开的我国第一届解释学会议上所做的名为《何为解释学》的讲演。

学”，以至继后的 J. F. 布德斯（Buddeus）把诠释学作为解释规范，看作是 philosophia instrumentalis（工具哲学）的一部分。尽管这与我们今天所说的“哲学诠释学”或“诠释学哲学”有根本意义的不同，但由于其把方法当作哲学加以强调，却为诠释学以后发展为一门独立的解释理论开辟了道路。

2. 斯宾诺莎与诠释学

理性主义与历史-语文学注释之间的联盟可以在斯宾诺莎的《神学政治论》第 7 章里得到表现。这一章是论《圣经》的解释。斯宾诺莎在这里反对拉比们把他们所意想的东西塞入《圣经》的注释中，传统的寓意解释既不是合法的又不是必要的，在这里斯宾诺莎的精神与路德在 50 年前所主张的观点相一致。斯宾诺莎写道：“一般人并不认真在生活上按《圣经》去做，我们看见大多数人把他们自己的解释沿街叫卖，说是上帝的话，并且借宗教之名，尽力强迫别人和他们有一样的想法。我说，我们常见神学家们急于要知道如何根据《圣经》的原文来附会他们自己的虚构和言语，用神的权威为自己之助……野心恣肆已滋长得十分猖狂，以致以为宗教不在尊敬圣灵的著作，而在为人的注释做申辩。”① 一当传统的注释被拒绝了，那么正确的解释《圣经》的方法是什么呢？这里理性主义与语文学和历史理解结合在一起，这就是斯宾诺莎在《神学政治论》中所提出的基于自然解释的《圣经》解释方法。斯宾诺莎说：“我可以一言以蔽之曰，解释《圣经》的方法与解释自然的方法没有大的差异。事实上差不多是一样的。因为解释自然在于解释自然的来历，且从此根据某些不变的公理以推出自然现象的意义来。所以解释《圣经》第一步要把《圣经》仔细研究一番，然后根据其中根本的原理推出适当的结论来，作为作者的原意”②。按照斯宾诺莎的看法，《圣经》几乎全部的内容只能求之于《圣经》本身，正如关于自然的知识只能求之于自然一样，这里不需要任何先有的信条和权威。不过，斯宾诺莎在这里区分了两种情况：一方面，《圣经》教导道德规范，而这些道德规范完全超出自然理性因而不需要历史中介，换句话说，我们的理性完全能超出时间距离去理解《圣经》里“十诫”的意义以及其他道德规范的意义，这些戒律规范对我们有一种无历史的不

① 斯宾诺莎．神学政治论．温锡增，译．北京：商务印书馆，1963：106-107.
② 同①108.

证自明性，正如几何学的命题一样。正因为它们是明显的和普遍的，所以它们被一种明白清楚的语言形式表达出来，在这里斯宾诺莎遵照独断型诠释学而认为，凡是清楚明白的东西，我们可以直接地理解。另一方面，当我们必须理解的不是道德原则，而是事件历史或那些远古事情的表达式，且当时使用语言的方式是我们所不理解的，在这种情况下，斯宾诺莎说“我们必须完全根据文字的含义，用清醒的心，只据《圣经》”来理解。例如，摩西说“上帝是火”，这句话不仅与我们的自然理性相矛盾，而且与摩西的其他话如“上帝不能与任何自然元素相比较”相矛盾。如果在希伯来语言里“火”只有自然的意义，那么这句话就确实不可理解，但是如果“火”在希伯来语言里有愤怒、嫉妒的意思，此句话就好理解了。可见对《圣经》的自然研究并不排除历史-语文学，按照斯宾诺莎的看法，只有历史-语文学知识才使我们有可能理解那些不易理解的文本。在这里斯宾诺莎遵照探究型诠释学而提出圣经诠释学的一些要素：(1)《圣经》的历史，包括“它们的作者的生活、活动和追求”；(2) 希伯来语言的完全知识；(3)《圣经》每一卷所发生的历史。

这里，斯宾诺莎实际上提出了这样一个诠释学原则：凡是清楚明白的东西，我们可以直接地理解；凡是晦涩不明的和不可理解的东西，我们则必须根据历史资料推出作者的精神并以作者的精神来进行历史的解释。例如，欧几里得几何学是清楚明白的东西，我们就无须注意作者的生平、思想和习惯而能理解；但对于《圣经》著作中难以理解的段落，特别是其中讲到奇迹和启示的章节，我们就不能光凭我们的自然理性，而必须历史地理解作者的精神并用作者的精神来加以解释。斯宾诺莎认为在这方面解释《圣经》的方法与解释自然的方法没有什么不同，因为解释自然在于解释自然的来历，并由此根据某些不变的公理推出自然现象的意义；同样，解释《圣经》也在于先理解作者的思想，然后用作者的思想解释难懂的段落。斯宾诺莎的这一观点实际上暗示了诠释学的两种理解观点，即真理的理解和作者意图的理解。前者涉及的是命题的真理，后者涉及的与其说是命题的真理不如说是命题的意义。按照伽达默尔的看法，斯宾诺莎这种《圣经》的历史批判在诠释学方面找到了它的合法根据，如果理性所攻击的《圣经》里那些不可理解的东西也要求一种自然解释的话，这种历史批判同时也包含了一种积极的转变，这就导致从虚假的和不可理解的奇迹故事到可理解的奇迹信仰的转变。

3. 普遍诠释学形成的三次浪潮

由于用一种普通语义学来为诠释学奠定理论基础，诠释学以后的发展显然就是从隶属逻辑学的一个部分到一门独立的普遍诠释学的发展。这个发展过程我们可以用三次运动或浪潮来描述，这三次运动彼此的间隔均为半个世纪，紧接着这三次运动的就是我们现在所谓的当代诠释学。

普遍诠释学的第一次浪潮是在17世纪末。赫尔曼·冯·德·哈尔特（H. von der Hardt）以他的《论一种普遍注释学的要素》于1696年揭开了这次浪潮的序幕，接着出现了约翰·德·雷依（de Räi）发表于1697年的《关于解释的思考》，约翰·格奥尔格·迈斯特（Meister）发表于1698年的博士论文《论解释》以及约翰·海因希·埃内斯蒂（Ernesti）发表于1699年的《世俗诠释学概要》。这时期的诠释学不仅要通过所谓的理解技巧以确立文本的真实意义，而且也希望通过所谓的应用技巧以促成一种对权威意义的实践应用。诠释学的两种成分——理论性的探究的成分（zetetische）和实践应用的独断的成分（dogmatische）都可以在这里被找到。

第二次浪潮是在18世纪中叶。它是以约翰·马丁·克拉登尼乌斯（Johann Martin Chladenius）在1742年发表的《对合乎理性的讲话和著述的正确解释导论》开场的。接着第二年，约阿金·埃伦弗里德·普法弗尔（Pfeiffer）发表了《诠释学初步》。1756年约翰·安德雷亚斯·格罗施（Grosch）写了一篇纲领性的博士论文《在所有学科中诠释学是同一的》。下一年，格奥尔格·弗里德里希·迈耶尔发表了他的著名的《普遍解释技术试探》，在这里，普遍诠释学作为普遍符号学的一部分被建立。

普遍诠释学的第三次浪潮出现于19世纪，它是从德国唯心主义的思辨前提而产生的。我们知道德国唯心主义是西方神学留下来的新柏拉图主义和欧洲大陆法学中的斯多葛主义的混合物，因此第三次普遍诠释学运动除了继续推进意义解释的探究型诠释学外，还进一步发展了神学和法学中原有的重在应用的独断型诠释学。这时人们不仅对古代文献的内容和意义感兴趣，而且对这类源泉在当今生活中的应用更感兴趣。这一时期的主要代表就是我们后面将要分别介绍的阿斯特和施莱尔马赫。

4. 雷姆巴赫与诠释学

约翰·雅可布·雷姆巴赫（Johann Jakob Rambach）生于哈勒，曾在耶拿和哈勒大学学习神学。他的诠释学论文集除了他的关于《圣经》解释的博士论文（1730）外，还有在他逝世后出版的《关于他自己圣经诠释学的解释》（1738）。雷姆巴赫提出的情感诠释学（the hermeneutics of feelings）预期了以后浪漫主义诠释学的作者心理解释，他曾写道："我们不能清楚理解和解释那些我们不知道是由什么情感引起的话语。这是容易证明的。事实上，我们的讲话是我们思想的表现。但是，我们的思想总是与某种秘密的情感相联系……所以通过我们的讲话，我们不仅使他人理解了我们的思想，而且也理解与这思想相结合的情感。由此推知，如果不知道作者在讲某些话语时他心里有什么情感与之相联系，那么我们就不可能理解和解释作者的话语。"① 并说："如果我们……能听到神圣作者讲那些我们在其书中读到的话，那么我们就将能更好地理解晦涩的段落，因为他们的情感将通过他们的声音和手势姿态更清楚地呈现于我们感官面前。但是，既然我们没有这种帮助，那么要完全确实地说什么情感、什么意义可能引起这话或那话，这将是困难的；事实上，我们必须回忆，意义依赖于情感。"② "意义依赖于情感"这一论点具有彻底性：我们在这里有一种关于理解行为的强烈心理学化过程，这种心理学化，一个世纪后施莱尔马赫和狄尔泰加以系统发展，但更重要的是，这种诠释学指向了一种隐含的理性主义和世俗化。在构造《圣经》意义里，神圣作者心理的统治作用已经是《圣经》的解神话化的结果，所以在解释上帝的话里，中心作用被给予话的历史-心理学中介的形式，就是说，作者的观点和情绪状况。所以《圣经》文本似乎更反映了历史的情况而不是超历史和超验的话的表现。

雷姆巴赫情感诠释学的另一个典型要素是强调了所解释文本意义的实践-生存论的应用。他曾区分了三个诠释学要素：研究（investigatio），这是确立《圣经》的意义；解释（explicatio），这是对其他人解释自己由于研究而理解的东西的行为；应用（applicatio），这说明文本对读者所具有的生存论作用。按照雷姆巴赫的看法，应用本

---

① 费拉里斯．诠释学史．1996：44-45．

② 同①45．

身又分为两种：规劝的应用（porismatic application），这涉及读者在神圣文本中能发现的教导性的规劝和举止；实践的应用（practical application），这并不与文本的意义有关，而是与信仰者的生活有关，信仰者通过阅读《圣经》必须使其道德行为符合基督教模式。在区分了解释《圣经》必需的各种技巧和方法之后，雷姆巴赫结论说：实际上，实践的应用非常重要，“如果这被忽略，任何其他的任务都不可成功”。对于解释者的心理来说，应用就等于情感理论对神圣作者的心理所是的东西。人文主义的共通感主题，补充理论能力的实践-生存论智慧主题现在作为应用的告诫重新露面，它就是 sapientia salomonis，即法官的实践分辨能力，这在理性占统治的时代，乃是典型的诠释学纠正物。他论证说，当纯方法的理性没有上帝而能被理解时，这种所需要的实践的、生存论的意义和智慧却不能没有信仰而起作用。由应用理论所阐明的存在、实践性和共通感的联系是应用在过去时代诠释学里得到评价的基础。理解文本的普遍而客观的意义不能与原来的应用环节相分离。文本的客观而普遍的意义可以从解释者的境遇和解释的目的出发加以理解，而不是从它们没有前提的理性脉络中出发。伽达默尔对他这种观点概括道：“研讨某个传承物的解释者就是试图把这种传承物应用于自身。但是这并不意味着传承下来的文本对于他是作为某种普遍的东西被给出和被理解，而以后只有为特殊的应用才利用它。其实，解释者除了这种普遍的东西——文本——外根本不想理解其他东西，也就是说，他只想理解传承物所说的东西，即构成文本的意义和意思的东西。但是，为了理解这种东西，他一定不能无视他自己和他自己所处的具体的诠释学境遇。如果他想根本理解的话，他必须把文本与这种境遇联系起来。”①

5. 维柯与诠释学

扬姆巴蒂斯塔·维柯（Giambattista Vico）生于意大利南部那不勒斯，该城是当时意大利的一个学术中心。这是一个古代的修辞学和人文主义传统并未中断的时代，尽管这时代已出现了新兴的科学，但理性的证明和教导的能力并不能完全穷尽一切知识领域，人们认为有一些领域是科学无能为力的。正是在这种观点的影响下，维柯

① 伽达默尔．真理与方法：第1卷．1986：329.

求助于共通感。维柯认为，那种给予人的意志以其方向的东西不是理性的抽象普遍性，而是表现一个集团、一个民族、一个国家或整个人类的共同性的具体普遍性，因此造就这种共同性的感觉即共通感对于生活来说就具有决定性的意义。由此维柯确立了真正的智慧乃是柏拉图式的玄奥智慧与塔西佗的普通智慧的结合，真正的科学乃是哲学与历史学的统一。他曾说，在一切渊博的学者之中他只敬佩两个人，即柏拉图和塔西佗，"因为这两人都凭一种高明无比的形而上学的智慧，塔西佗按人的实在的样式去看人，柏拉图则按人应该有的样式去看人……因而既要有柏拉图那样的玄奥智慧，又要有塔西佗那样的普通智慧，才可以形成真正的哲人"①。玄奥智慧的结晶是哲学，而普通智慧的结晶则是语文学和历史学。维柯说："哲学对理性进行深思，由此达到对真理的认识；语文学观察来自人类意志选择的东西，由此达到对确定性事物的认识。"② "哲学家如果不使自己的推理得到语文学家的凭证的确定，他们的工作就有一半是失败的；同样，语文学家如果不使自己的凭证得到哲学家推理的检验，他们的工作也就失败了一半。"③ 维柯把这种哲学与语文学（历史学）的结合称为"凭证哲学"，用现代的术语来说，就是历史哲学。

维柯的著作有《我们现代的理性研究》（*De nostri temporibus studiorum natione*，1708）和《新科学》（*Scientia nuova*，1725－1744）。前一著作是维柯反对新扬森-笛卡尔派传统而为耶稣人文主义文化做辩护的著作，而后一著作则是维柯建立自己历史哲学和美学观点的代表作，所谓新科学实际就是用再创造最初的非科学来创造新科学本身。维柯的信念是：在无须任何前提的思想时代，古老的修辞学-实践的知识，即使面对现代自然科学，也能保持它的传统作用。伽达默尔曾这样说过："照维柯看来，在科学领域内也存在着古代人和现代人之争，不过他认为，这不再是与'经院派'的对立，而是与现代科学的一种特殊的对立。维柯并不否定近代批判性科学的长处，而是指出这种科学的界限。即使现在面对这种新科学和它的数学方法，我们也不应缺乏古代人的智慧和他们对于知性与口才

① 维柯. 新科学：上卷. 朱光潜，译. 北京：商务印书馆，1989：355-357.
② 同①103.
③ 同①103.

的培养。”① 这里所谓对口才的培养，正如莱布尼茨后来也强调的，是指一种为任何论题的讨论找寻可信服论证的能力。

维柯对共通感——一种实践智慧——的强调可以从他所谓的诗性智慧中看出。按照维柯的看法，人类的知性发展经历三个阶段：“人最初是没有情感的知觉，然后是以一种激动的不安的灵魂去知觉，最后，人是以一种纯粹的精神去反思。”与这三个知性阶段相应，历史上出现了这样三个时代，即上帝的时代、英雄的时代和人的时代。在上帝时代这个人类发展的第一阶段上，人类知性是由一种诗性智慧所支配的，而这种诗性智慧不同于一般科学思维。他写道：“因此，诗性的智慧，这种异教世界的最初的智慧一开始就要用的形而上学，就不是现在学者们所用的那种理性的抽象的形而上学，而是一种感觉到的想象出的形而上学，像这些原始人所用的。这些原始人没有推理的能力，却浑身是强旺的感觉力和生动的想象力。这种形而上学就是他们的诗，一种他们生而就有的能力（因为他们生而就有这些感官和想象力）；他们生来就对各种原因无知。无知是惊奇之母，使一切事物对于一无所知的人们都是新奇的。他们的诗起初都是神圣的，因为……他们想象到使他们感觉到并对之惊奇的那些事物的原因都在天神……同时，他们还按照自己的观念，使自己感到惊奇的事物各有一种实体存在，正如儿童们把无生命的东西拿在手里跟它们游戏交谈，仿佛它们就是些活人。各异教民族的原始祖先都是些在发展中的人类的儿童，他们按照自己的观念去创造事物，但是这种创造和上帝的创造大不相同，因为上帝是用他的最纯真的理智去认识事物，而且在认识事物之中就在创造事物，而原始人在他们的粗鲁无知中却只凭一种完全肉体方面的想象力，而且因为这种想象力完全是肉体方面的，他们就以惊人的崇高气魄去创造，这种崇高气魄伟大到使那些用想象来创造的本人也感到非常惶恐。因为能凭想象来创造，他们就叫做‘诗人’，‘诗人’在希腊文里就是‘创造者’。”② 诗人就是制作者或创造者。擅长于制作某种东西，当然在某种意义上就是知道怎样制作它，这种“知道怎么办”实际上就是一种知识或智慧。这是一种什么样的知识或智慧呢？维柯说这是“诗性智慧”，即一种创造性的智慧，诗人或人类制度的创造者的智慧。按照维柯的说法，这种诗性智慧与抽象思维是完全对

① 伽达默尔．真理与方法：第1卷．1986：26．
② 维柯．新科学：上卷．朱光潜，译．北京：商务印书馆，1989：181-182．

立的，这是想象与理智的对立，也是诗与哲学的对立。诗人是“人类的感官”，而哲学家是“人类的理智”。他说，最初各民族人民作为人类的儿童，先创造了艺术的世界，然后哲学家过了很久才出现，他们可以看作民族的老年人，正是他们创造了科学的世界。维柯对原始人的诗性智慧的历史研究实际上阐明了这样一种知识类型，这种知识类型远比数学知识更有具体性和生动性。例如，原始民族由于抽象思维不发达，其语言一般是比喻的形象语言，表达的方式不是“说”，而是“唱”，如不说“我发怒”，而是唱“我的热血在沸腾”；不是说“地干旱”，而是唱“地渴了”；即使在维柯时代，佛罗伦萨农民也不说“过了若干年”，而是说“我们已收获若干次了”。就此而言，维柯认为，语文学比自然科学更有其优点。按照伽达默尔的看法，维柯在这里所强调的关于诗与哲学、诗性智慧与抽象思维的对立，实际上是亚里士多德关于纯粹科学（episteme）与实践智慧（phronesis）、理论知识与实践知识的对立。在维柯强调诗性智慧比科学理论更有具体性和生动性时，实际上指明了现代科学方法论对于精神科学的不适应，相反地，我们必须努力为自己开辟一条返回传统的道路。伽达默尔写道：“维柯对罗马人共通感概念的援引以及他为反对现代科学而对人文主义修辞学所做的辩护，对于我们来说有特别重要的意义，因为从这里我们接近了精神科学知识的一个真理要素，而这个要素在19世纪精神科学的自我反思里是不可再达到的……因此，维柯求诸共通感，正如我们所看到的，是依据一种深远的一直可以追溯至古代的关系，这种关系直到现在还在继续起作用，而这种继续存在就构成了我们今天的课题。”①

维柯的新科学还包括对我们是否能认识历史的回答。历史在时间上是已成为过去的东西，它在形态上表现为一个个曾经发生过的事实，那么我们是否能认识历史和理解历史呢？维柯对此的回答是：从表面上看，历史学家的研究对象似乎不同于自然科学家的研究对象，它们不是现在的事实，而是过去的事实；但历史学家对自己的研究对象的理解以及由此所获得的知识，事实上比自然科学对其研究对象的理解和认识更深刻，更具有普遍性。原因在于：自然科学家对自然的认识停留在外在过程上，而我们对人类历史的认识却深入内在过程中。历史学的对象是人类精神的创造物，因此人类精神

① 伽达默尔. 真理与方法：第1卷. 1986：29.

认识历史，就是认识自己精神的创造物。维柯说，尽管“距我们很久远的最早的古代文物沉浸在一片漆黑的长夜中”，但它们“毕竟无疑地仍闪耀着真理的永不褪色的光辉”。当然，历史可以认识、可以理解是一回事，真实地认识和理解历史则是另外一回事。维柯指出，人们认识历史可能因自身的某些偏见而落入一些陷阱：一方面“由于人类心智的不确定性，每当陷入无知时，人就把自己当作宇宙的尺度”，另一方面“人对遥远和未来的事物完全不能形成概念时，总是根据附近和已知的事物下判断”①。因此，为了真实认识和理解历史，我们必须摆脱上述两方面的缺陷。另外，维柯与以往历史学家不同，他不主张历史观念是永恒不变的，在他看来，对历史的认识和理解也是一种历史过程。人只能历史地而不是抽象地理解历史，一方面远古民族人们的情感和心智属于他们自己的时代，与我们的情感和心智有很大的差别，因此历史认识需要追溯人类的起源；另一方面我们自己的情感和心智也不断地随着历史的变迁而发生变化，对同一的历史在不同的时期有不同的看法。正如我们以后要讲到的，维柯的这些历史观点为以后德国的历史学派所接受。

6. 埃内斯蒂、克拉登尼乌斯、迈耶尔与诠释学

宗教改革所开创的《圣经》世俗化过程在18世纪随着理性主义的发展而继续。这一过程一方面使《圣经》与世俗文学文本被同等看待，另一方面使注释学从教会的独断论里解放出来。在这过程中，有几位古典主义语文学者值得我们注意。约翰·奥古斯丁·埃内斯蒂（Johann August Ernesti），是莱比锡大学的语文学和修辞学教授，曾编辑出版了荷马、西塞罗等许多古典作家的著作。在诠释学历史上，埃内斯蒂之所以重要，是因为他的著作《新约圣经解释规则》（*Institutio Interpretis novi Testamenti*，莱比锡，1761）。在此书中埃内斯蒂认为对《圣经》的历史-语法解释具有重要意义，语言用法是由历史和文化所决定的，因此对《圣经》的解释需要历史和文化的视域。他写道：“研讨神圣著作语词的意义并不比研讨其他著作更任意，而是同样束缚于来自语言本性的固定规则。所以把对神圣著作的解释和对神圣语词意义的判断从属于人们对罗马教皇的判

① 维柯. 新科学：上卷. 朱光潜，译. 北京：商务印书馆，1989：98-99.

断，这是荒谬的。”这种观点正是狄尔泰以后所说的“解释从独断论中解放出来”。狄尔泰在其《诠释学的起源》里是这样评价埃内斯蒂的贡献的：“埃内斯蒂以他的《解释》一书就为这种新的诠释学奠定了经典之作，以后施莱尔马赫读这本书时还发展了他自己的诠释学。”[①] 狄尔泰所谓的新诠释学就是指从独断论的神学诠释学里解放出来的并从语言用法和历史环境入手的语法-历史诠释学，按他的看法，这时期的埃内斯蒂以及德国的鲍姆加登（A. G. Baumgarten）、塞姆勒（Semler）和米恰尔利斯（Michälis）都是这一“解释从独断论中解放出来”过程中的重要思想家。《圣经》世俗化过程可以说是普遍诠释学的准备，伽达默尔曾这样评价这一过程：“由于这种‘解释从独断论中解放出来’（狄尔泰），基督教神圣著作集开始被看作具有历史源泉的著作集，它们作为文字的著作，不仅必须遵从语法的解释，而且同时也要遵循历史的解释…… 在神圣著作和世俗著作的解释之间不再有任何差别，因而只存在一种诠释学一样，这种诠释学最终不仅对一切历史研究有一种预备的作用——如作为正确解释古文字的技术——而且也包含整个历史研究事业本身。因为古文献中的每一个语句只能够从上下文关系中加以理解，这不仅适合于古文字，而且也适合于它们所报道的内容……历史研究是按照它所利用的语文学解释模式理解自身，我们将看到，这种模式事实上就是狄尔泰用以建立历史世界观的范式。”[②] 简言之，语文学诠释学发展为历史诠释学。

约翰·马丁·克拉登尼乌斯受教于维登堡、莱比锡和爱尔兰根，曾写了许多神学和哲学著作。1742 年在莱比锡出版了一部 600 页的大部头著作《对合理的讲话和著作正确解释导论》。正如我们从书名可以看到的，这里已暗示了普遍诠释学的要求，因为“合理的讲话和著作”显然就不只是“神圣的著作”。克拉登尼乌斯的贡献有三点：首先，他告诉我们，解释并不是具有什么重要意义的事，他说：“在哲学里我们没有任何对诠释学的大需要，因为我们每人必须运用我们自身的思考能力，通过长期解释而从哲学著作中得到的断言，是不能有任何用处的，因为我们必须直接地研讨这断言本身是否为真的问题，以及它如何被证明。”解释在克拉登尼乌斯看来只是教育

① 狄尔泰．诠释学的起源//洪汉鼎．理解与解释——诠释学经典文选．北京：东方出版社，2001：85-86.

② 伽达默尔．真理与方法：第1卷．1986：180-181.

性的，具有偶缘的性质，对于他来说，解释只是指“增加那些对于完善理解一段原文是必要的概念”，它的作用只不过是排除原文中那些可能阻碍学生“完善理解”的晦涩疑点。其次，解释并不是指“对一段原文的真正理解”，而是指消除那些“阻碍学生理解”的晦涩观点，因此，解释与理解不是一回事。按照克拉登尼乌斯的看法，如果原文是正确的、具有真理内容的，那么原文本身就是清楚明确的，因而对原文的理解就是直接的。理解是把握真理的事情，而解释是弄清意义的问题，一段原文需要解释只是一种例外情况。最后，他区分了两种不同的理解，即对作者的理解和对著作的理解，他认为完善地理解一位作者和完善地理解一次讲话或一篇著作并不是同一回事，对作品的理解是对真理内容的理解，这种理解超出作者的意见，因此理解一本书的标准绝不是知道作者的意思。在他看来，由于人类的有限性，作者的讲话或著作本身可能包含某种他们本身未曾想去说或写的东西。因此，在对他们的著作或讲话进行理解时，我们可以有理由地去想那些作者自己还未曾想到的东西。即使情况相反，作者所意味的东西比我们所能理解的东西要多，诠释学的任务也不是去理解这些多出的东西。克拉登尼乌斯说：“既然人们不能知道任何东西，他们的言辞、讲话和著作便可能意味着某种他们自己未曾想去说或写的东西……因此，如果我们试图理解他们的著作，我们可以有理由去想那些作者自己还未想到的东西。即使情况相反，作者所意味的东西比我们所能理解的东西要多，我们也不是去理解这多出的东西，而是理解著作本身的真实的客观的意思。”① 毫无疑问，这种思想对后来施莱尔马赫建立普遍诠释学有很大的影响。

格奥尔格·弗里德里希·迈耶尔，作为鲍姆加登兄弟的学生，从 1746 年起任哈勒大学哲学教授，1751 年以后任柏林科学院院士。1757 年出版的《普遍解释技术试探》是当时诠释学的一部重要的经典之作。如果说克拉登尼乌斯提出了文本诠释学，那么迈耶尔则对于符号诠释学有兴趣，这是由于受莱布尼茨的普遍语言和洛克的符号学的影响。迈耶尔在此书中写道：“普遍诠释学是一门规则科学，在解释所有种类符号至少是大多数符号时，我们需要遵循这些规则。”对于迈耶尔来说，符号就是“另一事物的实在可以得以被认识

---

① 伽达默尔. 真理与方法：第 1 卷. 1986：187.

的工具（means）”。符号诠释学首先可应用于上帝所给予的自然符号，即所谓的自然的解释（interpretatio naturä），但更严格的用法，则是指对人所创造的人为符号的解释，即所谓文字的解释（interpretatio scriptorum）。迈耶尔认为意义就是作者的意图，他说：“从诠释学来看，真正的意义就是符号创造者想用符号来表达的意向。”①

7. 几点结论

综观17、18世纪诠释学的发展，我们应当注意如下几点。首先，它是与近代自然科学的发展过程相适应的，正如新兴的自然科学强调数学和理性指导的方法论以获得客观的知识一样，诠释学也必须探讨解释方法的可能性以获得对不可理解的东西的洞见。其次，在这与科学发展相适应的过程中，也出现了《圣经》解释的世俗化过程，神圣著作与世俗著作同等化，从而解释从教会独断论的控制中解放出来，这样，圣经诠释学逐渐发展成一种普遍诠释学。再次，与上面这两点相联系，这一时期——尤其是18世纪启蒙运动时期——的普遍倾向，就是不承认任何成见和权威，一切都诉诸理性。任何传承下来的文本，即使是《圣经》，也不能要求绝对的有效性。在诠释学家看来，路德宗教改革的伟大成就在于“使人有威望的成见，特别是对哲学家王（意指亚里士多德）和罗马教皇的成见，得到根本的削弱”②。又次，这时期有些诠释学家区分了两种不同的理解，即对作者的理解和对著作的理解（对作者的意图的理解和对作品真理内容的理解），这对以后诠释学的发展起了很重要的影响。最后，诠释学家发展了一些诠释学规则。不过，整个说来，这一时期的诠释学仍是片段零散的，它更多的是为了说教的目的而不是为了哲学的目的服务的。虽然为了实用的目的，它发展了一些方法论和基本原则，但这些原则大部分取自古代语法学和修辞学，在总体上可以说是片段规则的集合。正如施莱尔马赫所说：“语文学在整个历史上曾经做了积极的贡献，但它的诠释学方法只是积累观察。”③

---

① 费拉里斯．诠释学史．1996：67.

② 伽达默尔．真理与方法：第1卷．1986：282.

③ 施莱尔马赫．诠释学讲演（1819—1832）//洪汉鼎．理解与解释——诠释学经典文选．北京：东方出版社，2001：48.

第三章　19 世纪的普遍诠释学

19 世纪可以说是从特殊诠释学向普遍诠释学发展的世纪，当时诠释学已向几个方向进行发展：(1) 探究经典文献或文本的语言，对其语词的意义和语法进行语义学和语法学解释，由此产生了语文学 (Philologie)；(2) 对《圣经》经文进行释义，从而产生解经学 (Exegesis)；(3) 对法律条文加以解释并指导案例的裁决。这一时期是诠释学作为一门正规的学科而发展的时期，其结晶是施莱尔马赫的普遍诠释学和历史学派的历史学。

施莱尔马赫有两位前驱，即弗里德里希·奥古斯特·沃尔夫 (Friedrich August Wolf) 和 G. A. 弗里德里希·阿斯特 (Friedrich Ast)。施莱尔马赫在 1829 年曾发表了一部名为《论诠释学概念，比较 F. A. 沃尔夫的解释和阿斯特的教科书》的著作，在其中他写道："因为沃尔夫是我们语文学领域最卓越的精神和最自由的天才，以及阿斯特具有一种远比语文学家多得多的带有哲学兴趣的倾向，因此与这两人进行比较，这可能是有启发和有教益的。所以我认为，把我自己关于问题的思考与他们两人的立场加以联系，这将是有益的。"[①] 沃尔夫是德国著名语文学家，他的成名主要由于他于 1795 年所写的博士论文《论荷马问题》。在此文中，他不把荷马的诗看作一种单独作者的作品，而是将其视为一种精神的产品，一种民族的产品。在施莱尔马赫时代，他作为"古典科学"学者而著名。1807 年，他编辑出版了《古典科学博物馆》。他的《古典科学讲演录》是在他死后于 1832 年问世的。对于沃尔夫来说，过去就如一部百科全书，我们必须不断地对之加以探究，不仅从我们现代认识的高度，而且要带有明显的教育目的，正如在他死后出版的《语文学百科全书》

① 费拉里斯．诠释学史．1996：81.

中所说的："作为科学看待的古代知识，将是历史知识和哲学知识的总汇，正是通过这些知识，我们认识一个尚存有著作的民族。"① 与迈耶尔一样，沃尔夫认为意义就是作者的意向或作者的意图（intentio auctoris）。他说："hermeneutics 或解释艺术，所意指的东西，乃是……把作者的思想，无论是写下的还是口头说的，作为作者想理解它们的那样加以领会的艺术。"② 解释的有效性就在于解释符合于作者的意图。另外，沃尔夫与迈耶尔一样，认为文本诠释学是一般符号诠释学的一部分，他说："诠释学就其最广泛的意义而言，乃是对符号所指称的东西的理解艺术。"③ 也正是由于这一看法，正如我们说过的，沃尔夫把诠释学归属于逻辑学。下面我们主要论述阿斯特的普遍诠释学思想。

第一节　阿斯特的普遍诠释学设想

德国普遍诠释学的早期代表人物是 G. A. 弗里德里希·阿斯特。主要著作有《哲学基础》（1807，1809）、《哲学史概要》（1807，1825）和《语法学、诠释学和批评学的基本原理》（1808）。阿斯特的主要诠释学观点我们可以概括为以下几点：

1. 意义与普遍精神

文字研究不是求其字义的解释，而是揭示古代的普遍精神。文字研究不是考据，它需要进入作品的内在精神世界。按照阿斯特的看法，一切具体的事物都是某种普遍精神的表现。他说："存在的东西包含在精神之中，正如无限的光折射入千种从一个源泉而来的颜色中，所有的存在只是折射入暂时东西里的大一（the One）的不同表现。"④ "所有的生命都是精神，没有精神就没有生命，没有存在，甚至没有感官世界。"⑤ 文字和文本都是古代普遍精神或生命的表现，因此文字和文本的意义就是古代的普遍精神和生命，而对文字

---

① 费拉里斯. 诠释学史. 1996：82.

② 同①.

③ 同①.

④ 阿斯特. 诠释学（1808）//洪汉鼎. 理解与解释——诠释学经典文选. 北京：东方出版社，2001：2.

⑤ 同④.

和文本的解释就是揭示这种古代的普遍精神和生命，因此作为解释者的我们必须进入作品的内在精神世界和内在生命之中。

2. 意义与特殊精神

由于普遍精神在每一个体里有其特殊的表现形式，因此我们要理解普遍精神，也就必须理解其表现的具体特殊的形式。就某个古代文本来说，它既是古代普遍精神的表现，又具有其具体表现形式，具体表现形式不仅包括作者的特殊精神和思想，而且也包括作者个人的语言和风格。阿斯特写道："所有古代的作者，特别是那些其著作乃是精神的自由产品的作者，都表现了那个大一精神，不过，每一个作者都是按照他自己的方式，根据他的时代，他的个性，他的教育和他的外在生活环境去表现这大一精神。"① 因此"对古代文本的理解不仅需要对古代精神本身的领悟，而且也特别需要对作者个人精神的认识"②，这样我们"不仅考察精神如何表现自身于作者的作品这一内容和这一形式之中，而且也看到作者的特殊精神如何本身又只是古代世界更高的普遍的精神的启示"③。例如，品达的诗不仅表现了古代的精神，而且也表现了品达自身的特殊气质。在她的诗中，不仅古代的精神在讲话，而且作者的精神也在讲话，只有当我们不仅了解了古代一般的精神而且还了解了品达的特殊的形式，我们才可以说理解了品达。

3. 精神同质性

我们之所以能理解古代普遍精神和生命，是因为我们也是由精神和生命构成的，而我们的精神和生命又与古代的精神和生命是同质的。阿斯特写道："如果没有任何精神性东西（Geistige）的原创统一和等同，没有所有对象在精神内的原创统一，那么所有对陌生世界和'其他'世界的理解和领悟就完全是不可能的。"④ "如果我们的精神在其自身和在根本上并不与古代的精神相统一，以致只能暂时地和相对地理解这个对它是陌生的精神，那么我们将既不理解一般的

---

① 阿斯特. 诠释学（1808）//洪汉鼎. 理解与解释——诠释学经典文选. 北京：东方出版社，2001：8.

② 同①6.

③ 同①6.

④ 同①2.

古代，也不理解一部艺术作品或文本。因为只是短暂的和外在的东西（培养、教化、环境）才设立了精神的差别。如果我们不计短暂的和外在的东西相对于纯粹精神的偶然差别，那么所有的精神都是一样的。”① 这里既提出了诠释学的时间距离问题，又先天地解决了这一问题。虽然过去是历史的，但精神却是超历史的（metahistorical）。很显然，以后施莱尔马赫所谓同质性就是继承这里的诠释学思想。

4. 教化观念

因此语文学教育的目的就是使我们的精神脱离短暂的、偶然的和主观的东西，摆脱由于时代、教育和环境的限制而造成的特殊差别，并培养那种对于更高的和纯粹的人类，对于人道主义是本质的原始性和普遍性，只有通过这种培养，我们才可以理解纯粹的普遍精神和真善美的一切形式和表现。这种观点对以后德国人文主义“教化”（Bildung）思想的影响很大，赫尔德所谓的“达到人性的崇高教化”，黑格尔所谓的人类精神“向普遍性的提升”，都是这种观点的继续。伽达默尔在《真理与方法》中写道：“在异己的东西里认识自身，在异己的东西里感到是在自己的家，这就是精神的基本运动，这种精神的存在只是从他物出发向自己本身的返回。就此而言，一切理论性的教化，甚至包括对陌生的语言和表象世界的领会，也只是很久以前开始的某个教化过程的单纯延续。”② 他还说：“精神科学之所以成为精神科学，与其说从现代科学的方法论概念中，不如说从教化概念的传统中更容易得到理解。这个传统就是我们所要回顾的人文主义传统。这个传统在与现代科学要求的对抗中赢得了某种新的意义。”③ 这一点相当重要，当代人文主义传统最鲜明的特征，就是强调人对世界的理解以及对人的理解都是在符号及其诠释中进行的。我国传统哲学在强调以“乍见孺子入井”的直觉体悟作为修心养性之道的同时，也强调读书，诠释先圣语言以开掘自家德性、扩充良知的格物致知之路。

5. 三种理解

面对古代作者的文本，阿斯特区分了三种理解：历史的理解、

---

① 阿斯特. 诠释学（1808）//洪汉鼎. 理解与解释——诠释学经典文选. 北京：东方出版社，2001：2-3.

② 伽达默尔. 真理与方法：第1卷. 1986：19-20.

③ 同②23.

语法的理解和精神的理解。历史的理解指对作品的内容的理解，也就是揭示什么内容构成作品的精神；语法的理解指对作品的形式和语言的理解，也就是揭示作品的精神所表现的具体特殊形式，其中包括训诂、语法分析和考证等；精神的理解指对个别作者和古代整个精神（生命）的理解。如果说历史的理解是内容的理解，语法的理解是形式的理解，那么精神的理解则是这两者的统一，它是对作品所反映的时代和文化的精神的揭示。阿斯特写道："历史的理解认识精神形成什么，语法的理解认识精神如何形成这种东西，而精神的理解则把这什么和如何，内容和形式追溯至它们在精神内的原始的和谐的生命。"① 例如，对品达的颂诗的理解，历史的理解指诗人歌颂的竞赛；语法的理解指品达的语言表达；精神的理解就是指诗中对国家的爱，指充满勇气和英雄美德的古代精神。这三种理解实际上就是我们现在所谓的作品的题材、形式和精神，此精神既是时代的普遍精神，也是作者卓越的个性（天才）。按照阿斯特的看法，唯有精神的理解才是真正的、最高的理解。阿斯特的这种观点对以后的诠释学有深刻影响：（1）精神的理解意味着要求解释者重视过去历史和文化中的精神，解释和理解成为历史精神的重建；（2）精神的理解预示了施莱尔马赫的心理学理解，解释者要从心理上把握作者的生命世界。同时代的沃尔夫也提出三种理解，只是他把精神的理解称为"哲学的理解"。

6. 解释三要素

解释的三要素：文字、意义和精神。文字是精神的身体和外壳，通过文字，不可见的精神进入外在的、可见的生命；意义是精神的预告者和解释者；精神本身乃真正的生命。对一个需要解释的段落，第一，我们必须问文字在陈述什么，它具有什么意义（Bedeutung，Meaning）；第二，它如何在陈述，它在文本中具有什么意味性（Sinn，significance）；第三，文字由之流出并要返回的整体观念和精神是什么。这里我们需要明白德文里的 Bedeutung 与 Sinn 的区别，前者表示所指，即名称的对象，后者指意义，即该词在所与语境中的意义（参见弗雷格的《论意义与所指》一文）。例如，亚里士多德的陈述或许与柏拉图表面相同的陈述有不同的意义，即使在同一作

① 阿斯特. 诠释学（1808）//洪汉鼎. 理解与解释——诠释学经典文选. 北京：东方出版社，2001：6.

品里，两个字面相同的句子可能有不同的意义。没有意义，文字是僵死的和不可理解的；没有精神，意义是没有基础和目的的。所以从根本上说，具有精神我们才能认识每一对象的为什么、从何而来和到何处去。阿斯特写道：“文字、意义和精神是解释的三要素。文字的诠释就是对个别的语词和内容的解释；意义的诠释就是对它在所与段落关系里的意味性的解释、精神的诠释就是对它与整体观念（在整体观念里，个别消融于整体的统一之中）的更高关系的解释。”① 这三个要素构成三种类型的解释，即文字的解释、意义的解释和精神的解释，我们也可称之为文字的诠释学（Hermeneutik des Buchstabens）、意义的诠释学（Hermeneutik des Sinnes）和精神的诠释学（Hermeneutik des Geistes）。这三种解释类型或三种诠释学实际上就是上述三种理解形式（历史的理解、语法的理解和精神的理解）的结果。

7. 作为再生产的理解和解释

理解与解释不同，理解是解释的基础和前提，解释则是理解的发展和说明。理解包含两个要素，即领悟个别和综合个别成为一整体。同样，解释也建立在特殊或个别的说明和综合特殊成为一统一体的基础上。值得注意的是，阿斯特在论述理解和解释的性质时，预示了以后施莱尔马赫的观点，即解释是作者精神的重构。阿斯特写道：“对作品的理解和解释是对已经被形成的东西的真实的再生产或再创造。”② 由于理解和解释被认为是对原来创造的再生产或再创造，诠释学就超出了以往的语文学诠释学和神学诠释学，因为诠释学现在关涉到艺术家创作过程，把诠释学与作者的创造联系起来，正如瓦赫（J. Wach）所说，建立起这种联系，是阿斯特对诠释学理论发展的重要贡献之一。

8. 诠释学循环的早期形式

一切理解和认识的基本原则就是在个别中发现整体精神和通过整体精神领悟个别，前者是分析的认识方法，后者是综合的认识方法。阿斯特认为这两种方法不能分开，他说：“这两者只是通过彼此

---

① 阿斯特. 诠释学（1808）//洪汉鼎. 理解与解释——诠释学经典文选. 北京：东方出版社，2001：12-13.

② 同①10.

结合和互为依赖而被设立。正如整体不能被认为脱离作为其成分的个别一样，个别也不能被认为脱离作为其生存领域的整体，所以没有一个先行于另一个，因为这两者彼此相互制约并构成一和谐生命。”① 这也就是诠释学循环的早期形式。对于这一循环的吊诡，即要理解整体先要理解个别，而要理解个别又要先理解整体。阿斯特认为这是可以解决的。例如，通过 A 理解 a，b，c 等，而要理解 A 又需要通过 a，b，c 等，只有在我们把 A 与 a，b，c 等对立起来才产生循环，如果 A 与 a，b，c 等是同时出现的，这样当认识 A 就同时认识 a，b，c 等，而当认识 a，b，c 等也就同时认识 A，因此这种循环就不会产生吊诡。他写道：“如果 A 不是从 a，b，c 等而出现的，并且不被它们所产生，而是以同一方式先于它们和渗透它们，那么 a，b，c 等无非只是 A 这一的个别表现。这样，a，b，c 等在它们的原始的方式中就被包含在 A 中。这些部分本身都是 A 这一的个别表现；每一个以一种特别样式已经包含 A，这样为了发现它们的统一，我们无须首先通过个别的无限相继过程。”②

阿斯特的诠释学思想无疑是施莱尔马赫普遍诠释学的先驱，但从诠释学历史来看，如果我们只把阿斯特认为是施莱尔马赫的前驱，那么这可能是不够的，因为阿斯特以精神同一性观念来解决时间距离的想法将超出施莱尔马赫本人的观点。因为对于施莱尔马赫来说，诠释学问题首先是由个体的差异性和难以表达性所规定的。所以，如果说建基于理解他人问题上的施莱尔马赫的诠释学将被模式化为心理学形式，那么阿斯特却预见了诠释学、语文学和历史研究的综合，这种综合以后在博艾克那里有所表现，而在 19 世纪末却被狄尔泰系统地加以规定。另外，按照《文学诠释学引论》作者 P. 斯松第（Szondi）的看法，阿斯特在诠释学里也完成了一个类似康德的哥白尼式的革命，即意义的多样性不在于文本而在于解释者，因为文本不是脱离解释者的被动的材料，而是只能通过理智的直观而被理解，理智直观将指导任何对文本的理解。所以解释者的精神就是他在文本中唤起多种意义的储藏者。③

---

① 阿斯特．诠释学（1808）//洪汉鼎．理解与解释——诠释学经典文选．北京：东方出版社，2001：7.

② 同①.

③ 斯松第．文学诠释学引论（P. Szondi. Einführung in die literarische Hermeneutik. Frankfurt a. M.）．1975：157-158.

第二节 施莱尔马赫的普遍诠释学构造

正如我们前面所说，普遍诠释学的观念尽管在施莱尔马赫的前驱者那里已出现了，而且也提出了一些普遍诠释学要素，如诠释学循环和理解是创作过程的复制，但作为一种普遍诠释学的系统阐述和构造则只有在施莱尔马赫那里才得以完成。施莱尔马赫的前驱者的努力的缺陷就在于缺乏这种系统方法论的反思，他们的洞见只停留在这一或那一个别的见解上。普遍诠释学的观念唯有在施莱尔马赫这里才得以真正地实现。正如伽达默尔所说："只有到了施莱尔马赫才使诠释学作为一种普遍的理解和解释的理论而摆脱了一切独断论的和偶然的因素。"[①] 因此施莱尔马赫是我们主要研讨的对象。

弗里德里希·丹尼尔·恩斯特·施莱尔马赫（Friedrich Daniel Ernst Schleiermacher）于1768年出生于布雷斯劳，曾在哈勒大学接受教育，当时哈勒是神学启蒙运动的中心。1796年去柏林，开始与浪漫主义接触。由于新教统治集团的干预，他于1804年离开柏林到哈勒大学任教，但不久就返回柏林，以后成为一所神学学校的校长，于1834年去世。狄尔泰在其著名的《施莱尔马赫传》里详尽地描述了施莱尔马赫的生活，并认为施莱尔马赫是诠释学史上最重要的代表。但是，诠释学并不是施莱尔马赫唯一的或主要的兴趣，虽然解释问题一直是他作为神学家和牧师的活动以及他的《柏拉图全集》翻译的基础。施莱尔马赫论诠释学的著作计有：《注释和箴言》（1805—1809）、《讲演纲要》（1819）、《学院讲演两篇》（1829）、《1819年纲要》第2节的个别讨论以及一批页边注（1823—1833）。施莱尔马赫去世后，两篇学院讲演和论文集《诠释学与批判》[由弗里德里希·吕克（Friedrich Luüke）根据施莱尔马赫的论文和学生的笔记编写而成] 曾以七卷本全集的形式出版（柏林，1835—1864）。1959年，伽达默尔的学生海因兹·基默尔（Heinz Kimmerle）出版了施莱尔马赫诠释学著作考证版，删去了注释中后人插入的东西（《诠释学》海德堡科学院版）。但曼弗雷德·弗兰克（Manfred Frank）与基默尔的看法不同，再次出版了吕克版本的新版本《诠释

① 伽达默尔. 真理与方法：第2卷. 1986：97.

学与批判》(法兰克福，舒尔康出版社，1977)。施莱尔马赫的文化基础是与沃尔夫和阿斯特一样的，即受17世纪（尤其是埃内斯特）所影响的浪漫主义。但施莱尔马赫的诠释学比他的前驱有更大的影响这一点在19世纪后半叶之前是很少为人所认识的，因为当时黑格尔的影响不仅超过他而且也超过任何浪漫主义者。对于施莱尔马赫重要性的认识应归功于狄尔泰，狄尔泰一方面完成了德国历史学派所开创的黑格尔哲学批判，另一方面他在施莱尔马赫身上认识到他是自己在诠释学领域里的主要榜样。狄尔泰曾这样写道："的确，德意志精神在席勒、威廉·冯·洪堡和施莱格尔兄弟那里已经从文学创造转向了对历史世界的再理解。这是一场声势浩大的运动……弗里德里希·施莱格尔变成了施莱尔马赫在语文学艺术方面的先驱。施莱格尔在其关于希腊诗歌、歌德和薄伽丘的卓越著作中所发展的概念，就是作品的内在形式，著作家的思想发展史以及自成章节的文学整体。在这样一种重构了的语文学艺术的个别成就之背后，他还提出了一种考证科学，即ars critica的设想，这种考证科学应建立于一种文学创造能力理论之上，这一设想与施莱尔马赫的诠释学和考证学相距很远……在施莱尔马赫的思想里，这种语文学技巧是第一次与一种天才的哲学能力相结合，并且这种能力是在先验哲学里造就出来的。正是先验哲学首先为一般地把握和解决诠释学问题提供了充分的手段：这样就产生了关于阐释（Auslegung）的普遍科学和技艺学。"①

1. 普遍诠释学的创立

按照施莱尔马赫的看法，在他之前的诠释学都不是普遍的诠释学，而是特殊的诠释学。他说："作为理解艺术的诠释学还不是普遍地存在的，迄今存在的其实只是许多特殊的诠释学。"② 对他这句话我们应从两方面来理解：一方面它指诠释学的对象领域，过去的诠释学的对象主要是《圣经》和法律文本，因而只有神学诠释学和法学诠释学；另一方面它指过去诠释学所发展的解释方法只是零散片段的，并没有形成一种普遍的解释方法论。因此他要克服他的前驱

① 狄尔泰. 诠释学的起源（1900）//洪汉鼎. 理解与解释——诠释学经典文选. 北京：东方出版社，2001：88-89.

② 施莱尔马赫. 1819年讲演//洪汉鼎. 理解与解释——诠释学经典文选. 北京：东方出版社，2001：47.

者的缺陷，努力构造一门适用于一切文本解释的普遍诠释学。按照狄尔泰的看法，施莱尔马赫普遍诠释学最大的功绩就在于把诠释学从独断论的教条束缚中解放出来并使之成为一种文学解释工具和无偏见的方法论。对于神学来说，这种从教条中得到解放意味着《圣经》的解释不再是基督福音的宣告；对于语文学来说，这种解放则意味着对古典作品的解释不再是模仿和仿效。当诠释学摆脱为教义服务而变成一种普遍的解释工具和方法论时，诠释学走上了它自己独立发展的道路。

施莱尔马赫的普遍诠释学有两个传统，即先验哲学传统和浪漫主义传统，从这两个传统中他推出一种提问形式——有效解释的可能性条件是什么以及理解过程究竟是什么？他对这两个问题的答复是：（1）解释之所以可能是因为解释者可以通过某种方法使自己置身于作者的位置，使自己的思想与作者的思想处于同一层次，他曾经认为解释之所以必要和可能，就在于作者和解释者之间一定有差别，而这种差别是可以克服的。他说，如果思想在作者和解释者之间是绝对同一的，即没有差别，那么就没有必要解释；但如果思想在作者和解释者之间的差别是绝对不可克服的，那么解释就根本不可能。因此“在任何情况里，总是有某种思想差别存在于讲话者和听话者之间，但这种差别并不是不可消除的差别”①。（2）理解过程不是别的，而是一种创造性的重新表述（reformulation）和重构（reconstruction）过程。

2. 诠释学作为避免误解的艺术

与过去语文学诠释学者的观点相反，施莱尔马赫认为诠释学的出发点是误解，而且这种误解不是个别的，而是普遍的，也就是说，按照施莱尔马赫的看法，在我们对文本进行接触时，正常的情况不是直接理解，而是误解。这显然与过去整个诠释学传统不同。按照过去诠释学家的看法，对文本具有直接而不受阻碍的理解才是正常情况，反之，误解只是偶然的和个别的异常情况，现在施莱尔马赫颠倒了这种看法。这样一来，施莱尔马赫对解释的作用有了与以前诠释学家完全相反的看法。在过去的诠释学家看来，因为直接理解是正常情况，误解是偶尔的异常情况，因此解释只是作为教育手段

---

① 施莱尔马赫．1832年讲演//洪汉鼎．理解与解释——诠释学经典文选．北京：东方出版社，2001：71.

而偶尔起作用。反之，现在施莱尔马赫认为误解才是正常情况，因而他主张解释不再是偶然的教育手段，而是理解的必要条件。施莱尔马赫为什么认为误解是我们接触过去文本的正常情况呢？他认为，这是由主体间交往的中断造成的。在他看来，主体间交往之所以中断，是由于作者与解释者在时间、语言、历史背景和环境上存在差异。伽达默尔曾引用施莱尔马赫在《美学》中的话："一部艺术作品也是真正扎根于它的根底和基础上，扎根于它的周围环境中。当艺术作品从这种周围环境中脱离出来并转入交往时，它就像某种从火中救出来但具有烧伤痕迹的东西一样。"① 这里所谓"烧伤痕迹"就表示时间、语言等差距所造成的异化。而且在施莱尔马赫看来，这种差异不仅限于遥远过去的文本，而且也出现于当前的会话。从这种观点出发，施莱尔马赫得出诠释学的基础就是作为人的个体性结果的误解的可能性，他的一句有名的话就是"哪里有误解，哪里就有诠释学"，因此他把诠释学定义为"避免误解的技艺学"②。施莱尔马赫曾区分两类诠释学实践：不严格（松弛）的诠释学实践和严格的诠释学实践。按照不严格的诠释学实践，"理解是自行发生的"；而严格的诠释学实践的出发点则是"误解是自行产生的，并且在每一点上我们都必须追求和寻找精确的理解"③。按照施莱尔马赫的看法，只有不严格的诠释学才会认为理解是自行发生的，而真正严格的诠释学却只能主张误解才是自行发生的。正是这种观点为施莱尔马赫建立普遍诠释学奠定了基础。这里我们把施莱尔马赫的观点与他之前的斯宾诺莎和克拉登尼乌斯的观点做一比较，当斯宾诺莎说《圣经》大部分是可以直接理解的，唯有对于少部分不清楚段落我们才需要了解作者的生平、性格和思想时，他只承认诠释学的局部必要性；同样，克拉登尼乌斯也认为解释只是一种偶然的而不是普遍的，我们之所以解释历史著作仅因为初学者不理解它们，这就是说，解释与理解不是一回事，解释乃例外的事。用施莱尔马赫的话，这就属于所谓的不严格的诠释学实践。现在施莱尔马赫却一反这种看法，认为误解是常规，而且误解使解释成为必要，因而理解与解释是不可分开的，它们不是两种活动，而是一种活动，解释是避免那种由

---

① 伽达默尔．真理与方法：第1卷．1986：171．

② 施莱尔马赫：诠释学讲演（1819—1832）//洪汉鼎．理解与解释——诠释学经典文选．北京：东方出版社，2001：58-60．

③ 同②59．

于无规则的理解尝试而自动产生的误解的艺术。按照他的观点，这才是真正的、严格的诠释学实践。

3. 理解是重构作者思想

施莱尔马赫是著名的《圣经》注释学家，在其长期的《圣经》注释实践中，他发现以往的诠释学在语义的解释和教义的解释之间存在矛盾。众所周知，《圣经》是由许多不同的文本组成的，它们由不同的人在不同的时代所撰写。如果仅仅根据语义的解释，这些由不同时期的语言所撰写的文本之间就有很多相互矛盾之处，从而不能构成一个观念；如果仅从教义学出发，虽然可形成共同的基督教信仰，但却与语义解释发生抵触。因此情况就会是这样：假如坚持语义分析，现有的基督教共同信仰就会被破坏；反之，假如坚持教义解释，则《圣经》文本就显得不可信。为此，施莱尔马赫是通过下述步骤来发展他的普遍诠释学的。首先，他把理解过程与被理解的东西区分开来；其次，区分他人意图或意见的理解和辩证的理解，即对事物或主题的理解，也就是区分对作者个人意图或意见的理解和对作品真理内容的理解。在他看来，理解对象是独立于理解者的，因而理解过程是与理解对象相分离的，而我们要理解的东西不是作品的真理内容，而是作者个人的个别生命。按照这两点，施莱尔马赫得出，文本的意义就是作者的意向或思想，而理解和解释就是重新表述或重构作者的意向或思想。这一点正如我们以后要指出的，使施莱尔马赫作为方法论的诠释学与伽达默尔作为哲学的诠释学形成鲜明的对照。施莱尔马赫提出两种重构，即客观的重构和主观的重构。客观的重构是“我们对语言具有像作者所使用的那种知识，这种知识甚至比原来读者所具有的知识还更精确”，也就是说，客观的重构是一种语言的重构；主观的重构则是“我们具有作者内在生活和外在生活的知识”，也就是说，主观的重构是对作者心理状态的重构。当然，对于施莱尔马赫来说，主观的重构是更为重要的一种重构，他主张只有我们重构了作者的心理状态，我们才算诠释了作者的文本。这里所谓重构作者的心理状态，按他的说法，就是努力从思想上、心理上、时间上去“设身处地”地体验作者的原意或原思想。在施莱尔马赫看来，真正的理解活动就是让理解者与作者处于同一层次，通过这种与作者处于同一层次的活动，文本就被理解为它的作者的生命的独特表现。不过，施莱尔马赫在这点上与他的前人有所不同，他不主张人类具有共同本性的观念，共通感和共同信念不能指导理解或为理解的可能性提供基础。对于施莱尔马赫来说，理解并不表示找寻一种共通感或可共同分享的内容，相反，理解在于规定理解者如何通过重构作者的意见的起源而达到作者的意见。他曾经说："解释的首要任务不是要按照现代思想去理解古代文本，而是要重新认识作者和他的听众之间的原始关系。"①

我们可将施莱尔马赫的这种关于理解的观点的特殊性，与他的前人和后人做一个比较。当斯宾诺莎谈到《圣经》中有少部分不清楚段落需要我们了解作者的生平、性格和思想时，他认为在这少部分里我们只涉及规定其陈述的意义，而不是它们的真理，但《圣经》大部分却是涉及真理的内容；同样，按照克拉登尼乌斯的看法，当我们在解释某文本时，我们的标准不是作者的意义，而是其本身的真实意味，也就是它们的内容。作品可能意指的东西远比作者所想的更多，解释就是要把这种更多的东西展示出来。与这些前驱们的看法相反，施莱尔马赫认为理解只是对作者意图或意见的重构，而不涉及作品的真理内容。伽达默尔正是在这一点上强调自己与施莱尔马赫的根本区别。按照伽达默尔的看法，理解首先指相互理解，理解首先是相互达到一致意见，而且是对双方共同关注的东西达到一致意见。反之，对于施莱尔马赫来说，理解不是相互理解，而是某人理解他人，即单方面的理解，而且理解不是对于一个共同关心的主题达到理解，而是无关乎共同关注的东西而理解他人，理解只是规定作者如何达到他的意见，因此理解不涉及真理内容，而只涉及起源和动机，不是关涉你意味的东西，而是关涉你如何有这意味。简言之，理解只是关于作者意图和动机的理解，而不是关于共同关注的真理内容的理解。正是在这一点上，施莱尔马赫建立他的重构说，即重构那种使作者导致这一意见或那一意见的心理过程。不过，按照伽达默尔的看法，这种无涉真理内容的理解不是理解的成功，而是理解的失败。

4. 语法解释与心理学解释

对于这种重构式的解释，施莱尔马赫提出语法的解释和心理学（技术）的解释。按照他的解释，"话语如果不被理解为一种语言的

---

① 施莱尔马赫．诠释学讲演（1819—1832）//洪汉鼎．理解与解释——诠释学经典文选．北京：东方出版社，2001：56.

关系，那么它就不被理解为精神的事实，因为语言的天赋性限制精神”①，因此必须从语法上加以解释。另外，“话语如果不被理解为一种精神事实，那么它就不被理解为语言的样态，因为所有个人对语言的影响的根据就在于讲话，而语言本身是由讲话所决定的”②，因此必须从心理上加以解释。在语法解释上，施莱尔马赫提出44个规则，其中前两个规则最为重要：一是“在所与文本里需要更完全规定的任何东西只有援引作者和他的最初公众所分享的语言领域才能被规定”，这是指原本语言的规定；二是“在所与段落里每一语词的意义必须援引它与周围的其他语词的共在而被规定”③，这是指其他语词的规定。心理学解释的规则主要是从作者生活整体内研讨作者思想的产生，这是一种对“促使作者去交往”的原始决定或基本动机的研究。按照施莱尔马赫的看法，语法的解释所关心的是某种文化共同具有的语言特性，而心理学的解释所关心的则是作者的个性和特殊性。语法的解释是外在的，心理学的解释是内在的，但两者同样重要，彼此相互结合。如果只强调语法的解释，那么我们就会因考虑共同的语言而忘记了作者；反之，如果只强调心理学的解释，那么我们就会因理解一位个别的作者而忘记了语言的共同性。唯有把这两种解释结合起来，我们才能获得深刻而具体的见解。例如，古代经典《论语》中“克己复礼为仁”一句，我们可以从语法上解释它的字面意义，但要理解它的深刻含义，唯有从心理上掌握孔子当时的心态和生命历程，即他当时处于周礼崩溃时代的各种感受。心理学解释在施莱尔马赫那里实际上是一种他所谓的预感行为(ein divinatorisches Verhalten)，即一种心理转换，一种把自己置于作者的整个创作中的活动，一种通过想象、体验去对作者的创作活动的模仿。因此在施莱尔马赫看来，理解就是对原来的生产品的再生产，对已认识东西的再认识，一种“以概念的富有生气的环节作为创作组织点的原始决定为出发点的重新构造”④。例如，既然艺术作品只有在它原来所属的地方才具有其真实的意义，因而对作品的

① 施莱尔马赫．诠释学讲演（1819—1832）//洪汉鼎．理解与解释——诠释学经典文选．北京：东方出版社，2001：51.

② 同①.

③ 布莱希特．当代诠释学（J. Bleicher. Contemporary Hermeneutics. Routledge & Kegan Paul Press）．1980：14．以下凡引布莱希特《当代诠释学》一书原文，均为外文页码，可在中译本边页找到。

④ 伽达默尔．真理与方法：第1卷．1986：191.

意义的把握就是对原本的东西的重建，艺术作品的真实意义只有从这个地方，即从它的起源和发祥地出发才能被理解，所以施莱尔马赫说诠释学的工作就是重新获得艺术家精神中的“出发点”。从诠释学的发展来看，施莱尔马赫用心理学解释来补充语法解释，并把心理学解释规定为一种预期行为，从而使诠释学发展成一门科学、一门艺术，其目的就是精确地像作者所想的那样重新表述或重构作品的意义。在这里，施莱尔马赫对笛卡尔主义和启蒙运动理想表示尊敬。他认为，重构式的解释，不管是语法的解释还是心理学的解释，都应当摆脱理解一解释者自身的境遇、观点，因为这些个人的境遇和观点只具有消极的价值，它们作为成见和主观性只能阻碍正确的理解。正确的解释就是要消除解释者自身的成见和主观性，也就是要成功地使解释者从自身的历史性和偏见中摆脱出来。

5. 比作者更好地理解作者

理解和解释虽然是原创造的再创造，但在施莱尔马赫看来，创造与再创造是不同的。尽管理解和解释是原创造的再创造，但再创造却可能比原创造更好。施莱尔马赫的一句有名的话是“我们（指解释者）可能比作者理解他自己还更好地理解作者的思想”①。按照施莱尔马赫的看法，表达式是天才精神的创造，也是无意识的创造，这是德国浪漫主义依据康德美学的一个主导原则。按照康德的观点，艺术是天才的创造，但天才并不依赖于任何方法也不具有目的意识，而再创造却是依赖于那种明显提供解释者了解原本创造的原则，所以再创造过程将比原来的创造有更多意识，并且在“更好”的意义上去理解作者的思想。施莱尔马赫在 1819 年的讲演中写道：“要与讲话的作者一样好甚至比他还更好地理解他的话语。因为我们对讲话者内心的东西没有任何直接的知识，所以我们必须力求对他能无意识保持的许多东西进行意识，除非他自己已自我反思地成为他自己的读者。对于客观的重构来说，他没有比我们所具有的更多的材料。”② 施莱尔马赫的这种观点其实有其历史来源，最早康德曾在《纯粹理性批判》一书中提出过，当康德讲到柏拉图的“理念”一词的意义时，他说：“我在这里并不想从文字上研究这位杰出哲学家对

---

① 伽达默尔．真理与方法：第 1 卷．1986：195.

② 施莱尔马赫．诠释学讲演（1819—1832）//洪汉鼎．理解与解释——诠释学经典文选．北京：东方出版社，2001：61.

这一词所理解的意义，我只想说，在我们把一位作者在日常谈话里或在著作中关于他的对象所表述的思想进行比较时，发现我们甚而比作者自己理解他还更好地理解他，这并不是稀奇的事。由于他并没有充分规定他的概念，他有时所说的乃至所想的就会和他的本意相违。”① 之后费希特也说过类似的话：“体系的发明者是一回事，体系的解释者和跟随者则是另一回事。”② 按照现代研究者博尔诺（Otto Friedrich Bollnow）的看法，施莱尔马赫这句名言实际上是早先语文学家的一句口头禅，但伽达默尔不同意，他否认这是一条不成文的语言学规则。按照伽达默尔的看法，语文学并不目向理解文本，而是想不超越文本地模仿文本，因此更好地理解不能是语文学规则。而且在康德和费希特那里，这句话显然也不表现为语言学规则，而是一种哲学要求，“即通过更大的概念清晰性去摆脱一种理论里所包含的矛盾”。在伽达默尔看来，这句话是一条完全表述唯理论要求的原则，即“唯一通过思考，通过发展作者思想里已有的结论，去获取那种符合作者真正意图的见解——如果作者是足够清楚而且明确地思考的，他是一定会具有这些见解的”③。按照伽达默尔的进一层看法，这句名言实际是“按照新的精神去解释作者”的对于诠释学对象进行批判的原则。他说：“这句有争议的命题无非是表达了对对象进行哲学批判的要求。谁能知道更好地去深入考虑作者所讲的东西，谁就可能在对作者本人还隐蔽着的真理光芒之中理解作者所说的东西。”④ 但伽达默尔认为，这后一批判特征显然在施莱尔马赫这里未出现，施莱尔马赫只把这一原则解释为语文学解释技艺的原则，因为施莱尔马赫处于浪漫主义立场，浪漫主义者在创造普遍诠释学的进程中把基于对象理解的批判从科学解释领域内驱逐出去了。因此这条原则在施莱尔马赫这里尚未达到它应有的深度。

总之，施莱尔马赫的普遍诠释学强调两点：（1）理解是对原始创造活动的重构，是对原来生产品的再生产，是对已认识东西的再认识；（2）理解者和解释者更优于作者自己的理解，理解这一创造性活动不是简单的重复或复制，而是更高的再创造，是创造性的重新构造或重新认识。这意味着作者并不是自己作品的理想的解释者，

① 康德．纯粹理性批判：A314.

② 伽达默尔．真理与方法：第1卷．1986：199.

③ 同②198-199.

④ 同②.

作者并不比解释者具有更大的权威性，解释者的时空差距可能是更真实接近作者精神状态的条件。伽达默尔认为施莱尔马赫这一命题对诠释学有极高的理论价值。他说："解释的唯一标准就是他的作品的意蕴，即作品所意指的东西，所以天才创造学说在这里完成了一项重要的理论成就……因为应当被理解的东西并不是原作者反思性的自我解释，而是原作者的无意识的意见。这就是施莱尔马赫那句悖理的名言所想表示的意思。"①

6. 理解与解释的同一

诠释学循环不仅被施莱尔马赫用于语法解释，而且也用于心理学解释。语法解释不仅用语词是其部分的词句来决定语词的意义，以及用整个作品来规定语句的意义，最后还把作品本身置入它的语言用法脉络里及它所属的文学行列中，而且对语句、作品、文学行列和语言用法的理解也是由对组成这些较大整体的较小部分的理解所构成的。心理学解释不仅把作品置入作者的生活脉络中和时代历史里，而且同时也是通过分析个别经验而确立这种生活脉络和时代历史的知识。简言之，不仅每一语法单元必须用整个讲话的语境来加以理解，而且这讲话本身也必须根据作者整个精神生活的背景来加以理解。在这种诠释学循环理论里，施莱尔马赫独特的贡献是提出了一种"完全理解状态"作为恶性循环的抑制。在他看来，如果整体不预先通过某种独断设定的限制来规定的话，解释过程将是无限的。因而施莱尔马赫用一种预期奇迹有可能的完全理解状态来解决这一问题，即解释者有可能把自己转到作者的视域而对作者的个性完全清楚。这种思想以后就被伽达默尔所吸收，伽达默尔所谓的"完全性的前概念或前把握"就是这种思想的发展。

按照伽达默尔的看法，施莱尔马赫的浪漫主义诠释学对诠释学的发展起了很大的推进作用：一方面，他把理解与解释等同，解释不是一种在理解之后的偶尔附加的行为，而是相反，理解就是解释，解释就是理解的表现形式，进行解释的语词和概念同样也被认为是理解的一种内在要素，从而使诠释学从偶然边缘位置进入哲学的中心；另一方面，他对以往各种诠释学进行总结，把零散而片段的观察概括为一种系统的方法论，这可以说是诠释学的一大发展。但从

① 伽达默尔. 真理与方法：第1卷. 1986：196-197.

整个诠释学的发展来看，施莱尔马赫的普遍诠释学也有重大缺陷。首先，由于他特别强调对作者意图或意见的理解，从而把对真理内容的理解与对作者本人的理解分开，以致认为理解或解释就是重新表述和重新构造原作者的意见或心理状态，使诠释学传统本来所具有的对真理内容的理解消失不见，更何况原有的应用功能也消失不见。其次，他把理解和解释看作对作者意图的重构并把理解解释过程与被理解解释的对象分开，这实际上把理解和解释看成一种客观的静观的认识，从而仍陷入笛卡尔的主-客对立之中。因此伽达默尔在《真理与方法》中把这种重构说与黑格尔的综合说加以比较，并对施莱尔马赫提出这样的问题：这里所获得的东西是否真正是我们作为艺术作品的意义所探讨的东西？如果理解只是一种第二次创造，即对原来产品的再创造，理解是否就正确地得以规定呢？伽达默尔认为，显然这与对过去生活的修补和恢复一样是无意义的，因为被重建的、从异化中唤回的生命并不是原来的生命。反之，黑格尔通过女神以自我意识的眼神呈现给我们从树上摘下的水果，尽管这些水果失去了它生长的树木、空气、日光和土壤等生长条件，却是活生生地给予我们现实性的水果，因为“历史精神的本质并不在于对过去东西的修复，而是在于与现实生命的思维性沟通”①。最后，诠释学传统本来具有理解、解释和应用三大要素，但由于施莱尔马赫把理解与解释内在地结合，从而把第三要素即应用要素从诠释学中排除出去，以使诠释学完全从本来所具有的规范作用变成一种单纯的方法论。按照伽达默尔的看法，诠释学自古就具有一种使文本的意义和真理运用于正在对之讲话的具体境况的任务，赫尔默斯这位能解释上帝旨意的诠释者就是执行这一任务的原始典范。他说：“直到今天，每一种翻译（解释）者的任务就不只是重新给出他所翻译的那位讨论对手所真正说过的东西，而是必须用一种在他看来对于目前谈话的实际情况似乎是必要的方式去表现这个人的意见。”② 用我国传统哲学的话来说，它失去了“主敬以立为本，穷理以致其知，反躬以践其实”的内外修身的持敬功夫。

7. 施莱尔马赫的后继者

施莱尔马赫的诠释学被他的学生、语文学家奥古斯特·博艾克

① 伽达默尔. 真理与方法：第1卷. 1986：174.

② 同①313.

(August Böckh）和施泰因塔尔（H. Steinthal）所继承和发展。博艾克自 1811 年起曾任柏林大学语文学教授，他的思想可以概括为这样一种试图，即想把古典语文学建立为一门可以用唯心主义词汇设想的科学。他的主要著作是在他死后出版的《百科全书与语文科学方法论》（第 1 版，1877；第 2 版，1886）。博艾克的诠释学理论可以概括为如下四点。第一，历史学与语文学的同一性关系。广义地讲，历史学与语文学是同一的，历史学的任务就是解释表述历史的文献，也就是理解历史文献所表述的历史事件的意义，这种程序与语文学解释文学文献是一致的。狭义地讲，历史是关于过去的知识，过去是已知的，关于过去的知识就是对已知的东西的认识（Erkennen des Erkannten），这正如语文学的文学解释是对过去的思想的再认识。他说："按照我们已规定的认识概念，语文学是对于已知东西的认识，是对已给予的知识的重构。"[①] 而历史学家的任务就是从语文学的角度理解历史文献。第二，哲学与语文学的相互补充关系。哲学是认识真理，而语文学是认识已知的东西，两者相互联系。他说："语文学与哲学相互补充，因为如果没有一般的认识，我们就不能认识已知的东西，如果没有认识他人已知的东西，我们就不能完成认识。"[②] 已知的东西是现在的认识活动的先决条件（Erkannten ist Voraussetzung），哲学要说明自己的先决条件，因此往往与哲学历史融为一体。第三，诠释学和文学批评的合适对象是符号。诠释学是对于符号的理解，符号可区分为：(1) 与其所说明的对象相隔离的符号，所有正规语言的符号都属于这种符号；(2) 与符号所指的对象达到部分或完全同一的符号（如建筑物、工具），历史学家称这些对象为"沉默的见证"。前一种符号是语文学或语文学诠释学的合适对象，而后一种符号是考古学或考古学诠释学的合适对象。语文学诠释学的对象是文本，而不是口头语言。作为符号的文本所指的是：(A) 作为口头语言或言语的书面文本；(B) 言语所属的用符号来表示的语言；(C) 用符号表示的知识。语文学诠释学只探究同 (C) 产生关联的 (B)，而不是 (B) 本身，也不是同 (A) 产生关联的 (B)。第四，诠释学的层次论取代诠释学的循环论。博艾克认为，施莱尔马赫的从局部到整体或从整体到局部的循环往往以一种"预期行为"为出发点，因而造成了一种恶性循环。为了避免这种恶性

① 费拉里斯. 诠释学史. 1996：92.

② 同①93.

循环，博艾克提出要以具有历史基础的明确例证为出发点，通过对这些例证的分析，便可以发现支配表达式的原则，然后将这些原则运用于更难解之处，从而达到举一反三的效果。博艾克认为，要打破诠释学循环，就必须对诠释和批评的不同层次加以区分，这里所谓的不同的层次是指不同的整体，即语言整体、历史背景整体、原作整体以及文本整体。前三个整体从不同的角度规定了对文本整体的理解，而且还规定了对文本的局部乃至短句、语词的理解。这就是说，诠释学不能以完全未确定的局部即预期行为为出发点进入诠释学循环。对于局部的理解可以不依据文本，但要将其视为其他三个整体的一部分，这样才能理解局部。因为文本的可信程度最低，可信程度最高的是语言整体，其次是历史背景和原作。这样，解释的过程就由循环变成了按照主次层次而来的过程。这就是博艾克所谓以“层次论”来取代“循环论”的理论。

施泰因塔尔于 1863 年就任柏林大学语言学教授，他是当时有名的东方语言学家，特别是对中国文学和语言有很高的造诣。在他关于语言的比较研究中，他把语言视为民众精神的表现。从这观点出发，他认为语文学应分三个部分：解释、考证和构造。解释的作用是根本的和原始的，因为理解是交往行动本身之前的第一种人与人关系的行为。语文学解释因此与人与人之间已经在进行的自然解释相联系，并具有一种生命目的，它给过去的僵死文字赋以新生命，其方法是把这种文字带回到意义的生命性，“由于重新使书写下来的符号富有生命，重新唤醒活生生的语言，重新赋予僵死语言以生气，我们使逻各斯又回到人们已丧失的生活的缄默的证明”。因为解释具有生命主义性质，因而它优于考证和构造。考证实际上服务于解释，我们之所以考证，是因为我们与过去之间出现了问题，考证的必要性不在于事物，而在于我们的怀疑和传统的不确定性。构造的作用，即语文学知识的、历史的和语法的组织，也完全是第二位的，因为构造所用的概念都是由解释和考证而得来的元素所形成的。施泰因塔尔曾经根据博艾克的观点划分了五种解释类型：（1）语法解释，即按照话语所呈现的语词或语言元素来解释话语；（2）客观解释，即通过一系列客观元素，如民族精神、观点和概念，以及观看事物的方式来解释话语；（3）风格解释，这是与文学作品的创作相联系的，它是一种对作品文学结构的形式解释；（4）个性解释，这是一种“基于作者个人性格的解释”；（5）历史解释，它所回答的问题是：在什么时期、在什么历史环境下该句被写。在这五种解释的顶端，同时又在它们第一种解释之内，作为它们卓越性和正确性的条件，则是心理学。这可以视为理解的解释（understanding interpretation），但它不是另一种类型的解释，而是所有其他五种解释的最终目的。另外，施泰因塔尔与博艾克和狄尔泰一样，在同样意义上重复施莱尔马赫这句名言："语文学家对讲话人和诗人的理解比讲话人和诗人对他们自己的理解更好，比他们同时代人的理解更好，因为语文学家清楚地知道这些人实际上有的但他们自己却未曾意识的东西。"① 按照施泰因塔尔的看法，通过"心理学规则的知识"，语文学家可能使认识性的理解深化为把握性的理解，因为他们深入探究了文字著作的原因、起源以及作者思想的构造。

第三节　历史学派的诠释学思想

19 世纪德国历史学派肇始于与黑格尔历史哲学的决裂。我们知道，黑格尔的历史哲学是强调哲学对历史的本质作用，唤起历史的能动性，从而使历史完全成为哲学的表现。但是，把历史视为观念的纯粹表现，这将必然否认历史本身的独立存在，因而随着 19 世纪经验科学的发展而出现的历史学派就试图使历史独立于任何预设的目的论。历史只表现自身，历史的价值只属于历史本身。因此，正如施莱尔马赫把诠释学从独断论的教条中解放出来，使之成为一种解释方法的普遍诠释学一样，19 世纪德国历史学派的诠释学努力也被用来使历史研究脱离黑格尔的历史哲学，使之不成为一种哲学，而成为一门经验科学。或者我们可以简单地说，正如施莱尔马赫使文本解释脱离独断论，使之成为一种解释方法论一样，德国历史学派也力图使历史研究脱离黑格尔，使之成为一门经验科学。

这里我们需谈一下历史理解问题与施莱尔马赫诠释学的联系。从表面上看，这两者似乎没有什么联系。施莱尔马赫的诠释学着重理解特殊文本，它在巨大的历史脉络中只为这一目标服务，而历史学家似乎与语文学家不同，历史不是理解个别文本的工具，而是相反，文本是理解整个历史的工具，文本自身并无价值。但是如果我

① 伽达默尔．真理与方法：第 1 卷．1986：197．

们仔细地考察的话，会发现在施莱尔马赫的普遍诠释学与历史学派之间也存在一种连续性。个别文本是用来构造历史整体的，因为它是这个整体的部分，正如一个语句是一个文本的部分。所以，正如狄尔泰所看到的，这意味着普遍历史是一种可实现的理想，因为“不仅原始资料是文本，而且历史实在本身也是一种要理解的文本”（如笛卡尔所说的自然是一本大书）。历史学派对黑格尔以目的、顶点或历史完美性来构造的历史目的论的反对也包含这样一个前提，即与黑格尔的思想相反，在历史之外并不存在任何理解历史的立场。历史学派坚持说，历史只能从自身内部来理解，即可以通过历史文本来理解。但是这也是语文学诠释学的前提，即文本只能内在地而不能援引外在于历史的东西加以理解。所以历史学派对黑格尔历史哲学的反抗也促使诠释学紧紧跟随语文学。

如果历史是扩大的文本，那么它具有怎样一种整体性呢？一部小说或一首诗有开端和结尾，但究竟什么是历史的开端和历史的结尾呢？显然，历史要有意义，首先它必须是一个整体，究竟什么标志着历史的统一和完成呢？在以往历史研究中存在两种对立的观点。一种是黑格尔的以绝对理念最终实现为历史完成的目的论观点，尽管理念不可能完全或完美地实现于历史中，但我们可以认为历史是一种朝向终点的不断进展的过程。例如，伟大的历史人物如拿破仑，我们可以将其看作是绝对理念为实现自身鸣锣开道的工具，现存的战争可以被看作理性为实现自身而必然采取的手段。这是一种乐观的进展的历史观。另一种是温克尔曼的古典主义历史观。温克尔曼以古代经典作品为典范，批判已从古代堕落的现代，从而表述了一种认为历史是从开端完美性倒退和堕落的观点，这是一种悲观的、倒退的历史观。温克尔曼的古典主义与黑格尔的唯心主义都包含了一个处于历史之外的理解历史的标准，只是这个标准在前者是处于历史之前，而在后者是处于历史之后。对于这两种观点，历史学派显然是不能接受的。按照历史学派学者的看法，历史学是一门经验科学，它开始于事实而不是关于历史目的的思辨假设，因此他们坚持历史必须用自身来理解而不依据先天原则，正如宗教改革派弗拉西乌斯的早期要求，《圣经》可以按自身理解而无须依据天主教原则一样。另外，他们也坚持个别历史时期可以被理解为具有它们自己的内在意义，而这种意义不是从黑格尔的目的论推出的意义，在这里他们也跟随施莱尔马赫对个别表达式的独特性的强调，每一历史时期可以保持它的整体性而不隶属于一般历史哲学。

19 世纪历史学派的主要代表是兰克和德罗伊森。

1. 兰克的历史观

德国历史学家兰克（Reopold von Ranke）是《世界史》的作者，从 1880 年至 1885 年他出版了六卷。在兰克身上表现出了一种历史主义与唯心主义的矛盾关系：一方面反对黑格尔所假定的历史具有那种哲学系统的统一，否认历史能根据超越它的原则（如理性的唯心的目的论原则）被思考，主张历史遵循一种“自由的场景”(Szenen der Freiheit)；另一方面又主张历史具有一种内在的必然联系，一个历史事件必然跟随另一历史事件，并认为历史的这种统一是历史的事实。他说：“每一种真正世界史的行为从来就不只是单纯的消失，而是能在当代匆匆即逝的瞬间去发展某种未来的东西，因此这种行为本身就包含一种对其自身不可毁坏的价值的完全而直接的感觉。”① 按照前者，没有任何历史事件能预先决定，历史的理解就是澄清个别历史事件的特有的自由性质的工具；但按后者，任何历史事件是从它们之前的历史事件而来的，并把自身联结到一个标志不同历史时期的融贯整体之中，从而历史意义和价值可以从这整体中得到。兰克写道：“让我们承认历史永不能具有一种哲学系统的统一性；但是历史并不是没有一种内在的联系。在我们面前我们看到一系列彼此相继、互为制约的事件，当我们说制约，这当然不是指由于绝对的必然性，最重要的是，在任何地方都需要人的自由。历史学追求自由的场景，这一点就是它的最大魅力。但是，自由是与力甚至与原始的力联系在一起的。如果没有力，自由就既不出现于世界的事件中，又不出现于观念的领域内……没有任何事物完全是为某种其他事物的缘故而存在的，也没有任何事物完全是由某种其他事物的实在所产生的。但是，同时也存在着一种深层的内在联系，这种联系渗透于任何地方，并且没有任何人能完全独立于这种联系。自由之旁存在着必然性。必然性存在于那种已经被形成而不能又被毁灭的东西之中，这种东西是一切新产生的活动的基础，已经生成的东西构成了与将生成的东西的联系，这种联系同样也是认识的对象。”②

---

① 伽达默尔. 真理与方法：第 1 卷. 1986：206.

② 同①208.

这里我们明显看到兰克处于一种矛盾的立场中：一方面他否定黑格尔的历史哲学，不认为历史是神圣计划的产物或精神返回自身，以使历史学追求自由的场景；另一方面他又认为历史事件之间必然存在着一种内在联系，后一事件依赖于前一事件，并把这种内在联系与历史力加以联系，认为历史中存在一种神秘的力。前者使我们看到"没有任何历史意义的先入之见使历史研究有偏见"，后者又使我们看到"历史研究的自明前提就是历史形成一统一体"①。这种力究竟是什么呢？兰克最后只能用上帝来解释历史中这种神秘之力。他说："我自己对上帝……是这样想的，即上帝——因为在上帝面前不存在时间——是在人类整体里通观整个历史人性并发现任何事物都具有同样价值。"② 上帝是一个既看历史开端又看历史结尾的观看者，这个观看者能理解每个个别部分在整体意义中所起的作用。这里我们确实看到了施莱尔马赫文本诠释学的直接运用。正如文本有开端和结尾一样，历史也有开端和结尾；正如文本解释方法旨在澄清文本意义（一方面通过把文本置入作者的生活脉络中，另一方面把文本置入它所隶属的文学传统中）一样，历史理解也通过把历史时代置入普遍史中澄清个别历史时代的个别性。对于兰克来说，历史理解的合法性依赖于历史学家能接近上帝全知的程度，这种接近是通过使自己脱离其在历史中所处的位置并综观历史为一统一体而达到的，因此兰克认为历史研究的目的就是"与万物共同感觉、共同知识"（如庄子与万物为一）。

在伽达默尔看来，兰克的方法论的天真性在于他不能把握他自己批判黑格尔的结论。一方面，他反对黑格尔从精神返回自身而达到的思辨终点推出历史的意义；另一方面，他又把历史理解可能性的条件放在一个同样是绝对的观点中，以使历史理解成为一种神学的自我思考。在兰克那里历史知识实际上占据了黑格尔哲学里绝对知识的地位。伽达默尔说："黑格尔在哲学的绝对知识里所想到的那种存在的完全自我透明性，就是兰克意识自己为历史学家的根据，尽管兰克本人是极力反对思辨哲学要求的。"③ 当黑格尔直接地假定历史的终点的知识时，兰克是用上帝来替代这种知识，并把历史工作的客观性和合法性置入历史学家对这种超历史立场的接近中，尽管

① 伽达默尔．真理与方法：第1卷．1986：212.

② 同①214.

③ 同①216.

他否认了黑格尔对绝对知识的说明，但他的历史意义的结构仍是目的论的。因为按照兰克的看法，历史事件的意义不是一种内在的本质，一种它们自身具有的意义，而是历史事件与在它们之后而来的其他事件的关系和作用，这是一种 significance 的意义。这种看法正如伽达默尔所说，历史虽然没有在它之外的目的，但历史联系的结构却是一种目的论的结构。伽达默尔写道："标准就是后果，我们确实看到，先行东西的意义正是由后继的东西所决定……成功的东西或失败的东西，不仅决定这种行为的意义，让它产生一个持久性的结果或让它毫无结果地消失，而且这种成功的东西或失败的东西也使得整个行为和事件的联系成为有意义的或无意义的。所以，历史的本体论结构本身虽然没有目的，但却是目的论的。"①

我们可以运用现代学者丹托（Danto）在《分析的历史哲学》一书中的观点来解释。他说："历史的意义必然是反省的（retrospective），它产生于关于事件相对于其他事件（这些事件被看作从它们而来或不能从它们而来）所具有的意义的理解。"② 例如，把事件描述为第一次世界大战结束就是反省的，因为除非第二次世界大战开始，否则没有任何东西可以定义为第一次世界大战。同样，把一系列事件、行为描述为第二次世界大战开始，也需要把它们置入以后出现的其他事件、行为的关系之中。按照丹托的看法，历史意义包含一种 retroactive realignment of the past（对过去的反顾的重编），这是一种从后来事件立场出发赋予事件意义的叙述结构的产物，即用被认为后于它们的事件来看待历史事件意义的观点。③

由此我们就可以看到兰克的历史理解的问题。如兰克所说，历史的统一并不是历史的事实，而是对事件得以相互联系的方式进行反省的叙述的（retrospective narrative）产物。第一，这意味着某事件或行为的意义是直接与对它的特殊历史观点相联系的，简言之，事件的意义本身是受历史境遇制约的，它依赖于该事件被观看的立场。第二，事件的意义将随着历史观点的改变而改变。例如，第一次世界大战的意义的改变依赖于它被观看的历史"视域"，当在战争之初或之中时，它可以描述为伟大的战争或结束一切战争的战争，

---

① 伽达默尔. 真理与方法：第1卷. 1986：207.

② 乔治娅·沃恩克. 伽达默尔——诠释学、传统和理性. 洪汉鼎，译. 北京：商务印书馆，2009：24.

③ 同②24-25.

但当第二次世界大战爆发了，就改变了这种意义。按照伽达默尔的看法，抛弃黑格尔的历史哲学就是承认历史理解将反映一种特殊的历史视域，这样，历史理解绝不是无条件的或纯客观的。

2. 德罗伊森的历史观

德罗伊森（Johann Gustav Droysen）是德国历史学者和历史理论家，早在柏林大学研读古典语文学时，就深受他的老师博艾克和黑格尔的影响。他于1831年取得博士学位，1833年通过教授资格考试，1835年起任柏林大学教授，以后在基尔大学（1840）和耶拿大学（1851）任教，最后又回到柏林大学（1859）任教。主要著作有《亚历山大大帝史》(1833)、十四卷本《普鲁士政治史：从中世纪到七年战争》(1854—1884)、《史学原理纲要》(1868）以及死后于1937年出版的遗著《历史科学》等。德罗伊森反对兰克派在历史领域的实证的科学的研究方法，认为历史学不同于自然科学，对历史的理解不是所谓客观的因果解释，而是历史学家本人的主观参与。在德罗伊森看来，历史知识与自然研究之间的重要差别在于，在前者那里，知识普遍性只在个别那里才被实现，特殊的历史事件形成普遍的历史。尽管自然科学也是从个别经验推导一般经验，但历史科学却采取不同于自然科学的方式，因为自然科学的实验可以无穷无尽地被重复，它们的科学性是严格与这种可重复性相联系的。反之，历史学则研究那些我们不能按照普遍规律加以解释的特殊事件，这些事件虽然我们不能按照普遍规律加以解释，但我们可以通过不同的历史方法理解它们的个别性。这种理解的目的在于通过过去的知识阐明现在：这目的不仅是理论的，而且是政治的和实践的。

德罗伊森关于历史学方法论反思的第一个重要成果是他认识到某行为或事件的历史意义超出行为者的动机或意图，正如他所说的，这种历史意义“既不是某个人想在某个特殊境遇里完全认识的东西，也不是单从这个人的意志力或理智力的结果发展而来的东西。它既不是这个个性的纯粹表现，也不是这个个性的完全表现”。德罗伊森批判那种对于事件意义的心理学解释，因为历史永不会完全反映人类的计划。德罗伊森这里所批判的观点，我们可以用稍后的英国历史学家科林伍德的观点来解释。按照科林伍德的看法，历史理解就是通过追问行为者以此行为想解决什么问题而发现行为者的意图。

例如，我们可以通过描述纳尔森在特拉法尔战争中的意图来理解这次战争的意义。这种把行为的意义与行为者的意图相等同的做法实际上预先假定了行为必以行为者所计划的方式精确地进行，认为历史的进程完全符合它的行为者的意图。但正如德罗伊森所说的，行为常有未意图的结果，它们常以未预见的方式出现，因此把行为的意义等同于行为者的意图，就是从行为中抽出一种可能的意图。用伽达默尔的话说：“当历史解释者把一组前后关系的意义认作行动者和计划者实际所意图的目的时，他们总是冒着使这组关系实在化的危险。”①

德罗伊森的第二个重要成果是他强调历史学家本身受制于他得以行动和思想的历史境遇的有限性。德罗伊森认为，历史学家关于历史不能得到全知的观点，他的历史知识总是一种无限的任务，也就是说，永不是完全的。这种不完全性正是德罗伊森区分历史科学和自然科学的基础，他认为历史学家绝不能像自然科学家那样利用实验去完全掌握他们的对象。他说：“我们只能探究，除了探究外，不能再做任何别的。”② 也就是说，历史学家工作的合法性只在于试图不断去理解。

德罗伊森与兰克相反，他不把历史的统一看成一种历史的事实，而是认为历史的发展反映了人类想对那种只是部分在人类所属共同体里得以实现的“道德伦理观念”给予表现的试图。这种试图导致产生新制度和新实践，而这种新制度和新实践本身只是部分地表现“道德伦理观念”，因此它们也会重新遭到批判。从这种观点看，历史知识就是一种实践知识，它不反思关于对象的理论知识，而是反思历史行动者的行动参与，因此历史的统一是一种保存过程和自我认识过程的结果，从而历史被一种审美的诠释学来加以理解。正是基于这一点，德罗伊森认为“历史既是艺术又是科学”。他写道：“历史学家的艺术使读者远远超越了对任何这类次要问题的思考。它给他们的想象填满了表象和观念，这些表象和观念把握的只是广阔、坚固、冗赘缓慢的实在的辉煌光亮的峰顶。它告诫他们，这些峰顶概括了所有具体事件并构成他们并不曾沉思过的实在的真理。它以自己的方式帮助大众观念产生无限的影响，引导人们按照他们的

① 伽达默尔．真理与方法：第1卷．1986：377.

② 同①220.

意图衡量现实，并呼唤现实做相应的变更或改变。”①

尽管德罗伊森仍以施莱尔马赫的诠释学为出发点，认为理解就是原来创造过程的重新创造，当这种创造是历史表达式时，理解就需要超出历史学家视域的限制而重新像它当时那样的经验进行描述。但是，当他提出了历史理解必然有境遇限制，历史学家不可能有完全的知识，历史事件的意义常超出它的行动者的意图时，这种施莱尔马赫的普遍诠释学就很难描述历史理解的本质。因为如果历史理解的本质像我们前面所说的是一种反省的知识，即后来事件的理解规定了以前事件被理解的方式，如果历史的意义是与历史视域或视角紧密相连的，如果事件的意义常超出它的行为者的意图，如果历史学家不可能有完全的知识，那么历史学家就永远不会完成正确的历史理解。因为：（1）历史的意义是由它的后果的知识所给予的，对于这种后果只有我们知道而当时的行为者是不知道的；（2）即使我们重构了当时行为者的意图，那也只是我们从历史境域里重新构造的，因此我们对那些意图的描述无非只是表现我们对它们的一种观点；（3）要求历史学有抛弃自己的历史境遇去重构当时的历史过程，实际上就是丢弃该事件从历史学家视域而具有的意义。事实是我们的历史理解受历史境域制约，以致我们从不能观看历史行为如它们的行为者所观看那样。我们可以举一个例子来说明这一点。假如有一个理想的编年史家，能在事物发生的瞬间知道所有发生的事物，而且能及时复制它们，按照德罗伊森的看法，这个编年史家因为对于所发生的事情有全知，因而不会发生错误，即他的说明不会受到通常历史说明由于包含错误陈述所受的修正。但这种说明事实上仍是不完全的，即使假定他与事件发生绝对同时性，理想的编年史家也不能在 1618 年复制三十年战争的开端，也不能在 1642 年复制《数学原理》作者的诞生。因为历史理解是反省的，即后来赋予的，因此历史学家就不能不在重新创造事件的原来过程时排除它从历史学家视域而具有的意义。我们的历史理解受历史境域的制约，以致我们从不能观看历史行为如它们的行为者所观看的那样。

从上述两位历史学家的观点中我们可以看到，回避黑格尔把历史还原为一种思辨概念的尝试反而迫使反对黑格尔的历史学家或者进入一种神学的自我思考，或者进入一种美学的自我思考。按照伽

① 德罗伊森. 艺术与方法//何兆武. 历史理论与史学理论. 北京：商务印书馆，1999：284.

达默尔的观点，历史学派试图把文学解释原则转用到历史研究时，忽略了历史理解的时间性度向。因此，尽管他们对黑格尔的目的论进行了批判，而自身却比黑格尔还更可怜地把握历史意义的逻辑。关于历史学派这种失误的原因，我们可以说是由于当时的实证主义观念对精神科学的自我理解的消极影响，精神科学基本上是用自然科学来规定自身的本质的。伽达默尔写道："随同19世纪精神科学实际发展而出现的精神科学逻辑上的自我思考，是完全受自然科学的模式所支配的……同自然科学相比较，精神科学理解自身是这样明显，以致那种本存在于精神（Geist）概念和精神的科学（die Wissenschaft des Geistes）概念里的唯心主义的意蕴全然消失不见。"① 一个最明显的事实是：历史学派正如实证主义一样，在考察历史时首先关注的是摆脱任何思辨意图（inxta propria principoia）。历史学派以及以后的狄尔泰考察精神科学的特殊性时，取为出发点的科学概念，与其说是作为哲学认识论的知识学（Wissenschaftlehre），不如说是实证主义所发展的科学理论（Wissenschaftstheorie）。因而其结果必然是历史-精神科学是不可能的。伽达默尔对此写道："这就构成了精神科学向思维提出的真正问题，即如果我们是以对于规律性不断深化的认识为标准去衡量精神科学，那么我们就不能正确地把握精神科学的本质。社会历史世界的经验是不能以自然科学归纳程序而提升为科学的。无论这里所谓科学有什么意思，并且即使一切历史知识都包含普遍经验对个别研究对象的应用，历史认识也不力求把具体现象看成某个普遍规则的实例。个别事件并不单纯是对那种可以在实践活动中做出预测的规律性进行证明。历史认识的理想其实是在现象的一次性和历史性的具体关系中去理解现象本身。"②

① 伽达默尔．真理与方法：第1卷．1986：9．

② 同①10．

第四章　当代诠释学的形成（上）

第一节　狄尔泰为精神科学奠定认识论基础

自施莱尔马赫在1834年逝世后，发展一门普遍诠释学的这种努力似乎失去了活力，尽管这时期有所谓历史学派的工作，但似乎直到狄尔泰时代，普遍诠释学的问题才重新出现。从时间上看，狄尔泰属于19世纪，但他的影响却远远超出这一世纪而进入20世纪。从历史意义上说，狄尔泰可以说是德国哲学里这样一些承前继后的人物之一，他身上一方面聚集了正在消逝的世纪的许多哲学倾向（如新康德主义、历史学派），另一方面又蕴涵了新时代哲学的出发点。狄尔泰毕生的努力就是为精神科学奠定认识论基础，这努力的结晶就是把理解和解释确立为精神科学的普遍方法论，从而发展了一门理解和解释的科学，即诠释学。伽达默尔曾这样评价狄尔泰在诠释学转向哲学过程中的作用："J. G. 德罗伊森在他的《历史学》中设计了一种很有影响的历史科学方法论，其目的全在于和康德的任务相吻合，而发展历史学派真正哲学的狄尔泰则很早就以明确的意识追随历史理性批判的任务。就此而言，他的自我理解是一种认识论的理解。显然，他在一种摆脱了自然科学过多影响的'描述的和分析的'心理学中看到了所谓精神科学的认识论基础。可是在执行这项任务的过程中狄尔泰却被导向了去克服他自己本来的认识论起点，从而他就成了开创诠释学的哲学时代的人。"①

威廉·狄尔泰（Wilhelm Dilthey）最初是在海德堡跟随黑格尔

① 伽达默尔. 真理与方法：第2卷. 1986：388.

派的库诺·费舍进行哲学史研究的，50年代后去到柏林，听了博艾克和特恩德伦堡（Trendelenbury）的讲座，从而使历史学派对他产生了很大的影响。但狄尔泰不满足历史学派的工作，他要求对精神科学的哲学基础进行认识论分析。1866年，他到巴塞尔大学任哲学教授，以后又到基尔大学（1868—1871）、布雷斯劳大学（1871—1882）任教，最后到柏林大学（1882－1905）任教。狄尔泰的大部分著作是在柏林大学任职期间及以后写的。他生前主要有三部著作问世：1870年出版的《施莱尔马赫传》（第1卷），1883年出版的《精神科学导论》（第1卷）以及1905年出版的《诗与体验》。狄尔泰去世后，留下了大量手稿。这些手稿包括《精神科学中历史世界的构造》（1907－1910年出版）、《施莱尔马赫传》（第2卷，1966年出版于柏林）以及有关心理学、认识论、哲学本质和文学批评的著作。《狄尔泰全集》计划出21卷，现已出了19卷。

1. 从历史理性批判到为精神科学奠定认识论基础

当我们谈到狄尔泰，首先我们想到了这位生活于19世纪末和20世纪初的哲学家所做的那种类似于康德的尝试，即相对于康德的纯粹理性批判的工作，狄尔泰试图致力于历史理性的批判。这里我们首先要分清纯粹理性和历史理性。纯粹理性在康德那里是指人类的一种认识自然的能力，而历史理性在狄尔泰这里是指人类的一种认识自身存在、历史和社会的能力。康德的《纯粹理性批判》的问题是我们关于自然的科学知识何以有普遍而必然的有效性，或用他的话说，我们关于自然认识的先天综合判断何以可能？康德通过对人类认识自然的能力的批导，为人类认识自然的可能性、条件和界限给出了认识论的根据。同样狄尔泰的《历史理性批判》的问题是我们关于历史世界和人类世界的知识何以是普遍而必然有效的，或用他的话说，我们对于人的存在及其所创造的东西的理解何以成为可能？他试图通过对人类认识自身、历史和社会的能力的批导，为人类认识自身、历史和社会的可能性、条件和界限做出认识论的证明。这正是狄尔泰的历史理性批判的主要工作，即相对于康德答复自然科学如何可能的问题，他提出了历史经验何以成为科学这一问题并对这一问题给出了他自己的答复。

按照狄尔泰研究的结果，在历史世界里我们并不需要像在自然世界里那样去探究我们的概念与外在世界之所以相符合的认识论基础，即解决认识论中所谓主体与客体的同一性问题，因为历史世界始终是一个由人的精神所创造的世界，因此一个普遍而有效的历史判断在他看来并不成问题。为了证明自己的观点，狄尔泰援引了维柯的观点。维柯曾在反对笛卡尔派的怀疑论时主张人类所创造的历史世界在认识论上的优先地位。狄尔泰重复了这一论证，他写道："历史科学可能性的第一个条件在于：我自身就是一种历史的存在，探究历史的人就是创造历史的人。"① 正是主体与客体的这种同质性才使得历史认识成为可能。不过，在这里我们应当注意，狄尔泰所指的是历史世界，而不是自然世界。尽管他主张历史世界是主客同一的，但并不表示他认为自然世界也是主客同一的，在自然认识方面，他遵循康德的思路，他的努力只是为历史世界的认识之所以可能找到认识论根据。

对于狄尔泰来说，"历史理性批判"不仅是为历史认识找寻认识论基础，而且也是为精神科学找寻认识论基础，正如他在《历史理性批判草稿》中所说，历史理性批判的目的是想通过历史认识何以可能这一问题为一般精神科学找寻认识论基础。因为精神科学与历史科学一样，其认识的对象与认识的主体也是同一的。他说："精神世界的关联是出现在主体里的，正是精神直到规定这个世界的意义关联的运动才将许多个别的逻辑过程彼此结合在一起。所以，一方面，这种精神的世界是进行把握的主体的创造，但另一方面，精神运动是指向达到对这个世界的客观知识。这样我们面临了这一问题，即精神世界在主体里的构造怎样使对精神实在的认识成为可能。我以前把这一任务称为历史理性批判的任务。"② 因此，狄尔泰在《历史理性批判》之后又于1883年继续发表了《精神科学导论》(第一卷)。

2. 何谓精神科学?

德文"精神科学"(Geisteswissenschaften) 一词是德文"自然科学"(Naturwissenschaft) 一词的对应词，在其他语言中似乎找不到合适的译名，但实际上这个词是从约翰·斯图加特·穆勒所用的moral sciences一词翻译而来的，而穆勒正是相对于自然科学(science) 而提出moral sciences的。不过，按照穆勒的看法，这种科学

① 狄尔泰. 狄尔泰全集：第7卷. 1914—1936：278.

② 伽达默尔. 真理与方法：第1卷. 1986：223.

虽然也称为科学，却不能与自然科学相媲美，因为它不可能取得普遍而必然的客观知识，它的科学性只类似于长期天气预报，穆勒把它描述为“非精确的科学”。因此自近代以来，精神科学面临的问题就是，它是否能像自然科学那样成为一门名副其实的科学，或者说，它是否应当按照自然科学的模式把自己改造成一门真正的科学。这样，我们就可以看出狄尔泰为精神科学奠定认识论基础的重大意义。这是一种划时代的工作，正如我们以后会看到的，20 世纪初胡塞尔的努力也是力图使哲学成为一门“严格的科学”。

按照狄尔泰的看法，精神科学之所以能成为一门名副其实的科学，在于精神科学所研讨的对象即精神世界是我们人类这个主体的精神的创造。因此，在精神世界里，我们并不需要像在自然世界里那样去探究我们的概念与外在世界之所以相符合的认识论基础，即解决认识论中所谓主体与客体的同一性问题，因为精神科学中的对象就是我们进行研究的主体的精神客观化物，我们在它那里无非是发现我们自己的本质。他说：“我所理解的客观精神是这样一些不同的形式：在这些形式中，存在于个人之间的共同性已将自身客观化于感觉世界之中。在这种客观精神中，过去对我们来说就是不断持续的现在。”① 因而“理解就是在你中重新发现我”（Das Verstehen ist ein Wiederfinden des Ich im Du），“精神总是以越来越高的阶段重新发现自身；在自我、你、共同体的每一主体里，在每一文化体系里，最后在精神总体和世界史里的这种精神的自我性使得精神科学各种不同成就的共同作用成为可能。认识的主体在这里是与它的对象合一的东西，这个对象在精神的客观化的一切阶段上都是同一对象”②。因此，一个普遍而有效的精神科学判断是不成问题的。

为了便于弄清狄尔泰的这种观点，我们需对狄尔泰所用的“精神”（Geist）一词做一些解释。Geist 是一个颇为难翻译的词，即使在英文里也很难找到一个意义完全吻合的词，它既有如时代精神（spirit of an age）那样的普遍精神（spirit）的意思，也有如我的心灵（ my mind ）这样特殊的具体精神（mind）的意思。德国思辨唯心论哲学家大多是在前一种意思上使用这一词，如黑格尔的“绝对精神”。由于受经验主义的影响，狄尔泰所用的 Geist 基本上是后一

---

① 狄尔泰．对他人及其生命表现的理解（1910）//洪汉鼎．理解与解释——诠释学经典文选．北京：东方出版社，2001：97.

② 狄尔泰．狄尔泰全集：第 7 卷．1914—1936：191.

种含义，不过他又与英国经验论哲学家不同，他的“精神”一词除了指人类抽象思维、形成概念、逻辑推理等理性的创造能力之外，还包含另一方面的内容，即指这种精神创造性活动所形成的东西。狄尔泰跟随黑格尔，把这种精神活动所形成的东西称为“客观化的精神”（der objektive Geist）或“精神的客观化物”（Geistesobjektivierungen 或 Objektivation des Geistes）。在狄尔泰看来，不仅语言、艺术、宗教、法律和科学是这种精神的客观化物，就是房屋、花园、工具、机器等也属于这种精神的客观化物。这种精神的客观化物之所以不同于自然对象，就在于它们都是人的精神产品，它们都代表了某种内在精神生命的外在符号。既然狄尔泰所说的“精神”包括了理性的创造能力以及这种能力所创造的结果，那么他所谓的“精神科学”就涉及人类在各方面所表现的精神创造能力及其产物，其中有哲学、美学、艺术、宗教、逻辑学、语言学、历史学、心理学、法学、经济学、人类学、社会学、政治学和伦理学等。狄尔泰在其《精神科学中历史世界的构造》里写道：“除了自然科学之外，从生活本身的任务中……自发地发展起来了一组知识，这门科学就是历史、国民经济学、法学和政治学、宗教学、文学和诗歌研究、室内装饰艺术和音乐研究、哲学世界观和体系研究，最后还有心理学。所有这些学科都涉及一个同样伟大的事实：人类。它们描述和讲述、判断和构造有关这一事实的概念和理论……由于它们共同涉及这同一事实，因此就首先形成了这些科学规定人类并且同自然科学相区别的可能性。”① 按照狄尔泰的看法，这许多精神科学学科可以分为四大类，即道德科学、历史科学、文化科学和社会科学。

按照狄尔泰的看法，穆勒相对于自然科学把精神科学界定为非精确的科学是错误的，因为他完全不了解精神科学与自然科学的本质特征。按照狄尔泰的看法，自然科学的对象是自然，而精神科学的对象则是精神生命；自然是外在的、陌生的东西，是那种只是在片断部分里并通过我们感性知觉过滤器被给予的东西，而精神生命却是内在的、熟悉的东西，是那种在其完全关系中被给予的东西。精神的东西常常存在于我们面前，因此可以在其完全的实在中被理解；反之，自然的、片断的经验意味着，自然科学必须把实际所经验的现象想成不是所感觉的现象，以便获得所需要的本质关系。精

① 狄尔泰. 狄尔泰全集：第7卷. 1914—1936：89.

神科学经常可以依靠心灵自身的生命关系，而自然科学则必须服务于建立于抽象假说之上的补充的推论，因此，相对于自然科学，精神科学更有理由成为一门名副其实的精确科学。

3. 精神科学与自然科学的区分

要弄清精神科学与自然科学的根本区别，首先我们要了解人类精神生活有何不同的特征，狄尔泰给人类精神生活勾画了四种特征：第一，人类精神生活是有目的性的。人类的行为无论是发出的声音还是做出的手势，都是为某种目的服务的，如果我们不了解目的，我们就不能达到人类相互交往的基本理解。第二，进行价值评价是人类精神生活的另一特征。因此与自然物质不同，人类的精神产物可做价值的判断，如果不形成各种价值判断，我们就不能对个人、社会、日常事务或历史事件进行充分讨论。第三，人类精神生活的规则、规范和原则，从道德原则到交通规则，从礼仪规矩到饮食细则，都不像自然法则那样具有永恒的有效性，它们是约定俗成的，而且富有变化。第四，精神世界具有可传递性。我们的思想可以说是前面的思想传递的结果，传统在这里起了很大的作用，这就是我们精神产物的特殊历史性。

一旦我们认清了人类精神生活上述四种特征之后，我们就可看出精神科学和自然科学的根本差别：

首先，就这两门科学的对象来说：（1）作为自然科学对象的自然物质是没有意识和目的的，我们不能对其进行任何价值判断；而作为精神科学对象的精神世界和社会-历史世界则是有意识和有目的的存在，因而能进行价值判断。（2）作为自然科学对象的自然物质是受普遍而必然的永恒自然法则所支配的；而作为精神科学对象的精神客观化物或精神世界却不受这种永恒法则的支配，支配它们的规则和原则是约定俗成的并可改变的。（3）尽管作为自然科学对象的自然物质也有自己的发展历史，但这种历史不具有有意识可控制的作用；反之，作为精神科学对象的精神客观化物的历史或传统却具有有意识、有目的的效果，它决定了我们何以如此生活，何以如此行事以及何以如此思想。（4）更为重要的是，作为自然科学对象的自然物质只是作为“自在”的存在，它们是纯粹的物理事实；反之，作为精神科学对象的精神客观化物则是作为“表达”（Ausdruck）方式的存在，这些客观化物虽然出现于感性世界，但却是某种精神性东西的表达。这也就是说，自然物质是光指向自身的，它们没有任何要表达的意义；反之，精神客观化物却总是指向自身之外，它们具有要表达的意义。例如，一个正常的微笑不只是嘴唇的运动，它表达了发笑者的内心喜悦，一本书也不只是一些符号的堆积，而是作者内心思想和情感的流露。

其次，就这两门科学的方法论而言，鉴于物质世界是一个可以看到和触到的世界，并且它具有普遍而必然的自然法则，因此自然科学的主要方法是观察、实验和按照普遍规律说明特殊事物，或把特殊事物归入一般法则之下。反之，精神世界不是直接可以观察到的世界，并且它也不受制于普遍而必然的自然法则，因而精神科学的方法就不能单纯是观察、实验和按普遍规则进行推论，而应是一种内在的体验，这种内在的体验使我们通过自身内部的经验去认识他人精神客观化物里的他人精神。正因为此，狄尔泰与新康德主义者相反，他不认为自然科学的观察实验和数学构造的方法可以作为一切认识理论的基本模式，他强调了精神科学认识论的独特性。狄尔泰后来把自然科学和精神科学这两种方法概括为“说明”（Erklären）和“理解”（Verstehen）。他说：“自然科学同精神科学存在区别，是由于自然科学以事实为自己的对象，而这些事实是从外部作为现象和一个个给定的东西出现在意识中的。相反，在精神科学中，这些事实是从内部作为实在和作为活的联系较原本地出现的。人们由此对自然科学得出这样一个结论：在自然科学中，自然的联系只是通过补充性的推论和假设的联系给定的。相反，人们为精神科学得出的结论则是：在精神科学中，精神的联系作为一种本源上给定的联系，是理解的基础，它作为理解的基础无处不在。我们说明自然，我们理解心灵。”① 狄尔泰这最后一句话已成为哲学史上的一句名言。“说明”就是通过观察和实验把个别事例归入一般规律之下，即自然科学通用的因果解释方法。而“理解”则是通过自身内在的体验去进入他人内在的生命，从而进入人类的精神世界。自然科学说明自然的事实，而精神科学则理解生命和生命的表现。

费拉里斯在其《诠释学史》里这样概述狄尔泰关于自然科学与精神科学的区别：“这里（指《精神科学导论》）狄尔泰强调了精神科学与自然科学之间的差别，这种差别基于它们研讨对象的不同

① 狄尔泰. 狄尔泰全集：第5卷. 1914—1936：143-144.

（自然科学研讨人类之外的现象，而人却是精神科学兴趣的核心部分）以及它们认识方式的不同［自然科学的知识是从外在世界的观察而推得的，而精神科学的知识则是从体验（erleben），即活的经验（a lived experience）而推得的，在这里认识行动与认识对象没有区别］。在自然科学里，对现象的观察与现象本身的特殊性质相分离；而在精神科学里，对内在情感的活生生的意识则与这种情感相同一。当自然科学运用因果解释时，精神科学却使用不同的范畴如意义、目的、价值。（因果解释并不修改现象实体，而意义理解却接触和转换研究对象。）”① 我认为费拉里斯的最后一句话相当重要，自然科学的解释并不改变现象实体，反之，精神科学的意义却能转换研究对象，精神科学的独立自主性在这里表现出来。

4. 理解与解释作为精神科学的一般方法论

狄尔泰说：“理解和解释是各门精神科学所普遍使用的方法，在这种方法中汇集了各种功能，包含了所有精神科学的真理。在每一点上，理解都打开一个世界。”② 首先我们必须弄清楚作为精神科学主要方法的“理解”这一概念在狄尔泰那里的特有的用法。理解作为领会、了解、把握或懂得的意思在日常生活中应用得相当普遍，譬如我们可以说对外在物质的理解，如“我理解了自然界的某些规律”，也可以说对我们内心世界的理解，如“我不理解我是怎样能做那事的”或“我再也不理解我自己”。不过，在狄尔泰看来，这却不是他对“理解”一词的用法，他曾对他所谓的“理解”下了一个这样的定义：“我们把这种我们由外在感官所给予的符号而去认识内在思想的过程称之为理解。”或：“我们把这种我们由感性上所给予的符号而认识一种心理状态——符号就是心理状态的表现——的过程称为理解。”③很显然，他所谓的理解是一种通过外在的符号而进入内在精神的过程，理解的对象应该说是符号或形式，即精神的客观化物，而不是直接的自然事物。这种用法实际也并不特别，在日常生活中我们也经常有这种用法。例如，在日常生活中使用“理解”一词，我们往往是指对于人们所说、所写或者通过手势、面部表情

---

① 费拉里斯．诠释学史．1996：110-111．

② 狄尔泰．狄尔泰全集：第7卷．1914—1936：205．

③ 狄尔泰．诠释学的起源（1900）//洪汉鼎．理解与解释——诠释学经典文选．北京：东方出版社，2001：76．

等其他方式所传达的东西的把握，话语、文字、手势或面部表情均可以说是外在符号，我们正是通过这些外在符号去理解它们所要传达的东西。按照狄尔泰的看法，尽管日常生活中“理解”一词用得相当普遍，以致对于自然事物和我们自身也可以说理解。但前者，如对自然的理解，即 interpretatio naturä（自然解释），是一种形象比喻的说法；而后者，如“我不理解我自己”，我们必须这样来理解，即某种在感性世界里出现的对我的本质的表现就像一个陌生东西的表现一样处于我面前，我可能不把它解释为这样的东西。总之，理解的前提就是有“持续固定的生命表现摆在理解面前”。

根据狄尔泰的理解定义，我们可以从下述三方面来定义他所谓的理解概念：第一，理解是对于人们所说、所写和所做的东西的把握，这是对语言、文字、符号以及遗迹、行为即所谓“表达”（Ausdruck）的领会；第二，理解是对于意义的把握，这是对一般表达所包含的观念或思想的领会；第三，理解是对人们心灵或精神的渗透。理解这三个方面应该说是统一而互相依赖的。不理解语词和符号的意义，我们就不能理解语词和符号，因而也就不能理解说话者的心灵中的某些东西从而达到对他人的精神的渗透；同样，如果我们不理解语词、符号，我们也就无从理解它们所蕴含的意义，因而也就不能达到对他人心灵或精神的渗透。这里有一点值得注意，狄尔泰之所以强调文字、符号或表达式这些精神客观化物，是因为如果没有这些客观化物，他人的精神是无法接近的，由于有了这些客观化物的中介，以前只有个别的孤立的意识才可接近的东西，现在进入了普遍可接近的物理领域。按照狄尔泰以后形成的生命哲学，无论是语词或文字的内容和意义，还是表达式的观念和思想，以及他人的心灵或精神，都可以用“生命”来替代，因而精神的客观化物都可以用“生命表现”（Lebensäusserungen）一词来代替。因此，理解也可以简单说是通过固定了的表现对其中生命的领会。

理解既然是我们由外在感官提供的符号或表现去认识其中被固定了的生命或精神的过程，那么什么是解释呢？这里我们需要对狄尔泰所使用的两个类似于解释的词，即 erklären（名词化是 Erklärung）和 auslegen（名词化是 Auslegung）做些疏解。erklären，我们一般译为“说明”，狄尔泰把它作为自然科学的方法，以区别于精神科学的理解方法。auslegen 一词是狄尔泰用于精神科学的解释，以后海德格尔在《存在与时间》里谈到解释时，也是用这一词，如他那里有一节（第

32 节）“理解与解释”，德文就是 Verstehen und Auslegung。按照德国语文学家的观点，Interpretation 这一源自拉丁文的“解释”一词，至少应有两个基本含义，这两个含义可以用德文自身形成的两个字来表示，即 Erklärung 和 Auslegung。Erklärung 偏重于从原则或整体上进行说明性和描述性的因果解释，我们可以译为“说明”；而 Auslegung 则偏重于从事物本身出发进行阐发性和揭示性的本体解释，我们可以译为“阐释”。随着近代自然科学的发展，Erklärung 这种按照某种说明模式或解释框架进行描述性和说明性的因果解释成了近现代自然科学通行的解释方法，按照这种方法，所谓解释就是将某一事件或某一过程隶属于或包摄于某个一般规则之下，从而做出因果性的说明，如苹果下落被归于地心引力。因此狄尔泰把它规定为自然科学的根本方法。但是，当狄尔泰在这里谈到精神科学的理解和解释时，我们绝不能把他在这里所说的“解释”（Auslegung）与自然科学的“说明”（Erklärung）相混。什么是精神科学的 Auslegung 呢？狄尔泰对此下了一个明确的定义，他说：“这种对一直固定了的生命表现的合乎艺术的理解，我们称之为阐释（Auslegung）或解释（Interpretation）。”[①] 很显然，这里解释被定义为对固定于客观精神化物内的生命表现的合乎艺术的理解，也就是说，解释就是理解，解释与理解是同一的，只不过是一种合乎艺术的理解。这里所谓艺术的，即科学的，也就是说带有方法程序的，因此解释就是一种科学的带有方法程序的理解。按照狄尔泰的看法，理解固然是对外在符号或表达式内的精神、意义或生命的把握，但这种把握却不是轻易能达到的，有些符号或表达式虽然在原则上是可理解的，但要达到这种理解却不是直接明显的，因而需要解释，即需要一种带有方法程序的阐明。因此，与作为一种精神过程的理解稍有不同，解释可以描述为一种理解的方法或程序，我们可以说解释是方法，而理解是目的。正是在这里，狄尔泰规定了诠释学的内容。他说：“我们把有关持续稳定的生命表现的技术性的理解称为阐释。因为只有在语言中，精神生命才能得到完全、彻底的表达，而这种表达使一种客观的理解成为可能，所以，阐释是在对残留于著作中的人类生存的解释中完成的。这种技术是文献学的基础，而关

① 狄尔泰．诠释学的起源（1900）//洪汉鼎．理解与解释——诠释学经典文选．北京：东方出版社，2001：77.

于这一技术的科学就是诠释学。”① 这里狄尔泰实际上给诠释学下了一个很好的定义，即它在于“对残留于著作中的人类此在的解释”，正是这一定义使狄尔泰跻身于现代诠释学之列。

理解既然是通过理解者的内在经验在感官呈现的外在符号上去领会他人的心灵或精神，那么理解也可以说是一种模仿、复制（Nachbilden）或再体验（Nacherleben）。狄尔泰说：“对陌生的生命表现和他人的理解建立在对自己的体验和理解之上，建立在此两者的相互作用之中。”② 精神科学之所以能对生命有理解，是因为生命具有共同性和普遍性，因而通过一种心理转换过程可以理解另一个人的内在经验。狄尔泰说，正因为思想的类似性和普遍性，真正的转移才能够发生，人类内心中的事件和过程才能够向外显现并构成一个社会的历史的世界。这种转换之所以发生，显然是因为我们自己心灵体验的事实与另一个心灵体验的事实之间存在着某种类似性，因而通过心理转换，我们有可能在他人身上发现我们自己经验的至深处，在这种遭遇中，我们能够发现一个更充实的内在世界。狄尔泰跟随施莱尔马赫，将此转换看成对另一个人内在经验世界的重新建构和重新体验，然而狄尔泰的兴趣并不在于他人而在于世界本身，他将此世界看作“社会一历史一世界”，它是内在道德命令的世界，是一个情感和反应的共有统一体，是一种审美的共同体验。我们能够渗透到这种内在的人类的世界，但不是通过内省，而是通过诠释，通过对生命的表现的理解。这里我们需要解释一下狄尔泰所谓的“体验”一词。

5. 体验与生命

自胡塞尔以来，德国哲学家一般是用两个德文词来区别经验的两种意义：Erlebnis（或 Erlebnisse）或活生生的经验（lived experience），Erfahrung 或科学的经验（sciencific experience）。前者指个体的、独特的体验，后者指一般的、普遍的经验。Erlebnis 来源于 erleben（经历），而 erleben 又来源于 leben（生活），因此 Erlebnis 具有加深生活的意义，也即生活的再体验，它表示主体与对象的一种直接关系。反之，科学的经验一般是指对处于主体对面的事物的

---

① 狄尔泰．对他人及其生命表现的理解（1910）//洪汉鼎．理解与解释——诠释学经典文选．北京：东方出版社，2001：106.

② 同①93.

经验，即对于作为对象的事物的经验。伽达默尔曾这样说过，“体验”一词可以从分析“经历”一词的意义来理解，“经历首先指‘发生的事情还在继续生存着’，由此出发，‘经历’一词就具有一种用以把握某种实在东西的‘直接性的特征’——这与那种人们认为也知道，但缺乏由自身体验而来的证实的东西相反，因为后一种人们知道的东西或者是从他人那里获得，或者是来自道听途说，或者是推导、猜测或想象出来的。但所经历的东西始终是自我经历的东西”①。科学的经验一般是指它的可重复性和可证实性，反之，活生生的体验则是不可重复的，因为体验是直接给予个别意识的东西。认知主体体验某物，某物就成了被体验物（das Erlebte），被体验物作为一个结果或收获，是从已逝去的经历中得到连续的，这深刻揭示了“体验”一词的这样一种本性：它表示某个东西不仅被经历过，而且它的被经历存在还获得一种使自身具有持续存在的特征，这种东西作为体验而被保存下来。狄尔泰的一部著作的标题叫《体验与诗》，就以给人深刻影响的方式表达了这一点。因此伽达默尔认为，“体验”一词的构造应以两个方面的意义为根据，他说：“一方面是直接性，这种直接性先于所有解释、处理或传达而存在，并且只是为解释提供线索，为创造提供材料；另一方面是由直接性中获得的收获，即直接性留存下来的结果。”②

狄尔泰正是在这种意义上使用“体验”一词的，他曾把 Erlebnisse 与自然科学的“构造”（construction）加以区分，后者是把数学范畴和物理规律给予自然世界以便形成对它的客观说明（摆脱主观的、相对的条件）；反之，Erlebnisse 则反思了对它被体验为愉快与否的世界的主观的回答，有某种直观上清晰的时空关系。经验概念一般是抽象的，而体验则表现对象在其直观的直接性里，好像是被给予意识的东西，因而不再包含任何陌生性、客观性或需要澄清的成分。狄尔泰写道：“体验将其自身向我呈现（字义上讲，就是为我存在）的方式，完全不同于形象处于我们面前的方式。体验的意识与它的构成是同一的东西，在为我的东西与经验为我的东西之间不存在区别，换言之，体验并非像一个对象那样与其体验者相对立，正相反，体验的为我存在与体验中为我呈现的东西毫无区别。”③

① 伽达默尔．真理与方法：第1卷．1986：66.

② 同①67.

③ 狄尔泰．狄尔泰全集：第7卷．1914—1936：139.

另外，体验概念与生命相联系，它是我的自身生命的一部分，因而在理解中，我可以使我的生命精神与客观化物中所包含的他人的精神生命发生共鸣。狄尔泰正是用体验这一概念说明了精神科学与自然科学的本质差别：在精神科学中，我们是讲一种内在经验里被给出的精神关系，这种精神关系关涉某种生命状态；反之，自然科学构造的理想则是一种概念性，其原则是因果关系，而精神科学的理想则是把一个人性——历史性的个人——理解为由他的整体里的精神生命而来的整体人。狄尔泰所谓生命，不仅意指生物学的生命、人类和动物共同具有的生命，而且首先指许许多多参与构造人类社会和历史实在的命运。狄尔泰说："客观精神的范围从共同体所建立的生活方式、交往形式以及目的性关系到道德、法律、宗教、艺术、科学和哲学。因为创造性的作品也体现了一个时代和地区的观念、内心生活和理想的共同性。从我们呱呱坠地，我们就从这个客观精神世界获取营养。这个世界也是一个中介，通过它，我们才得以理解他人及其生命表现。因为，精神客观化于其中的一切东西都包含着对于你和我来说是共同性的东西。每一个种了树的广场，每一个放好了椅子的房间，自幼儿时就为我们所理解。因为人类的目的性规定、规则和价值规定作为一种共同的东西已经为每一个广场和房间里的每一物品安排好了它们的位置。孩子都在某家庭组织和风俗习惯中成长。这个家庭是孩子与其他家庭成员所共有的。在这一过程中，母亲的教育是由他在这种关系中来接受的。早在他学说话之前，他已经完全置身于共同性的媒介之中了。他之所以学习理解姿势、表情、动作和叫喊、语词与句子，只是因为这些东西始终作为同样的东西，作为与之所意指和表达者处于同一关系中的东西呈现在他面前。个人就是这样在客观精神世界中进行理解的。因此……个人所理解的生命表现对他来说通常不只是一个个别的表现，而是仿佛充满了一种对共同性的知识，充满了存在于该表现中的与一种内部东西的关系。"①

体验就是去生活（to live），去生活就是中介内在世界与外在世界的客观化的精神，就是解释我们自己的内在世界及以往精神的固定的客观化物，换言之，就是给予精神客观化物以意义。伽达默尔曾对狄尔泰这种生命观念做了这样的论述："由于生命客观化于意义

① 狄尔泰．对他人及其生命表现的理解（1910）//洪汉鼎．理解与解释——诠释学经典文选．北京：东方出版社，2001：97-98.

构成物中，因而一切对意义的理解就是‘一种返回，即由生命的客观化物返回到它们由之产生的富有生气的生命性中’。所以体验概念构成了对客体的一切知识的认识论基础。”① 并说：“生命本身，即一种流逝着的时间性，是以形成永恒的意义统一体为目标的。生命本身解释自身，它自身就有诠释学结构，所以生命构成精神科学的真实基础。”② 按照狄尔泰这种观点，自传是对自身生命最完善的解释，他写道：“把握和解释自身的生命，要经历许多阶段，自传是对自身生命的最完善的解释。在自传中，自我能把握自身的生命历程，以致自我能意识到人的基础和他生活于其中的历史关系。最后，自传能发展成历史的画卷，只有自我能把他的局限性和意义展现给他的同类，自我由体验来体现，并且从这个深度出发，自我和他同世界的关系才可理解。”③ 正是由于强调体验和生命，狄尔泰与当时的新康德主义者如文德尔班和李凯尔特所发展的价值哲学处于极端的对立中。在狄尔泰看来，认识论的主体，即进行理解的历史学家，不可能简单地面对他的对象，面对历史生活，相反，历史学家是被同一种历史生命的运动所推动的。后期狄尔泰越来越认为德国唯心主义的同一哲学具有正确性，因为在唯心主义的精神概念中，我们可以设想主体和客体、我和你之间存在一种实质性的共同性。

6. 人是诠释学的动物

很典型的是，狄尔泰把生命表现（Lebensäusserung）这一概念与以前提到的精神客观化物这一表达式同义地使用。穆勒的元素心理学曾被用来作为这种生命表现的精神科学观察的基础，但心灵的生命不能通过我们把它分解为一些基本元素而加以解释，错误在于我们以一种机械方式解释精神生命，如物理学和化学那样。相对于解释的或结构的心理学，狄尔泰提出描述的心理学理想，这种心理学的任务是找出组成成分和关系，而这些组成成分和关系可以以同样的方式在每一发展的心灵生命里找到。这些成分和关系是这样呈现的，好像它们是出现在那种不是由理论补充、推理或思想构造所建造的，而是被直接体验的整体关系里，这样某种典型的人的东西

① 伽达默尔．真理与方法：第1卷．1986：71．

② 同①230．

③ 狄尔泰．狄尔泰全集：第7卷．1914—1936：204．

被把握了。心理的生命是由那些在时间里开始的，并在时间过程中变化的以及最后又被结束的过程所组成，这里也同样存在某种规则和结构，描述性的心理学就是试图研究这种规则和结构。由于这种结构论，狄尔泰产生了两种看法：首先，他确立了他在经验中的出发点，不仅避免了理性主义的先天论，而且也绕过了那种局限于孤立的感觉材料作为认识出发点的经验主义倾向；其次，他把历史相对主义与那种对全部历史起作用的结构学说加以联系。他坚持每一历史内容（习俗、文化交往形式、价值）都与特定的历史时期发生关联，另外，这种历史内容又依赖于某些普遍的形式，而结构论的任务就是展示这些形式。这样，狄尔泰完成了从心理学到诠释学的过渡。伽达默尔对此这样写道："虽说他（狄尔泰）从未完全放弃他在心理学中寻找的认识论，但体验是要通过内在存在（Innesein，内部意识）来描述的，以致作为康德探究基础的关于他者，即非我的认识问题在这里根本不存在，这就是狄尔泰试图在精神科学中进行历史世界构造的基础。但是，历史世界并不是这样一种体验联系，如历史在自传中为主观性的内在性所表现的。历史的联系最终必须被理解成一种意义联系，这种意义联系从根本上就超越了个体的体验视域。意义联系就像一件巨大而又陌生的文本，诠释学必须帮助对它进行破译。因此，狄尔泰由于事物的逼迫而寻找从心理学到诠释学的过渡。"①

狄尔泰不断说人是一种历史的存在（ein geschichtliches Wesen）。这里所谓的历史，不应当被设想为一个客体，一个与我们相对立的过去，而应当被看成我们自身的一种倒向的发展，即不断返回过去而发展自身。狄尔泰说："人是什么，唯有历史才能告诉我们。"②"人是什么，他想什么，这些只有通过千万年以及最后永远不能完成的他的本性的发展，他才会体验得到。他绝不可能在客观的概念中而只有从他自己存在深层踊跃的活生生的经验中才会体验到。"③ 但这种活生生的经验唯有通过对过去的理解才能发展，在这里可以说，人的自我理解不是直接的而是间接的，它必须通过固定表达式追溯过去采取这样一种诠释学迂回之路。由于人依赖于历史，所以他的

---

① 伽达默尔. 真理与方法：第 2 卷. 1986：387-388.

② 狄尔泰. 狄尔泰全集：第 8 卷. 1914—1936：224.

③ 狄尔泰. 狄尔泰全集：第 6 卷. 1914—1936：57；狄尔泰. 狄尔泰全集：第 9 卷. 1914—1936：173.

本质必然成为历史的。另外，人的本质也不是一个固定的本质。尼采曾说“人是尚未规定的动物”，人要成为什么，有待于他的历史发展，而这种发展需要他返回对过去的理解，只有当人不断占有那些构成他的遗产的已形成的表达式时，他才创造性地成为历史的。这种对过去的把握是一种自由的而非奴役的形式，是更为完满的自我认识的自由，是能够想人将成为什么的意识。人也不能逃避历史，因为正是在历史中和通过历史，人才成为他所是的东西。伽达默尔曾这样讲到狄尔泰，虽然在精神科学中追求客观性的想法强烈地激励着他，“但他仍然不能摆脱这一事实，即认识主体，亦即进行理解的历史学家，不可能简单地面对他的对象、面对历史生活，相反地，历史学家是被同一种历史生命的运动所推动的。尤其在他的晚年，狄尔泰越来越认为唯心主义的同一哲学具有正确性，因为在唯心主义的精神概念中我们可以设想主体和客体、我和你之间有一种实质性的共同性，在如狄尔泰自己的生命概念中所存在的那种共同性一样”①。狄尔泰诠释学的必然结论就是，人被看成有赖于对过去不断诠释的东西，是“诠释学的动物”。人依赖对过去遗产的诠释和对过去遗留给他的公共世界的诠释来理解他自己，正是在这里，我们看到了以后海德格尔此在诠释学的预兆，即理解不是对外在对象的主观行为，而是此在自身的基本存在方式。

7. 狄尔泰诠释学的局限性

从诠释学在20世纪发展的观点来看，狄尔泰为精神科学所奠定的基础不可能被认为是一种哲学普遍化。这不仅是由于哲学已从狄尔泰的诠释学里被排除出去了，而且这也与狄尔泰的一般历史看法和诠释学目的的看法相关。这些局限性我们可以概括为两点：

（1）生命哲学与时间距离。虽然狄尔泰强调了以历史性和客观精神作为生命表现得以历史化的场所，但奇怪的是，狄尔泰的观点仍是反历史主义的。这首先是与一种未被抛弃的心理主义——正是这种心理主义联结了狄尔泰与施莱尔马赫——相关。虽然诠释学问题向精神科学的自我理解还原，但这却启示了这种任务的隐含的实

① 伽达默尔．真理与方法：第2卷．1986：388．

证主义。狄尔泰一方面同历史主义一样，强调历史性和客观精神作为生命表现得以历史化的场所，以历史性的精神和理解来反对当时占主导地位的实证主义；另一方面他又抱有历史客观主义理想，认为人虽不能克服历史间距，但他可以通过理解表达式来解释客观精神，重新把握过去的生命，进入陌生心理，来达到对历史的客观的、科学的理解。利科在《从文本到行动，诠释学论文集Ⅱ》里曾这样讲到狄尔泰的工作："狄尔泰的工作甚至比施莱尔马赫的工作还更多地阐明了诠释学的根本的任务，即把理解文本归入理解那个用文本表现自身的他者的规则。如果事业基本上仍是心理学的，这是因为它不是把文本说什么，而是把谁说它规定为解释的最终目的。同时，诠释学的对象经常从文本，从它的意义和它的所指转换到文本所表现的活生生的经验中。"[①] 要转换入陌生心理的意愿确立了历史性的最彻底的意义，这种意义，如果我们用伽达默尔跟随黑格尔所做的论证，并不在于赋予过去以新生命，而是在于强调过去本身，这成为我们中介过去与现在的前基础，很显然这是历史主义最典型的反历史主义。

（2）历史传记启蒙。正如伽达默尔所指出的，狄尔泰的心理主义和生命哲学具有一种相反的关系，即"未加分析的笛卡尔主义"[②]。正如启蒙运动思想家一样，狄尔泰也认为生命是下意识冲动的黑暗世界，他不相信理性能阐明它。他认为阐明生命只能反省性地进行，通过历史知识可能在有生命的东西中闪耀出科学之光。由于忘记自己的利益兴趣，主体回头看过去，从而获得科学的确实性。哈贝马斯通过批判这种看法把狄尔泰看作历史主义与实证主义之间联盟的典型表现，因为狄尔泰的历史认识理想推出一个理论上纯粹的主体，这主体摆脱了任何工具性的、实践的或解放的旨趣。他写道："狄尔泰在实践的生活联系和科学的客观性的这种对比中，接受了一种秘密的实证主义。狄尔泰想让诠释学的理解摆脱旨趣联系（其实诠释学的理解却在先验的层面上与这种旨趣相一致），并想按照纯描述的理想将诠释学的理解变成静观沉思的东西。只要狄尔泰抛弃精神科学的自我反思，并且恰恰是在实践的认识旨趣被视为可能的诠释学认识的基础，而不是被视

① 利科. 从文本到行动，诠释学论文集Ⅱ. 芝加哥：美国西北大学出版社，1991：62.

② 伽达默尔. 真理与方法：第1卷. 1986：241.

为诠释学认识的衰颓这点上放弃精神科学的自我反思，并且重新陷入客观主义，那么，同皮尔士一样，狄尔泰最终也摆脱不了实证主义的束缚。”①

狄尔泰的生命哲学被他的学生格奥尔格·米施（Georg Misch）加以发展。在米施的《生命哲学与现象学：狄尔泰与海德格尔及胡塞尔的争论》中可见，米施作为生命哲学的立场而加以维护的东西，显然也和现象学一起参与了对天真的历史客观主义的批判以及对西南学派价值哲学为其所进行的认识论证明的批判。不过，狄尔泰的生命哲学也遇到了批判，他的批判家首先反对他的这一倾向，即将大部分哲学相对主义化并把哲学视为许多可能世界观中的一种。这样在第一次世界大战中，狄尔泰的诠释学与胡塞尔的现象学之间出现了对立，胡塞尔要求哲学是一门严密的科学而不只是一种世界观。他说“世界观可以争执，唯有科学才能决断，而它的决断带有永恒的烙印”②，以此来表明他对历史主义和相对主义的批判。不过在20世纪二三十年代，德国现象学的继续发展却出现了诠释学与现象学接近的关系，例如，胡塞尔后期指出了一系列生命哲学的特征，他的学生海德格尔要求哲学展示那种对任何存在着的人合适的结构，即所谓生存性（Existentialien），这种生存性可以理解为狄尔泰“生命形式”的对应物。但凡在狄尔泰想把他的生命形式分析只用作认识论方法论探究历史理解前提的基础的地方，海德格尔都有一个更远的目标，他想批判传统的形而上学本身。这种从狄尔泰的诠释学和胡塞尔的现象学到海德格尔的诠释学现象学的发展是当代德国哲学最主要的论题。

第二节　胡塞尔的本质现象学和先验现象学

埃德蒙德·胡塞尔（Edmund Husserl）生于当时尚属奥匈帝国的一个名叫布洛斯尼茨（Prossnitz）的城镇，家族是犹太人血统。1876年起，他先后在莱比锡、柏林和维也纳诸大学学习物理、数学和哲学。1882年，他在维也纳大学获得数学博士学位，随后师从弗兰茨·布伦塔诺（Franz Brentano），后者的意向性理论对他有

① 哈贝马斯. 认识与旨趣. 郭官义，李黎，译. 上海：学林出版社，1999：170.

② 胡塞尔. 哲学作为严格的科学. 倪梁康，译. 北京：商务印书馆，1999：65.

深刻影响。1887 年取得教授任职资格后，胡塞尔到哈勒大学任哲学讲师，直到 1901 年。按照胡塞尔以后的回忆，这一时期是他一生学术活动中最艰难的岁月，由于他感到很难在“意识的心理分析”与“数学和逻辑的哲学基础”之间进行调和而几度打算放弃哲学职业。这时期发表的两部著作很明显地反映出他这种内心的矛盾。1891 年出版的第一部著作《算术哲学：心理和逻辑研究》是一部被弗雷格批评为带有浓厚心理主义色彩的书，而 1900 年至 1901 年他发表的另一部重要哲学著作《逻辑研究》则完全是在对逻辑学中的心理主义进行彻底批判的基础上提出一种所谓现象学的哲学。1901 年至 1916 年，胡塞尔到哥廷根大学担任教授，这一时期既是胡塞尔自己的现象学哲学趋于成熟的时期，又是早期现象学运动形成和活跃的时期，在他的周围聚集了不少本国的和外国的学生，这些人日后就成为现象学运动的主要代表。1911 年，胡塞尔发表了一篇重要的可作为现象学宣言的长篇论文《哲学作为严格的科学》；1913 年他主编的《哲学和现象学研究年鉴》出版，并于同年发表了他的主要著作《纯粹现象学和现象学哲学的观念》（第一卷）。胡塞尔原想把此书作为现象学研究者的一部指导性的手册，不料他的许多追随者对此书的先验唯心主义十分不满，认为他背离了现象学原来的立场，加之次年第一次世界大战爆发，早期现象学运动也就随之解体。1916 年，胡塞尔转赴弗赖堡大学任教，主持现象学讲座，直到 1928 年退休。此期间他曾把于 1922 年应邀在伦敦大学所做的四次讲演整理为《形式逻辑和先验逻辑》，并于 1929 年出版，同时还做了题为“第一哲学”的讲演，此讲演在他死后才发表。离职后，胡塞尔并未停止工作，他用一种既不是为讲演又不是为出版的形式写下自己的思想，手稿逐年增加，到他死时竟达 45 000 页之多。1929 年他曾在巴黎做了题为“笛卡尔沉思”的讲演，讲稿的法译本于 1931 年发表。1935 年他还先后到维也纳和布拉格旅行讲演，后来根据这些讲演写成《欧洲科学的危机和先验现象学》一书，书中只有两章于 1936 年发表。全书于 1954 年出版。胡塞尔所说的理性的危机在他晚年以不幸的方式降临在他自己身上。1933 年纳粹上台后，他的名字从大学教授的公开名单中被划去，他的行动也受到监督，最后在孤寂中辞世。死后，他的遗著被禁止在德国出版，甚至有一种被没收和焚烧的危险。幸而比利时青年学者范・布雷达（H. L. Van

Breda）在 1938 年偷偷用比利时驻德大使的免检外交公文箱把胡塞尔手稿带出德国，最后保存在卢汶大学里。之后卢汶大学建立了胡塞尔档案馆，并于 1950 年起出版《胡塞尔全集》（Husserliana），截至 1992 年已出至 28 卷。

按照胡塞尔研究者的一般看法，如果不算 1894 年以前心理主义阶段的话，胡塞尔的现象学一般可分为三个时期：（1）《逻辑研究》（1900—1901 年）时期的本质现象学（1894—1904）；（2）《纯粹现象学和现象学哲学的观念》（第一卷，1913）时期的先验现象学（1905—1917）；（3）《欧洲科学的危机和先验现象学》（1936）时期的生活世界现象学（1918－1938）。在本质现象学时期，所谓现象学，胡塞尔强调它不是事实科学，而是本质科学，即所谓埃多斯（Eidos）科学，其主要的方法是本质还原或本质直观。胡塞尔写道："这门本质科学所要确定的绝不是'事实'，而仅仅是'本质的认识'。这门本质科学所具有的还原方法将引导人们从心理学的现象出发达到纯粹的'本质'，或者说，在判断思维中引导人们从事实的（经验的）一般性出发达到'本质的'一般性。"① 在先验现象学时期，所谓现象学，胡塞尔强调它是一门本质上新型的科学，它是"关于意识一般，关于纯粹意识本身的科学"，其主要的方法就是所谓先验的还原，即引导人们从一般本质还原到纯粹内在的意识，还原到纯粹的主体性。胡塞尔写道："现象学是关于所有可想象的先验现象的科学，并且这些现象都具有综合的总体形态，只有在这些形态中，这些现象才是具体可能的——这里包括先验的个别主体以及与此相连的主体共同体。现象学作为这样一门科学同时实际上也是关于所有可想象的存在之物的先天科学，但这不是指关于在自然实证观点中的所有客观存在之物的科学，而是指关于所有那些完全具体的存在之物，即所有那些在相关的意向构造中汲取其存在意义和其有效性的存在之物的科学。"② 并说："先验现象学的现象可以被描述为非实在的现象。其他的还原，尤其是先验的还原将会对心理学现象进行'纯化'，使它们不再带有实在所赋予它们的并因此而使它们被纳入实在'世界'之中的那些东西。我们的现象学不是实在现象的本质论，而是经过先验还原的现象的

① 胡塞尔．胡塞尔选集：上卷．上海：上海三联书店，1997：147.

② 同①359-360.

本质论。”① 生活世界现象学就是“从生活世界出发通向先验现象学之路”，其方法就是从生活世界走向先验交互主体性。

1. 哲学作为严格的科学

1911年胡塞尔发表了一篇题为《哲学作为严格的科学》的长篇论文，这是一部可以看作现象学宣言的重要著作。在此书中，胡塞尔开宗明义地写道：“自最初的开端起，哲学便要求成为严格的科学，而且是这样的一门科学，它可以满足最高的理论需求，并且在伦理-宗教方面可以使一种受纯粹理性规范支配的生活成为可能。这个要求时而带着较强的力量，时而带着较弱的力量被提出来，但它从未被完全放弃过，即使是在对纯粹理论的兴趣和能力处于萎缩危险的时代，或者在宗教强权禁止理论研究自由的时代，它也从未被完全放弃过。”②

让哲学从虚假的形而上学中摆脱出来而成为一门严格的科学，这可以说是胡塞尔很早就确立的目标。他曾经在《文章与报告1911—1921》中回忆他老师的影响时说：“从布伦塔诺的讲座中，我获得了一种信念，它给我勇气去选择哲学作为终生的职业，这种信

---

① 胡塞尔. 胡塞尔选集：上卷. 上海：上海三联书店，1997：147-148. 关于胡塞尔现象学从《逻辑研究》的本质现象学到《纯粹现象学和现象学哲学的观念》（第一卷）的先验现象学的转变，胡塞尔自己在1907年9月一篇手稿（BIII）中曾做了如下解释：“《逻辑研究》赋予现象学以描述心理学的意义（尽管在《逻辑研究》中，对认识论的兴趣已经占了决定性的主导地位）。尽管可以把描述心理学理解为经验的现象学，但是必须把它从先验的现象学中分离出来……在我的《逻辑研究》中称作描述心理学的现象学的东西，却只涉及体验的实在内容的领域体验，只要它们在经验上同自然客体性有关，那么它们就是体验着的自我的体验。可是对于一门愿意成为认识论的现象学来说，对于一门（先天的）认识的本质论来说，经验的关系却始终是被排斥的。这样，就产生了一门先验的现象学，它已经在《逻辑研究》中被零零碎碎地阐述出来。这门先验现象学与先天本体论无关，与形式逻辑和形式数学无关，与作为先天空间论的几何学无关，与先天的计时学和运动学无关，与任何一种形式的先天实体的本体论无关。先验现象学是构造着的意识的现象学……认识论的兴趣，即先验的兴趣，并不在于客观存在和对客观存在的真实性的指明，因而也不在于客观科学。客观的东西属于客观科学。完善那些客观科学尚未完善的方面，这是客观科学的事情并且仅仅是它的事情。而先验的兴趣、先验现象学的兴趣则是除了意识还是意识，它的兴趣只在于现象，即双重意义的现象：一方面是指客观性在现象中显现出来；另一方面是指客观性，这个客观性仅仅是在现象中显现出来的，并且是‘先验地’、在排除了一切经验前提的情况下显现出来的客观性……阐明真实的存在和认识之间的这种关系，以及探讨行为、意义、对象的相互关系，这便是先验现象学（或先验哲学）的任务。”（胡塞尔. 现象学的观念. 倪梁康，译. 上海：上海译文出版社，1986：3-5.）

② 胡塞尔. 哲学作为严格的科学. 倪梁康，译. 北京：商务印书馆，1999：1.

念就是：哲学也是一个严肃工作的领域，哲学不仅可以并且也必须以一种严格科学的精神来进行研究。”正是这一信念使胡塞尔把确立哲学作为一门严格的科学作为他终身追求的目标。在他看来，哲学作为严格科学的这一要求，在以前哲学发展的任何一个时期都没有实现过，尽管随着近代文艺复兴的出现以及自文艺复兴至当代的发展，可以说有了严格的自然科学和精神科学，但“哲学本身却仍然一如既往地缺乏严格科学的特征，甚至连这种凸现的意义也始终没有得到科学可靠的规定”①。他认为，他所创建的现象学就是这样一门作为严格科学的哲学，这种哲学只满足于一种绝对确定的认识，它拒绝接受任何未经证实的结论，简言之，这是一门迄今未有的远离任何自然思维的全新的科学。他在《纯粹现象学和现象学哲学的观念》（第一卷）一书中写道：“纯粹现象学是一门本质上全新的科学，我们将在本书中探索通往它的途径，描述它相对于一切其他科学的独一无二的位置，并证明它是哲学的基本科学。这门科学由于其本质上的特殊性而远离自然的思想方式，因此只是在我们时代才获得进展，我们称它为关于‘现象’的科学。”②

为了使哲学成为一门严格的科学，胡塞尔进行了两方面的斗争，即对自然主义的批判和对历史主义的批判。按照他的看法，要把哲学作为一门严格的科学确立起来，一方面是要重新发现哲学作为一门严格科学的特殊领域而不是把哲学还原为个别科学的方法论证明，另一方面则是使哲学从那种使哲学沦为受历史条件制约并摆脱任何普遍性和最终有效性要求的世界观的相对主义中解脱出来。因此这里有了两个任务：其一，使认识论摆脱其与科学客观性概念不可改变的同一性，即划清他所说的本质的科学与事物的科学的界限。按照胡塞尔的看法，科学的方法并不是一种“对精神以外材料的简单接受，而是始终立足于自身的活动，立足于一种内部的再造，即通过创造性精神而获取的、按照根据与结论而进行的理性明察的内部再造。”③ 因此对胡塞尔来说，这里科学绝不是指经验科学或实证科学，而是指一种创造性的有体系的纯科学，这种科学起源于对意识的内在直观和内在反思中。伽达默尔对此曾写道：“胡塞尔对于生活世界和无名称的意义建立的分析给予精神科学的客观性一个全新的

① 胡塞尔．哲学作为严格的科学．倪梁康，译．北京：商务印书馆，1999：1.
② 胡塞尔．纯粹现象学通论．李幼蒸，译．北京：商务印书馆，1992：42.
③ 同①2.

背景。这种分析使科学的客观性概念表现为一种特殊情况。科学可以是任何东西，但绝不是那种要从其出发的事实。科学世界的构成性其实表现了一项特殊的使命，即澄清了科学所特有的理想化（观念化）。但是这一使命并不是首要的使命。当我们返回‘有作为的生命’，自然与精神的对立就被证明不是最终有效的。无论是精神科学还是自然科学都必须从普遍生命的意向性作为，也就是从某种绝对的历史性中推导出来。这就是那种唯一满足于哲学自我反思的理解。”① 正如后期海德格尔一样，胡塞尔并不把科学视为那种既自身有效又是所有其他类型知识必须与之符合的原始模式或真理形式。科学知识被设想为一种推出的认识论，它附属于作为第一哲学的现象学的理想。因此胡塞尔对自然主义的批判也就是对实证主义的批判，是对经验科学或事物科学的批判。当然，这种对自然主义的批判也绝不意味对严格科学的哲学观念的放弃，胡塞尔写道：“无论如何，我们的批判可能已经表明，将自然主义认识为一种原则上错误的哲学，这并不意味着，放弃一门严格科学哲学的观念，放弃一门‘自下而上的哲学’的观念。对心理学的和现象学的方法的批判区分已经指明，现象学的方法是一条通向科学的理性理论的真正道路，也是一条通向充分的心理学的真正道路。”②

其二，使认识论摆脱历史主义怀疑论，使哲学成为一种不依赖任何相对主义的经验认识的绝对观念知识。按照胡塞尔的看法，历史主义是一种相对主义。他说：“历史主义将自己定位于经验的精神生活的事实领域，由于它绝对地设定这种经验的精神生活，而不是恰恰将它自然化，这样便产生出一种相对主义，它与自然主义的心理主义非常接近，并且被纠缠到类似的怀疑困难中去。”③ 而且胡塞尔还进一步认为历史主义是一种极端的主观主义。他说：“如果将历史主义坚定地贯彻到底，它就会导向极端的主观主义。真理、理论、科学的观念会像所有观念一样失去其绝对有效性。”④ 当狄尔泰提出一种世界观的哲学以与自然科学或机械心理学相对立时，胡塞尔指出世界观与科学是两个不同的概念，它们具有不同的性质、价值和功能。他说：“世界观的‘观念’对每一个时代来说都是不同的……

---

① 伽达默尔. 真理与方法：第1卷. 1986：263.

② 胡塞尔. 哲学作为严格的科学. 倪梁康，译. 北京：商务印书馆，1999：45.

③ 同②46.

④ 同②49.

相反，科学的‘观念’则是超时间的，而在这里，这也就意味着，它不受任何时代精神的相对性限制。”① “科学是在许多其他的、同样合理的价值中的一个价值。我们在前面已经说明，尤其是世界观的价值，它完全是坚定地建立在自身基础上，它应当被认作是个别人格性的习性和成就；但科学则应当被认作是各代研究者的集体工作成就。正如这两者具有不同的价值来源一样，它们也具有不同的功能、不同的作用方式和传授方式。世界观哲学的传授就像智慧的传授：人格性求助于人格性……但科学是非人格的。它的合作者不需要智慧，而是需要理论才华，他所做的贡献会丰富永恒有效性的宝藏，这个宝藏必定会赐福于人类。”② “世界观可以争执，唯有科学才能决断，而它的决断带有永恒的烙印。”③

但是，胡塞尔对历史主义的批判绝不意味着他拒绝历史性而返回科学主义的素朴性。在《哲学作为严格的科学》的一条注释里，胡塞尔以狄尔泰为例说：“狄尔泰……否认历史主义的怀疑论，但我不理解，他如何会相信，从他对世界观结构和类型的富于教益的分析中，他可以得出反对怀疑论的决定性根据。因为正如在这篇文章中已经阐述过的那样，一门还是经验的精神科学既不能对某个提出客观有效性要求的东西提出反对的论证，也不能对它提出赞成的论证。如果将这种旨在经验理解的经验观点换成现象学的本质观点，那么事情自然就会是两样的，而这似乎正是他思想的内部活动。”④ 由此可见，胡塞尔在这里不是拒绝历史性而回到科学主义，而是试图给予人文科学以一种先验基础。在他看来，任何领域中的严格科学的可能性都奠基于关于哲学的严格科学的可能性，因而只有后者才能从根本上保证任何具体科学的真正的科学性品格。他写道：“我完全承认在最宽泛意义上的历史对于哲学家所具有的巨大价值。对他来说，对共同精神的发现与对自然的发现是一样重要的。与对自然的深入相比，向普遍精神生活的深入甚至为哲学家提供了一个更原初因此也就更基本的研究材料。因为，作为一种本质学的现象学之王国从个体精神出发很快便伸展到整体普遍精神的领域；并且，如果狄尔泰以如此鲜明的方式确认，心理物理的心理学不是那门可

① 胡塞尔. 哲学作为严格的科学. 倪梁康，译. 北京：商务印书馆，1999：59.

② 同①66-67.

③ 同①65.

④ 同①51.

以作为‘精神科学之基础’而起作用的心理学，那么我要说，唯有现象学的本质学才能够为一门精神哲学提供论证。”① 这里胡塞尔从狄尔泰的著作中获得启发，当狄尔泰试图把世界观哲学不是建立在数学基础上，而是建立在历史基础上时，尽管胡塞尔认为“近代的世界观哲学是历史主义怀疑论的孩子”，但他却并不否认这种世界观哲学也能以严格科学的形态而存在。他写道：“历史上的哲学肯定是世界观哲学，只要它们的缔结者是处在智慧本欲的主宰之下；但它们同样也是科学的哲学，只要在它们之中也曾活跃着严格科学的目标。”② 正因为此，虽然胡塞尔说哲学在长时间内未能发展成一门严格的科学，但他并不像一些唯心主义哲学家那样断言哲学的本质因此而是非科学的，从而赋予哲学一种主观主义和唯心主义的性质。

通过上述对胡塞尔所谓自然主义批判和历史主义批判的分析，我们可以看出胡塞尔作为严格科学的哲学的理想并不是基于经验主义科学的所谓客观的科学方法论，也不是基于实证主义科学理论的非反思的客观主义，而是基于科学性的先验的（元历史学的）度向。这度向在他看来，完全是一种新的维度，他在《现象学的观念》里这样写道：所有要求作为严格科学的当代哲学，都认为一切科学都有一种共同的认识方法，“但哲学却处于一种全新的维度中，它需要全新的出发点以及一种全新的方法，它们使它与任何‘自然的’科学从原则上区别开来”③。因此，尽管胡塞尔提出哲学作为严格科学的要求，在表面上似乎与 19 世纪后半叶许多哲学家的要求相类似，如穆勒、斯宾塞、冯德、马赫、阿万那留斯、利普斯和荷夫丁等，他们都提出过按照科学方式建立哲学特别是认识论的要求，但胡塞尔的作为严格科学的哲学的要求却与他们的要求有着本质的不同。对于他们来说，这一要求意味着哲学应当尽可能紧密地朝向经验的具体科学发展；反之，对于胡塞尔来说，哲学却应当彻底地重新开始，绝不依赖任何具体的经验科学或其他理论前提。对于那些科学哲学家来说，哲学是具体经验科学的随从或附庸；反之，对于胡塞尔来说，哲学则为一切其他认识提供基础。胡塞尔说：“最严密的数学和数学自然科学在这里都不比日常经验的某种真实的或所谓的认识具有丝毫优越性。因而很明显，根本谈不上哲学（它从认识批判

---

① 胡塞尔. 哲学作为严格的科学. 倪梁康，译. 北京：商务印书馆，1999：53.

② 同①58.

③ 胡塞尔. 现象学的观念. 倪梁康，译. 上海：上海译文出版社，1986：25.

开始并且它的一切都植根于认识批判之中）在方法上（甚或在内容上）要向精密科学看齐，根本谈不上哲学必须把精密科学的方法当作楷模，也根本谈不上哲学应当根据一种原则上在所有科学中同一的方法论继续进行在精密科学中所进行的工作，并且完成这些工作。我重申，哲学处于一种相对于所有自然科学来说的新尺度中，虽然这种新尺度与旧尺度可能有着本质的联系，但它符合于一种从根本上全新的方法，这种方法和‘自然的’方法是对立的。谁否认这一点，谁就没有理解认识批判所特有的全部问题，因而也就没有理解，哲学究竟要做什么和应该做什么，以及相对于所有自然认识和科学，赋予哲学怎样的特性和合理性。”① 这种新的维度或尺度将在胡塞尔的本质现象学里得到明确的实现。

不过，我们应当指出，虽然我们对胡塞尔“哲学作为严格的科学”这一要求做了这些澄清，但我们绝不能忽视胡塞尔这一要求对当代哲学所带来的负面影响，即把哲学与科学相等同，有可能使哲学束缚于已固定的科学框架之中，从而阻挡哲学的推动活力。1919年海德格尔就已经感到他老师的这种作为严格科学的哲学包含某种抽象死板的因素，他在该年 4 月 24 日写给胡塞尔女儿伊丽莎白·胡塞尔的信中说：他反对的是“那种傲慢不拘的、从根本上说是启蒙式的说教，它把当下的生活和所有过去的生活都固定、死板、单一地砸在同一块平板上，于是在这里一切都变得可预测、可控制、可划定、可约束和可解释”②。后来雅斯贝尔斯也批判说，如果哲学真成为严格的科学，那么哲学也就不成其为哲学了。他写道：“要求哲学是一门严格的科学，哲学一词的崇高意义就被取消了，就胡塞尔是一位哲学教授而言，我觉得他是最天真地和最彻底地背叛了哲学。”③ 同样，伽达默尔也说过：“尽管现象学运动在宁静而封闭的大学教室中奠定了一种接近事实的新关系，引起了对前科学的‘生活世界’的新兴趣，但它的‘哲学作为严格科学’的口号却并不能满足公众世界观的要求。”④

---

① 胡塞尔．现象学的观念．倪梁康，译．上海：上海译文出版社，1986：26-27.

② 1919 年 4 月 24 日海德格尔写给胡塞尔女儿的信。译文引自倪梁康．现象学及其效应．北京：三联书店，1994：166.

③ 雅斯贝尔斯．哲学（Karl Jaspers．Philosophie．Berlin）．1993：XVⅡ.

④ 伽达默尔．现象学运动//伽达默尔著作集［H.-G. Gadamer．Gisammelte Werke. Tübingen：J. C. B. Mohr（Paul Siebeck）］：第 3 卷．1987：110．以下凡引《伽达默尔著作集》原文，均为外文页码，可在中译本边页找到。

2. 面向事物本身

在胡塞尔强调哲学是严格科学的同时，他又说“哲学本质上是一门关于真正开端的科学，即关于根底、关于万物之本的科学”①，因此对于胡塞尔来说，哲学又与一般的具体科学不同，它应当给认识提供根基或基础的东西。那么什么是认识的根基或基础呢？自然主义对此问题不难予以回答，即作为心灵或意识的学说的心理学。因为每一种认识都与精神生命相联系，因而心理学自然被认为是那样一种能解释认识并因而能科学地建立哲学的科学。这样一种把认识还原于心理学的观点，胡塞尔称之为心理主义（Psychologismus）。由于人们通常总是把精神的生命与某种大脑过程相联系，因而说认识是一种心理学形式，心理也是一种大脑过程，即物理生理的东西，也是有理由的。这意味着，我们越能理解我们的大脑，我们就越能了解认识，认识论与哲学越成为科学的。这样一种庸俗的机械唯物论观点在19世纪后半叶相当普遍，例如，医生卡尔·福格特（Karl Vogt）在1854年发表的一篇论文中主张思想与大脑的关系类似于胆汁与肝脏或尿与肾脏的关系。

心理主义与机械唯物主义都有这样一种观点，即认识是一种自然过程。因此胡塞尔有理由把自然主义这一名称用作这两种实证主义或经验主义观点的总名称。在胡塞尔看来，尽管认识与心理过程相联系，与生理过程相联系，但认识的基础并不是心理或生理的过程，因此他反对把认识还原为心理学或生理学的观点。我们可以举一个例子来说明他们的差别：假如我在某个夏季在我的花园中观看开花的苹果树，机械唯物主义者将这样解释我的视觉经验：阳光从树上被折射入我的眼睛，视网膜受到生理上的影响，这在我的神经系统引起一系列电磁和化学过程，以致我最后具有花园里开花的苹果树的体验。机械唯物主义者由此推出，我关于苹果树的知识实际上无非只是某种更高的化学。如果我们认识大脑的规律性，那么我们也认识到认识的规律，如果认识论和逻辑是建立在对大脑生理学的基本认识基础上，那么它们就成为严格的科学。按照胡塞尔的看法，这种庸俗的机械唯物论是站不住脚的，因为它把某种生理的东西与心理的东西加以等同。像我的大脑这样的生理（物理）对象是

① 胡塞尔．哲学作为严格的科学．倪梁康，译．北京：商务印书馆，1999：69.

主体间可接近的，这就是说，它能被许多人所知觉，反之，我们的体验是私有的。例如，我看苹果树，这树就如我的大脑一样是某种生（物）理的东西，因而是主体间可接近的，但我的体验却是某种私有的东西。像苹果树或大脑这样的物（生）理对象总是比我们直接所看到的东西更多（例如，苹果树具有一个我们看不到的背面，如果我们立在它的前面的话），而意识却绝没有“前面”和“后面”，而是直接穷尽于体验之中。例如，如果我疼痛，我不是体验一部分疼痛，而是体验整个疼痛。物理的东西具有广延、颜色、形式、气味、味道，它是硬的或软的等，而心理的东西却没有这些，如疼痛没有颜色。我的大脑是微红色的，我看到的苹果树也是微红色的，反之，我对苹果树的体验却没有颜色。另外，如胡塞尔所说的，物理的东西是由因果规定的，反之，心理的东西却非这样。所以胡塞尔说，根据这种区别我们可以推知，尽管意识总是与某种物理的东西相联系，但意识却不与物理的东西相等同。这一切表明心灵不能还原为物理的东西，即使自然主义认为需要把认识论还原为物理学。

同样，表现于心理主义形式的自然主义也是靠不住的。认识论和逻辑是寻找最普遍的认识原则。逻辑的一个普遍规则是矛盾律，它说明不能有两义的判断，任何判断不能既是真又是假，例如，花园里的树是苹果树，这句话就不能既是真又是假。心理主义者在这规则中看到了一种心理学规则，例如，穆勒曾认为矛盾律依赖于我们不能同时相信又不相信同一东西，他说，我们之所以认为“花园里的树是苹果树”这句话不能既是真又是假，是因为我们不能同时相信又不相信花园里的树是苹果树。相信与不相信不能存在于同一意识里，他说，这在我们日常的经验里有足够的例证，我们可以把这种经验概括为一条普遍心理学规则，这规则就构成逻辑规则矛盾律的基础。胡塞尔深刻地批判这种心理主义观点，他说，矛盾律是一条严格的普遍有效的 ideelles（观念的）规则，这规则不能由我们的 faktischen（事实的）思考方式所推出，而穆勒的心理主义规则——相信与不相信不能存在于同一意识内——却是一个经验的概括因而它不是普遍有效的，因为我们可以想象一个人在某一时间内先相信树是苹果树后又抛弃这一相信。另外，究竟什么叫作“同一意识”呢？我们难道不能想象一个人由于错误结论在同一时间内代表两种矛盾意见？难道真没有人主张某树同时是又不是苹果树吗？如果我们概括，这种情况也应当考虑，如果不，那为什么？对于这些问题，心理主义者是不能答复的。胡塞尔还进一步论证说，心理学是一门具体科学，它描述和解释意识究竟是什么。心理主义者认为逻辑是心理学的特殊部门，这部门研讨“正确思维”的心理学规则。但是，如果心理主义者们只有心理学可以为他们所支配，他们怎样能区分“正确的”和“不正确的”思维呢？描述和解释我们事实上怎样思维的心理学，怎样能建立正确思维的逻辑规则呢？所以心理学从未成为哲学的基础。胡塞尔认为，心理学研讨心灵生活的普遍规则，这些规则是通过经验和实验而被发现的，并依赖于概括（归纳法）。心理学是一门实在科学（Realwissenschaft）。反之，哲学、认识论、逻辑和纯数学则是观念科学（Idealwissenschaften），它们的规则表达了观念的真理（ideale Wahrheiten），我们对这些真理是先天地，即不依赖于经验探究而加以认识的。另外，心理主义者还混淆了层次，他们没有明确区分 Erlebten（所体验的东西，如苹果树）和 Erlebnis（体验，即心理东西）本身以及我们用来描述 Erlebte 的观念（Ideen）和概念（Begriffen）。心灵是一个 reeller（实在的），即在时间中不断流动的意识流（in der Zeit verlaufender Bewusstseinsstrom），反之，我们的观念和概念的关系则是某种 Ideelles（观念之物）。所以一棵树不能既是苹果树又不是苹果树，这是一观念的（ideelle）永恒的真理。反之，一种实在的关系（reelles Verhältnis）却存在于下面这两个事实之间，一个事实是一棵苹果树处于花园之中，另一个事实是我实际上对此具有一个体验（Erlebnis），逻辑只与观念的情况相关，因而逻辑绝不能借助像心理学这样的实在科学而建立起来。

因此，胡塞尔坚决否认自然主义是一种科学哲学的基础。自然主义哲学虽然可能是科学的，但它却立足于理论的前判断上，而对这些前判断却未给予科学的批判。为此，胡塞尔主张我们必须“回到事物本身”（auf die Sachen selbst zurückgehen），即对要认识的事物从一开始就不确立一种未经检验的理论。为了回到事物本身，胡塞尔进一步提出我们必须把我们所有的理论和前有的意见“括起来”（einklammern）。胡塞尔经常说我们应当对我们所有的前意见进行“悬置”（Epoche），即不看一切前判断。在他看来，哲学要想成为严格的科学，就必须完全没有理论前判断地、完全新地说明问题。这样一种无前判断的哲学就是在把我们的理论和我们的前意见“括起来”之后，代之以一种以反思态度出现的关于我们认识行为内容的纯粹描述。我们应当 nachdenken（后思）我们对事物本身的直接经验，并转向那种我们得以取得经验的行为，并在这种反思态度中给出一种关于事物本身的纯粹描述（reine deskription），有如我们直接经验它们那样。我们必须不在我们与事物之间放置一种理论，我们必须做出一种无理论的关于我们所经验的东西的纯粹描述，并且要像我们经验它的那样，即以一种与它出现在我们面前的同一方式对它进行无理论的纯粹描述。这里我们进入了胡塞尔现象学思想的内在开端，即客观对象与原本的主观的被给予方式之间的相关性。他说："以为每个人所看到的事物和世界都像它们展示给他的那样，这种单纯的自明性，如我们所认识到的那样，遮盖住了一个巨大的、特别的真理的视域，这些真理从未在它们的特性和系统联系中进入哲学的视野。世界与主观被给予方式之间的相关性从未引起过哲学的惊异，尽管这个相关性在前苏格拉底的哲学中，在诡辩派中已经显现出来，但它仅仅是作为怀疑论论证的动机而显示出来。这个相关性从未引起过特有的哲学兴趣，以致它从未成为一门特有的科学课题。"[①] 按照胡塞尔的看法，现象学正是出于对这种相关性的兴趣，在现象学看来，所有可谈论的有意义的东西都一定是在某种方式里成为我可以得到其原本被给予性的东西，或者说，它们都是在为我们显现的被给予方式中显现。凡以被给予方式向我们显现自身的对象，就是现象（因为"显现的东西"在传统上我们称之为现象）。在胡塞尔这里，现象既不是直接的所与，也不是我们意识内的精神构造，现象是通过现象学还原而出现的。因此，作为一切科学和理论之基础的哲学，一定是一种关于现象的无理论的纯粹描述的学说，简言之，即现象学。

3. 现象学还原

现象学分析的根本方法是现象学还原（phänomenologische Reduktion），这是在《逻辑研究》中提出而后在《纯粹现象学和现象学哲学的观念》里加以发展的一种现象学方法。所谓现象学还原，最一般地说，就是排除一切因袭的传统观点、自然观点和理论构造，从而达到"面向事物本身"。胡塞尔写道："按照这种还原法，我们将能排除属于每一种自然研究方式本质的认识障碍，并转变它们固

① 胡塞尔. 现象学的方法. 倪梁康，译. 上海：上海译文出版社，1994：11.

有的片面注意方向，直到我们最终获得被‘先验’纯化的现象的自由视野，从而达到在我们所说的特殊意义上的现象学领域。”① 在胡塞尔那里，现象学还原有两种：一种是广义的，即本质的还原；另一种是狭义的，即先验的还原。所谓本质的还原（eidetic reduction），即本质现象学的还原，它是纯粹现象学或本质现象学用以排除事实，从而达到对本质（埃多斯）的把握的方法。具体来说，它对所与对象（现象）进行双重还原：首先，抛开事物的存在而完全专注于对象是什么，专注于它的“所是”（whatness）；其次，必须从这个“所是”中排除一切非本质的东西，仅仅分析它的本质。在这种还原中，不仅“对象”而且甚至“主体”都被置入括号中，它们的有效性受到怀疑。所谓先验的还原，即先验现象学的还原，它是先验现象学用以排除实在之物，从而达到对先验意识、纯粹自我或先验自我的把握的方法。胡塞尔说：“我们有权利把我们还将要讨论的‘纯粹’意识称作先验意识和把借以达到此意识的方法称作先验悬置。先验悬置作为一种方法将被区分为‘排除’‘加括号’等不同阶段；因此我们的方法将具有一种分阶段还原的特性。为此我们将甚至在大多数情况下谈论诸现象学还原，因此从一种认识论观点看，我们也说诸先验还原。”② 关于这两种还原，胡塞尔在《纯粹现象学和现象学哲学的观念》（第一卷）里写道：“纯粹的或先验的现象学将不是作为事实的科学，而是作为本质的科学（作为‘埃多斯’科学）而得到确认；作为这样一门科学，它要确立的决不是‘事实’，而仅仅是‘本质知识’。这门本质科学所具有的还原将引导人们从心理学的现象出发达到纯粹‘本质’，或者说，在判断思维中引导人们从事实的（‘经验的’）一般性出发达到‘本质的’一般性，这种还原就是本质的还原。其次，先验现象学的现象可以被描述为非实在的现象。其他的还原，特别是先验的还原将会对心理现象进行‘纯化’，使它们不再带有实在所赋予它们的并因此而使它们被纳入实在‘世界’之中的那些东西。我们的现象学不应当是一门关于实在现象的本质科学，而应当是一门经过先验还原的现象的本质科学。”③ 由此我们可看出，无论是先验的还原还是本质的还原，现象学还原总包含两个必不可分的部分：（1）排除法，胡塞尔也称之为

① 胡塞尔．纯粹现象学通论．李幼蒸，译．北京：商务印书馆，1992：44.
② 同①101.
③ 同①45．引文有所改动。

"置入括号"（eingeklammert）或"悬置"（Epoche）；（2）还原法：一是"本质还原"（eidetic Reduktion）或"本质直观"（eidetic Anschauung），二是先验还原（transzendentale Reduktion）或先验悬置（transzendentale Epoche）。下面我们就这两部分进行分析。

所谓排除法，就是把我们对世界的自然态度、传统观点和理论构造置入括号中存而不论，胡塞尔也把它称为悬置（Epoche），即为研究直接意识材料而对世界"中止判断"。胡塞尔的现象学还原所排除的东西非常广泛，可以说除了先验自我外，所有东西都属被排除之列。他说："首先不言而明的是，由于排除了自然界，即心理的和心理物理的世界，因而也排除了由价值的和实践的意识功能所构成的一切个别对象、各种各样的文化构成物、各种技术的和艺术的作品、科学作品、各种形式的审美价值和实践价值。同样当然还有如国家、习俗、法律、宗教这类现实对象。因此一切自然科学和文化科学，以及它们的全部知识组成，正如要求自然态度的科学一样，都要加以排除。"① 不过，我们应当注意，胡塞尔所讲的这一切被排除的东西却不是实在的世界，而是我们关于实在世界的认识、科学和观点。概括起来说，胡塞尔所说的还原包括对三类东西的还原或排除：第一，排除所有的主观性，只要求具备纯客观的立场，专注于对象；第二，排除所有的理论知识如假说，以及从其他资料来源导出的证明，仅仅承认所与；第三，排除所有的传统观点，也即他人关于所讨论对象所说过的一切。在《纯粹现象学和现象学哲学的观念》（第一卷）中，胡塞尔关于现象学还原的排除法是这样写的：

> 我们使属于自然态度本质的总设定失去作用，我们将该设定的一切存在性方面所包含的东西都置入括号，这就是说，我们要对整个自然世界进行悬置，而这个自然世界始终是"为我存在"和"现存的"存在，而且它将作为被意识的"现实"永远存在着，即使我们愿意将其置入括号之中。
>
> 如果我能充分自由地做我想做的一切，那么我不会像是一个诡辩论者似地在否定这个"世界"，我也不会像是一个怀疑论者似地怀疑它的事实性存在，但我要使用"现象学的"悬置，它使我完全放弃任何关于时空事实性存在的判断。

① 胡塞尔．现象学还原（1913）．倪梁康，译//胡塞尔选集：上卷．上海：上海三联书店，1997：432-433.

> 因此我排除了一切与此自然世界相关的科学，不论它们如何坚定地对我存在着，不论我多么赞美它们，不管我多么不可能对它们哪怕提出最微小的反对，我断然不依靠它们的有效性。我也不使用属于它们的任何一个单独的命题，即使它是完全明证的，我也不采取它的任何命题，不以任何命题为基础——要指出的是：只要它们像在这些科学中所理解的那样，被理解为关于这个世界的现实的真理，我就不运用它们。只有当我为它们加上了括号以后，我才接受它们。这就是说，我只是在变化了的排除判断的意识中才接受它们，因此我不会把它们当作一个科学中的公理，一个追求有效性的公理，一个我所承认和利用其有效性的公理。
>
> 这里所说的悬置不应与实证主义所要求的那种悬置相混淆，但是我们必须相信，它本身的确被实证主义所违反。现在的问题不是排除所有损害科学研究的纯客观性的那些成见，不是在于通过把一切论证诉诸直接现存性上而建立起一门“无理论”“无形而上学”的科学，也不是在于达到那些其价值无可怀疑的目标所要采取的手段。我们所要求的是在完全不同的另一个方面。在自然态度中所设定的、在经验中被实际发现的整个世界，即完全“无理论地”看，被真实地经验到的，在经验的联系中完全明显地显示出来的这个世界，对我们是完全无效的；我们不再检验它，也不再为其辩驳，而是将其置入括号之中。所有实证主义的或以其他方式建立起来的与此世界有关的理论的科学，都以同样的方式遭受同样的命运。①

另外，在胡塞尔为《纯粹现象学和现象学哲学的观念》所写的《后记》中，关于现象学还原还有这样的论述：

> 在此具有决定性意义的是，我们已经充分阐明，这种悬置作用，这种使对经验世界的存在信念的设定无效的程序意味着什么，以及因此一种什么样的“纯主体”的理论目标是可能成立的。一方面，一切以自然经验为根据的对此世界的判断均予排除，此世界本来对我们而言是经常地和毫无疑问地被当作存在着的，因此也排除了一切实证科学，后者一向是以作为证实

① 胡塞尔．纯粹现象学通论．李幼蒸，译．北京：商务印书馆，1992：97-98．引文有所改动。

根源的自然世界经验为根据的。其中当然也包括心理学。另一方面，由于此悬置作用目光向普遍现象敞开了："纯粹作为其本身的意识世界"，纯粹作为在多重流动性的意识生存中被意识的，特别作为在多重的、"相互协调一致的"诸经验中"原初地"显现的意识世界，后者在此协调一致性中被有意识地描述为"现实存在者"（wirklich Seiende）；并且个别地和仅个别地可能出现的情况是，"现实存在"的这种特性在"空虚假象"的特性中失效了。这种"为我存在的"（因此也是"为我们存在的"）世界的普遍现象使现象学进入它的新的理论兴趣范围中，进入一种新型的理论经验和经验研究中。它可从作为在连续实行的现象学态度中呈现着的"纯粹现象"继续向前并看见一个无限的、自行封闭的、绝对独立的存在者领域展现出来：纯粹主体或先验主体领域。在其中一切先前按自然态度可理解的世界事物都是经由相应的纯粹的或先验的现象被表现的，正是世界事物本身"存在"于其中的先验现象被看成存在的和可能被证实的。

一旦这种还原作用被阐明，人们也就理解它如何根本上与内在经验的心理学主体和内在经验本身有关，因此也与我的自我，每一现象学家的自我有关。在我的先验现象学领域中，我在理论上不再被当成是人自我，不再是在把我当成存在者的世界内的实在客体，而是只被设定为对此世界的主体，而且世界本身被设定为被我如此设定，对我如此显现的，被我相信、判断、评价等等，以致它的存在确定性本身也属于"现象"，只不过是我对某物具有意识及具有其"内容"的另一种方式。①

所谓还原法，在本质现象学里，胡塞尔称之为"本质直观"或"本质还原"，而在先验现象学里，胡塞尔称之为"先验还原"或"先验悬置"。我们先分析本质还原或本质直观。在《逻辑研究》中，胡塞尔区分了作为经验元素的心理事件和它们的具有普遍和理想价值的逻辑意义，从而他在描述心理学里区分了两种根本不同的直观类型——经验直观和范畴直观。经验直观把握个别对象，所以又称为个体直观，反之，范畴直观把握本质（埃多斯）、观念和逻辑意

① 胡塞尔. 纯粹现象学通论. 李幼蒸，译. 北京：商务印书馆，1992：452-453. 引文有所改动。

义，也就是说，范畴直观把握抽象，而经验直观把握具体。胡塞尔说："本质（埃多斯）是一个新型的对象。正如个体的或经验的直观的被给予之物是一个个体对象一样，本质直观的被给予之物是一个纯粹的本质。"① 胡塞尔有时把这种本质直观称为本质还原，认为这是本质科学的根本方法，他说："这门本质科学所具有的还原方法将引导人们从心理学的现象出发达到纯粹的'本质'，或者说，在判断思维中引导人们从事实的（经验的）一般性出发达到'本质的'一般性，这种还原方法就是本质还原。"② 按照胡塞尔的看法，范畴直观把握普遍本质和一般观念，这种普遍本质和一般观念却不像过去传统哲学家所认为的那样，可隐藏在个体对象之中，因而可以通过个体直观来获取。胡塞尔坚持认为，我们绝不可以通过个体直观获得一般观念，我们只能通过本质直观获得普遍本质和一般观念。这也就是说，本质直观不能以个体的理解为基础。他说，"感性直观，尤其是经验，是关于一个个体对象的意识，它作为直观意识'使这个对象被给予'，作为感知使这对象原本地被给予，使意识能够'原本地'，在其'真实的'自身性中把握这对象"，反之，本质直观是"关于这本质直观所看到的并在本质直观中'自身被给予'的某物的意识，但这某物也可以在其他的行为中'被想象'，被模糊或清楚地思维，成为真实的和错误的直言判断的主体……本质直观不以个体的理解为基础，也不以对个体的现实设定为基础"③。例如，我看到许多红纸片，在我的感性直观为一复合体的东西之外，我还把握了一种"红的类"或颜色一般，胡塞尔说："我具有关于红的一个或几个个别直观，我抓住纯粹的内在，我关注现象学的还原……我纯粹直观地完成一般的红和特殊的红的思想的意义，即从这个红或那个红中直观出的同一的一般之物；现在个别性本身不再被意指，被意指的不再是这个红或那个红，而是一般的红。"④ 本质就是普遍之物或一般之物，如红的类或颜色一般。这种普遍之物或一般之物是超出经验之物的东西，是超出此在的所有事实性的东西，它是纯粹的普遍性，也就是说，"它是纯粹的不含有任何事实性此在的前提，不

① 胡塞尔．胡塞尔选集：上卷．上海：上海三联书店，1997：453.

② 胡塞尔．纯粹现象学和现象哲学的观念（E. Husserl. I deen zu einer reinen Phänomenologie und Phänomenologischen Philosophie，1913）：第1卷．第4节.

③ 同①453－454.

④ 胡塞尔．现象学的观念．倪梁康，译．上海：上海译文出版社，1986：49－50.

含有任何红的此在的任何颜色的事实现实性前提”。这种类或一般既不存在于纸片上，也不存在于世界任何其他地方，尤其不存在于我们的思想里，因为我们的思想是实际存在领域即时间性领域的部分。理想的对象是“普遍的对象”，它的存在与它的非实在的存在同时并存，因此这种对象我们是不能通过对个体的理解而获得的。他最后得出的结论是：“对本质的设定和首先对本质的直观把握并不蕴涵着对某个个体此在的设定；纯粹本质真理并不包含着关于事实的断言，因此，人们也无法仅仅从这些真理中推理出哪怕是最细微的事实真理。”① 不过，胡塞尔虽然认为本质直观不以个体的理解为基础，但他也不排除本质直观与个体直观之间的辩证关系，他写道：“本质直观虽然不以个体的理解为基础，也不以对个体的现实设定为基础，但本质直观却仍具有这样一个特征，即它是以个体的直观的一个主要部分，即个体的一个显现，一个可见的存在为基础的。显然，由于这个缘故，如果没有那种将目光转向一个‘相应的’个体的自由可能性以及构造一个示范性意识的自由可能性，那么任何本质直观都是不可能的。反之，如果没有进行观念直观的自由可能性以及在观念抽象中将目光朝向相应的、示范性地寓于个体可见之物中的本质的自由可能性，那么任何个体直观也是不可能的。”② 按照胡塞尔的看法，纯粹本质虽然不隐藏在个别物体里，但它们却可以直观地在感知、回忆等的经验被给予物中示范性地表现出来，同样也可以在纯想象的被给予物中示范性地表现出来。这样，我们既可从相应的经验的直观出发去原本地把握一个本质本身，也可以从非经验的纯想象的直观出发去原本地把握一个本质本身。例如，我可以从当前我对苹果树的经验直观中原本地把握苹果树的本质，又可以从我对苹果树的回忆、想象中，通过观念直观原本地把握该苹果树的本质，而在这里，这类本质是否在现象的经验中被给予，这是无所谓的。由上述我们可以看到，胡塞尔在本质与个体、观念与事物、一般与个别的关系问题上，一方面主张本质、观念或一般并不隐藏在个体事物里，因而我们不能在被给予之物，即感性材料中获得一般之物，从而不同于实在论；另一方面他又主张这种一般观念不是我们的创造，而是可以通过直观从感性经验的被给予物中被发现，从而他又不同于唯名论。

---

① 胡塞尔. 胡塞尔选集：上卷. 上海：上海三联书店，1997：456.

② 同①454-455.

先验还原就是通过先验悬置获取纯粹意识或先验意识的方法。与本质还原不同，先验还原的现象学剩余物不是一种本质或埃多斯，而是纯粹意识或先验意识。我们知道，本质直观区别于传统一般直观的根本点，就在于胡塞尔的本质直观中包含“反思”。所谓“反思”，就是指我们的意识目光不是直接向着时空事物如动物、植物、自然、人、社会等，而是反过来朝向我们意识本身。例如，在日常生活中，我们说“天是蓝的”，但在反思中，我们则应当说“我看见，天是蓝的”。看是意识活动，它在反思中是我们关注的对象。胡塞尔在《纯粹现象学和现象学哲学的观念》（第一卷）中特别强调现象学方法的反思性质，他说这是一种从自然观点到哲学观点的转变，也就是从直向的思维方式到反思的思维方式的转变。正是通过强调现象学的反思性质，胡塞尔完成了向先验现象学的转变。胡塞尔说：“我们绝对需要的是，对一般意识的尤其是关于那样一种意识的本质的某种普遍洞见，即在该意识中‘自然’现实的本质方面可被意识到。在这些研究中，我将按需要而尽可能地进行我们必须瞄向的这种洞见，即这样一种洞见：意识本身具有的固有的存在，在其绝对的固有本质上，未受到现象学排除的影响。因此它仍然是‘现象学剩余物’，是一种存在区域，一个本质上独特的存在区域，这个区域可肯定成为一门新型科学——现象学科学。现象学悬置只是由于此洞见才配有此名；这种悬置的充分自觉实行将表明自己是为了使‘纯粹’意识以及接着使整个现象学区域可被我们理解所必不可少的方法。”正因为此，胡塞尔说：“我们有权利把我们还将要讨论的‘纯粹’意识称作先验意识和把借以达到此意识的方法称作先验悬置。”① 关于这种先验还原，胡塞尔在为《大英百科全书》所写的“现象学”词条中说：“我们在这里将引入‘先验的还原’，它是比心理学还原高一层次的还原，心理学的还原是随时都可进行的，并且同样借助于悬置来进行的纯化，先验还原则是在此纯化之后进一步的纯化。先验还原完全是普遍悬置的一个结果，而普遍悬置则包含在先验问题的意识中。如果每个可能世界的先验相对性都要求对这些世界进行普遍的‘加括号’，那么它也要求对纯粹心灵和与心灵有关的纯粹现象学的心理学‘加括号’。通过这种方式纯粹变成了先验的现象。因此，心理学家是在把对他来说自然有效的世界之内将出

① 胡塞尔. 纯粹现象学通论. 李幼蒸，译. 北京：商务印书馆，1992：100-101.

现的主体性还原为纯粹心灵的主体性——世界之中的主体性，而先验现象学则通过他的绝对普遍的悬置把心理学纯粹的主体性还原成为先验纯粹的主体性，还原为这样一种主体性，这种主体性进行世界统觉并且在其中进行对动物实体的心灵的客观化统觉，并且它使这些统觉在他自身中有效。”① 原在《逻辑研究》里关于客观性的讨论中的从经验直观到范畴直观的过渡，现在被再生产，或者说再被纯化，正是在这里，胡塞尔坚持说：“我们的现象学不应当是一门关于实在现象的本质科学，而应当是一门关于被先验还原了的现象的本质科学。”② 所谓被先验还原了的现象，就是指纯粹意识或先验意识，因此现象学名副其实地是关于先验意识的先验现象学。不过，这里我们要注意，悬置之所以能把现象还原为纯粹意识行为领域，这是因为这一事实，即作为个别经验之流的意识可以通过本质还原被还原为纯粹意识。这是柏拉图从 doxa 到 eidos 的运动，同样也是从 eidos 到 Bewusstsein 的运动。他写道：“在每一个封闭的可能经验的领域中实际上都可以从事实性普遍地过渡到本质形式（埃多斯）。这里也是如此。如果现象学的事实性不重要，如果它仅仅示范性地作为从事实的个别心灵和共同心灵向先天可能的（可想象的）心灵自由直观地变更的基础，并且如果现在理论的目光朝向在变更中必须保持的常项，那么这时在系统的进程中，一个特殊的‘先天’的王国便产生了。随之产生的是本质必然的形式风格（埃多斯），这种风格必然贯穿于所有可能的心灵存在，包括个别的、综合联系的、封闭整体的心灵存在，只要这个存在‘在想象上是可能的’，就是说是可以直观地被想象的。这种类型心理学的现象学无疑可以作为‘本质现象学’（eidetic phenomenology）来建立，它仅仅朝向不变的本质形式。例如，物体感知的现象学不是一份关于事实性地出现或者事实性地可期待的诸感知的报告，而是对不变的结构体系的揭示，没有这个结构体系，对一个物体的感知以及感知作为对这同一物体的感知所具有的综合一致的杂多便不可想象。如果现象学的还原已打开了通向现实的以及可能的内在经验‘现象’的通道，那么奠基在这经验之上的‘本质还原’的方法便打开了通向纯粹心灵的总领域的不变本质形态的通道。”③

① 胡塞尔．现象学的方法．倪梁康，译．上海：上海译文出版社，1994：180-181.
② 胡塞尔．纯粹现象学通论．李幼蒸，译．北京：商务印书馆，1992：45.
③ 胡塞尔．胡塞尔选集：上卷．上海：上海三联书店，1997：347-348.

通过本质的还原，自然心理学态度变成那种先天把现象作为本质形式来把握的本质现象学态度，这就是柏拉图从 doxa 到 eidos 的运动，而通过先验的还原，由意识之流所构成的先验自我与此意识流相分开，我们的意识不再指向时空中的对象，而是朝向我们的意识本身，这就是从 eidos 到 Bewusstsein 的运动，即向反思的理论态度走向的运动。胡塞尔现象学可以说就是从自然的观点即直向的思维方式转向哲学的观点即反思的思维方式的运动。

4. 意向性

现象学是关于意识的科学，或者用胡塞尔更为明确的话来说，是“关于意识一般、关于纯粹意识本身的科学”①。现象学分析就是对意识行为的纯粹描述。在胡塞尔对意识行为的纯粹描述中，一个基本点就是所有意识行为都可以区分为客体化的（使客体显现的）和非客体化的（不使客体显现的）这两种意识行为，而任何一种非客体化的意识行为都奠基于客体化的意识行为之中。这就是所谓意识的意向性结构，按此结构，任何意识都是关于某物的意识，意识都是指向某个对象的。

胡塞尔自己喜欢从我们上面说的那个具体感性经验出发，即当我观看花园里开着花的苹果树所具有的感性经验。通常我并不仔细思考所谓看一棵苹果树究竟是什么，我只满足于看它。这里我完全出现在我关于开花苹果树的体验里。如果有什么理由我必须表现与我视觉行动相联系的认识，那么我或者不予回答或者尝试以任意一种自然主义理论来解释。但胡塞尔说，所有这些都应避免。自然主义是一种理论，因此它必须被括起来，同样，其他理论如宗教理论或哲学理论，也必须如此，我们都必须悬置。而且胡塞尔还进一步指出，要我把我在日常生活中未深问的 ansicht（观点）也括起来，即苹果树是一个与我相区别的存在着的对象。相信世界存在以及我关于这世界所有的意见和理论都属于胡塞尔称之为 mundane（世界）态度的东西，这个世界态度对我来说就是一种自然而然的态度。在这种态度中，我素朴地从这一点出发，即树与我作为两个对象与无数其他对象一起存在于一世界中，因此我能代表一切可能的关于自己和我周围对象的理论。按照胡塞尔的看法，所有这些都应被括起

① 胡塞尔．胡塞尔全集（E. Husserl. Husserliana. Den Hang）：25 卷．1980：72.

来。我拒绝一切关于树、关于光线和它在我的神经网膜上作用的物理理论，我拒绝我自己是一个有头和脑的物体以及我是一个像其他对象那样的物理对象。我既不注意围绕我的对象是否存在，也不考虑我自己是否作为生理-心理东西而存在。与此相反，我完全集中于我的苹果树经验，我完全反思地转向这样一种行为，其内容是作为纯粹现象的苹果树，我对自己提出的任务是找出这一经验的基本结构。

显然，我的经验不只是体验（Erlebnisse），而总是关于某物的体验（Erlebnisse von etwas）。当我看苹果树时，我就有关于苹果树的意识。所有我的经验都可这样来标志，即它们都是“关于某物的意识”。我的经验是“指向”苹果树的。我的体验所特有的这种“指向性”（Gerichtetheit），胡塞尔是用“意向性”（Intentionalität）这词来标志的。这词来源于拉丁文 intendere——意向某物。在现象学传统里由此产生了两个概念 intentum 和 intentio。前者是所意向的东西，即意识所指向的事物；后者是意向，即指关于某物的意识。胡塞尔自己经常使用 cogitatum 和 cogito（或 cogitatio）这两个概念。这两个概念是从拉丁文 ego cogito（我思）推出的。cogitatum（intentum）和 cogito（intentio）只有在与作为整体的意向性的关联中才有意义。意向性作为整体包括 cogito 和 cogitatum，意向性描述了完整结构，而 cogitatum 和 cogito 只表现这个结构的组成部分。每一经验都是这样被结构的，以致我们可以用两种方式使用“现象”一词，例如，当我说开花苹果树现象时，我既能以此意指我的苹果树体验（cogito），又能意指作为我体验对象的苹果树本身（cogitatum）。现象学的任务就是在这种完全范围内描述经验以及现象。

胡塞尔是从他的老师布伦塔诺那里继承意向性概念的，为了澄清物理现象与心理现象之间的区别，布伦塔诺提出“意向性”这一概念。他认为，这种差别在于心理现象具有一种“意向性的内存在”（intentional inexistence）。心理现象的“意向性的内存在”正好与物理现象的“外在于心理的实在”（extra-mental reality）相对应。布伦塔诺曾把意向性这一概念追溯至经院哲学传统。胡塞尔说：“在感知中有某物被感知，在图象表象中有某物形象地被表象，在陈述中有某物被陈述，在爱中有某物被爱，在恨中有某物被恨，在欲望中有某物被欲求，如此等等。布伦塔诺看到了在这些例子上可以把握到的共同之物，他说：‘任何一个心理现象都可以通过这样一种东西而得到描述，中世纪经院哲学家们将这种东西称作一个对象的意向的（或心灵的）内存在（intenfional Inexistenz），而我们则将它称作与一个内容的关系，向一个客体（在这里不应理解为一个实在）的朝向，或内在的对象性。任何一个心理现象自身都含有作为客体的某物，尽管不是以同样的方式。'"① 但与他的前驱相比，胡塞尔不仅强调和修正了这一概念，而且还赋予它一种严格现象学的意义。在胡塞尔为《大英百科全书》写的现象学词条中，他是这样说的："对作为意识，作为关于某物的显现的存在的基本特征的术语表述来自经院哲学，即意向性。在非反思地意识到某些对象的同时，我们'朝向'这些对象，我们的'意向'指向这些对象。现象学的目光转向表明，这种朝向是内在于相应体验中的本质特征，体验是'意向的'体验。"② 胡塞尔首先反对关于意向性结构的很容易产生的错误解释：我们对于 cogito（我思）和 cogitatum（所思对象）不应这样理解，好像它们标志两个"对象"。cogito 绝不是对象，而是指向对象的意识，而意识所指向的意向性的 cogitatum 也不能这样解释，如人们从自然态度出发所习惯的解释。在这种自然态度里，对于苹果树知觉的因果解释是决定性的，即这苹果树是否存在，是否反射光线，而从现象学来看，作为"cogitatum"的苹果树是否存在则是无关紧要的。关于苹果树存在的研究将被抛在一边，被括起来。意识的意向性不依赖于它的 cogitatum 是否存在。意识即使涉及一个错误知觉或一纯粹幻觉，即没有对象存在的观念，意识也是意向性的。因此胡塞尔拒绝对意向性的客观主义误解，这种误解在经院哲学传统内和现代自然主义者那里都可找到。但是，我们也必须反对主观主义的误解。因为这里并不涉及两个事物，而是涉及行为与意向性对象之间的关系，因此 cogitatum 和 cogito 不是两个意识体验。唯一的是 cogito 作为体验才属于意识，而这种体验指向某物，即 cogitatum。为了说明意识这两方面的统一，胡塞尔用了两个希腊文词 nösis 和 nöma，前者指意识行为，后者指意识对象，胡塞尔认为意识就是意识行为和意识对象的统一。

与布伦塔诺不同，胡塞尔强调了对意向性的动力性的把握。我们仍以苹果树的知觉为例。对于布伦塔诺和胡塞尔来说，意识是由

① 胡塞尔．逻辑研究（E. Husserl．Logische Untersuchungen）．$B_1$366－367．以下凡引《逻辑研究》原文，均为外文页码，可在中译本边页找到。

② 胡塞尔．胡塞尔选集：上卷．上海：三联书店，1997：343.

其指向某对象来标志的，但对于胡塞尔而言还有一事也是关键的，即像开花的苹果树这个知觉对象从不会在这个对象的个别体验里被完全出现。如果我观看一苹果树，我只看到它的一部分，当我以后再观看时，我是看它的另一部分。我有一系列知觉（cogito），这些知觉都指向同一个 cogitatum（同一个苹果树），而这 cogitatum 在不同的 Abschattungen（侧显）中出现。胡塞尔说："我们通过物在任何情况下'实际上'和真正地'落入'知觉的一切规定性来'侧显'自己的方式去知觉物。体验并不侧显自身。我们的知觉只通过对物的纯侧显作用本身才能达到物本身，这既非由于物的一个偶然的特殊意义，也非由于我们人的构成所具有的某种偶然性。反之，显然地，而且从空间物的本质中可得出的是，那样一种存在必然只能通过侧显在知觉中被给予。"① 意向性不仅指向一知觉对象（这已经为布伦塔诺看到），除此之外，它也是一个认同性（Identifikation）的表述，因为两个或多个的意识行为指向同一个知觉对象，即开花的苹果树。情况并不是每一新体验都有一个新对象，而是不同的体验指向同一个对象。不同的体验综合自身以致它们作为体验表现同一个对象，同一个苹果树。胡塞尔在他后期的著作中把这种综合化的认同行为（synthetisierende Identifikation）说成"意向性的作为"（intentionale Leistung）。反之，苹果树（知觉东西）从不能只在一个行为中被经验，而是必须作为自我等同的对象（cogitatum）出现于多种侧显系统中，而这些侧显都涉及同一事物。

胡塞尔与布伦塔诺的区别还表现在另一关键点上。当我在花园里散步时，我的意识并不一般指向任一对象，我并不只是看任一事物，而是看苹果树。这就是说，我只能看一个对象，是由于我把它与某种意义内容相联系，以致对象被它的意义内容所被认为（vermeint ist）。但是，意义内容（Sinn）不是与对象相等同的。所以两种不同的意义内容可以关涉同一个对象。例如"耶拿的战胜者"这一思想具有不同于"滑铁卢的战败者"这一思想的意义，但是，这两个意识状态（思想）却指向同一个对象（拿破仑）。由此胡塞尔打算对体验（Erlebnis）、意义（Sinn）和对象做一现象学区分，这一区分相应于弗雷格的名称（或确定摹状词）、名称的意义（Sinn）和名称的所指（Bedeutung）之间的区分。不过，胡塞尔与弗雷格也有

① 胡塞尔．纯粹现象学通论．李幼蒸，译．北京：商务印书馆，1992：118-119.

差别。当弗雷格认为谓词涉及概念并只被推及概念所属的对象时，胡塞尔强调谓词涉及个别的对象，所以“马”这词有一种意义，因为它在不同的关系中涉及不同的对象。当我想到“亚历山大大帝的爱骑 Bucephalus”和“一匹瘦弱的老马”时，在这两种情况里我都联想一匹马，但是我讲了两个最不同的对象。因此胡塞尔关于命题的观点也不同于弗雷格：在弗雷格代表这种观点即命题涉及其真理值时，胡塞尔则主张命题是指向实际情况的，唯有这种情况才使命题为真。尽管有这种区别，胡塞尔与弗氏在下面这一点上却是一致的，即在体验（或语言表达式）、意义和对象（所指）之间必须进行区分，这是一种在布伦塔诺那里未出现的区分。因此胡塞尔能对布氏所谓的错觉、幻觉或幻想难题提出新的解决办法。开始时，布氏还想解决这一问题，因为他主张体验，即使真正的对象不存在，也指向一个“不存在的意向对象”。而胡塞尔则避免了这个理论所面临的困难。一方面他坚定地主张，体验对象是与一个实际的对象而不是与一个意向的伪对象相等同的；另一方面他又强调在布氏错觉、幻觉和梦幻这些没有真实对象的情况里，体验的指向性是通过下述情况被确保的，即这个体验具有意义，这个意义给予体验以一种关于某对象的指向，这对象在别的情况下能存在或不存在。所以指向性（意向性）的意义绝不是意向的对象（这对象与实际对象 cogitatum 相竞争），相反，它是体验一般指向某个对象这一点的基本前提之一。

5. 现前与使现前

在胡塞尔的现象学分析里，除了意向性这一基本结构外，还有三种区分结构需要我们注意：（1）所有的意识行为都可以分为直观的和符号的这两种意识行为，而任何符号的意识行为都奠基于直观的意识行为之中。这就是说，在指向对象的意向性行为中，对象被表象具有两种方式，即直观行为和符号行为。符号行为与直观行为的区分在于充盈（Fülle）。所谓充盈，即指直观表象或图像的清晰丰富。胡塞尔说：“表象越是清楚，它的活力越强，它所达到的图像性阶段越高，这个表象的充盈也就越丰富。”[①] 显然，直观行为最具有充盈，而符号行为则不具有充盈。胡塞尔说：“在从一个符号意向到

---

① 胡塞尔. 逻辑研究：$B_2$77.

相应直观的过渡中，我们不仅只体验到一种单纯的上升，就像在从一个苍白的图像或一个单纯的草图向一个完全活生生的绘画的过渡中所体验到的那样。毋宁说，符号意向自为地缺乏任何充盈，只是直观表象才将符号意向带向充盈并且通过认同而带入充盈。符号意向只是指向对象，而直观意向则将对象在确切的意义上表象出来，它带来对象本身之充盈方面的东西。"① （2）所有直观的意识行为都可以区分为感知的和想象的这两种意识行为，而任何想象的意识行为都奠基于感知的意识行为。感知行为是使对象直接显现，胡塞尔称之为现前行为（Gegenwärtigung）；而想象行为是使对象间接显现，胡塞尔称之为使现前行为（Vergegenwärtigung）。现前行为是当下表现的（präsentierend），而使现前行为则是再现的（repräsentierend）。例如，我当下感知一棵苹果树，这是一种苹果树当下现前的行为，反之，我在想象一棵苹果树，则此苹果树形象不是当下现前的，而是使现前的。同样，我回忆一棵苹果树，也是一种使现前行为，即使原先现前的行为再现。（3）在感知的意识行为中，所给予的对象也具有不同的完整程度，也具有不同的侧显（Abschattungen）。胡塞尔说："物理事物的空间形状原则上只能在单方面的侧显中被给予，因此每个物理特征都将我们带入经验的无限性之中，而每个包罗如此广泛的经验多样性仍然没有将更进一步的新的规定包括进来，如此以至无穷。"② 关于这三种区分结构的联系，胡塞尔写道："就对象之物在表象中的被表象方式而言，充盈的完整程度是极为重要的。符号行为处于最底层，它们根本不具有充盈。直观行为具有充盈，但带有充盈程度大小的区别，并且在想象领域之内便带有这种区别。但无论一个想象有多么完整，它与感知相比还是有差异的。它所给予的不是对象本身，也不是对象的部分，它只给予对象的图像，而只要这图像还是图像，就永远不会是事物本身。给予事物本身的是感知。它所'给予'的对象也具有不同的完整层次，也具有不同的'侧显'程度。想象所具有的意向性特征在于：它只是一种使现前行为（Vergegenwärtigung），与此相反，感知的意向性特征则在于：这是一种现前行为（Gegenwärtigung）。"③

---

① 胡塞尔．逻辑研究：$B_2$76．

② 胡塞尔．事实和本质（1913）//倪梁康．胡塞尔选集：上卷．上海：上海三联书店，1997：453．

③ 同①$B_2$116．

每一行为都指向某个对象，但是，一个对象能以不同的方式被指向，对象既能按照“现前化”（Gegenwärtigung）程度直接地被给予，例如，我现在观看花园里的苹果树，这苹果树是直接被给予的，又能按照“使现前化”（Vergegenwärtigung）程度间接被给予，例如，我反思我关于开花苹果树的经验，这经验就是间接被给予的。另外，即使就直观中的同一对象的感知经验来说，并不是每一次的感知经验都是相同的。胡塞尔写道：“不同的行为可以感知同一个东西，但却可以感觉到完全不同的东西。对同一个声音，我们这一次是在空间较近处听到的，另一次是在空间较远处听到的。反之亦然。对同一个感觉内容，我们这一次做这样的‘理解’（Auffassen，把握），另一次做那样的‘理解’（把握）。”① 这是由于什么情况所造成的呢？按照胡塞尔的看法，通常我们在关于“统觉”的学说中主要强调这样一种状况，即在刺激相同的前提下，被感觉的内容并不始终是同一个，因为，由于从以往体验那里遗留下来的心境，在现实地为刺激所决定的东西上面布满了那些通过对这种心境的现前化而产生的各个因素。但是胡塞尔反对这种解释，他说：“仅仅做此强调是远远不够的，而且最主要的是，现象学的问题根本不在于此。”② 按照胡塞尔的看法，“无论在意识中体现性的（被体验的）内容如何产生，人们都可以想象，在意识中存在着相同的感觉内容，但它们受到不同的理解，换言之，在同一内容的基础上可以有不同的对象被感知到”③。感知的内容与感知的对象不同。胡塞尔举例说，如一个盒子，我看到的不是我的感觉。我看到的始终是这同一个盒子，无论它做任何旋转和翻身。我在这里所具有的始终是这同一个“意识内容”——如果我喜欢将这个被感知的对象称为意识内容的话。我随着每一次转动而具有一个新的意识内容，如果我在一种更为合适的意义上将被体验的内容称为意识内容的话。因此，各种不同的内容被体验到，但却只有这一个对象被感知到。因此，一般来说，被体验的内容本身并不是被感知的对象。④

这里一个关键在于 signitive Vergegenwärtigung（指称的使现前化）。当意识只具有关于它的对象的意见时，例如，我在想花园里的

---

① 胡塞尔．逻辑研究：B_2 381.

② 同①.

③ 同①.

④ 同①B_1 382.

苹果树或讲到它时，虽然我既未看见它也未表象它，但我却可意向到它。而且，我不仅可以通过我关于它的意见而意向到它，我还可以通过形成关于它的想象表象，从而对象也会切近地来到我身旁。例如，我以一定的大小和颜色向我自己表象了开花的苹果树。我借助我的想象力看所有这些。这里我们可以讲到一种想象使现前化（Phantasievergegenwärtigung）。被认为的东西（das Vermeinte）现在有了一种直观充满，但因为它涉及想象，所以我们不主张某种直观所与与意向对象相符合。另外，关于回忆和期待，情况也与此相同，不过有所区别。这里对象不是通过想象而来的使现前化，而是直观将指明对象如它过去被实际经验或能被经验的那样。对象虽然总是不在场，但它通过表象（Vorstellung）被使现前化。在表象里，我们试图让直观与对象相关，如它曾是或将是的那样。这适合一切我不能直接看到的东西，例如，当我直观花园里的苹果树时，我不能看到我隔壁邻居的房屋，尽管这样，我的邻居的房屋却是某种我对之具有表象的东西，虽然我未直接观察它。这不是随意的想象，而是带有意向的直观，这直观在我观看苹果树的刹那间涉及我的邻居的房屋。可是，现前化的最高程度是直接直观，在直接直观里，我"看"直接在我面前的被认为的对象（den vermeinten Gegenstand ）。关于这种直接现前化或在场，胡塞尔讲到原始经验（Urerfahrune）或原始印象（Urimpression）。例如，当我事实上在一种直接直观中看苹果树，以及我不只是带有意向表象如回忆、期待、想象表象中具有这棵苹果树时，苹果树就是直接被给予我了。这种直接直观——所谓 intuition——同时就是最高的认识原则。不过，我们必须对这里所说的直观正确加以理解。显然，胡塞尔在认识论上是从作为认识基本类型的知觉（Perzeption）出发，但胡塞尔并不停留在这一点上，他试图超出这种知觉认识给予直观概念以新的内容。他说，直观的基础不是知觉，而是现前性（Gegenwärtigung），即直接所与。只有在这种意义上，直观才是最高的认识原则。只是因为知觉认识是直接现前性的表现，所以它才能是"直观的原始模式"。

每一行为都指向某个对象，这也等于说，该行为赋予该对象以某种意义，这里我们进入胡塞尔另一方面的现象学分析，即意向对象等同于意义。胡塞尔说："例如知觉有其意向对象，在最基层处即其知觉的意义，也就是被知觉物本身。同样，每一记忆活动有其被记忆物本身，后者如为它所有一样，正如它在记忆行为中是'被意指的'、'被意识的'；另外，判断行为有被判断物本身、喜爱行为有被喜爱者本身如此等等。对每一种情况来讲，在此被称作'意义'（在相当广义上）的意向对象相关物，正应被理解作它'内在地'存于判断、喜爱等等的知觉体验中，即正如当我们纯粹地探询这个体验本身时由此体验向我们提供的东西。"① 这样，上述的客体化意识行为的区分结构可以用另外两个新概念来讨论："意义给予"（Sinngebung）或"含义给予"（Bedeutungsgebung）概念，和"意义充实"（Sinnerfüllung）或"含义充实"（Bedeutungserfüllung）概念。上面我们已经说过，弗雷格曾对名称或表达式区分了名称（表达式）的意义（Sinn）和名称（表达式）的所指（Bedeutung），因而他曾提出名称（表达式）、所指和意义的三重区分。胡塞尔不同意这种分法，他认为这种分法实际上把表达式分为两部分：一是表达式的物理方面，如感性符号、被发出的声音、纸上的文字符号等，二是与表达式相联系的心理体验，无论是表达式的意义还是表达式的所指，都是这种心理体验，这些心理体验使表达式成为关于某物的表达式。胡塞尔认为这种分法是错误的，因为"仅仅在物理符号和赋予意义的体验之间做出区分是不够的，尤其对于逻辑目的来说是不够的"②。按照胡塞尔的看法，如果我们立足于纯粹现象学描述的立场，那么有意义的表达式这一具体现象应当是这样一种二分：一方面是物理现象，表达式根据其物理方面构成自身；另一方面则是行为，它给予表达式以所指并且给予表达式以直观的充盈，表达式与被表达的对象的关系在行为中构造自身。正由于行为，表达式才不只是一个语音，而是意指某物，它与被表达的东西发生关联。这个被表达的对象或者由于直观相伴而显现为现前的（gegenwärtig），或者至少显现为使现前的（vergegenwärtigt），如在想象图像中。因此，与弗雷格的名称、意义和所指的三分不同，胡塞尔强调了物理表达式现象、意义给予行为（sinngebendem Akt）和意义充实行为（sinnerfüllendem Akt）之间的现象学区分。③ 相对于客体化的意识行为与非客体化的意识行为的区分，胡塞尔现在提出直观空乏的含义意向（Bedeutungsintention）和被充实的含义意向之间的区别。这样，出现了两种行为：一种行为对于表达式来说是

① 胡塞尔. 纯粹现象学通论. 李幼蒸，译. 北京：商务印书馆，1992：224.

② 胡塞尔. 逻辑研究：$B_1$32.

③ 同②$B_1$37.

本质性的行为，它赋予表达式以意义，这种行为就是含义赋予的行为（die bedeutungsverleihenden Akte）或含义意向（Bedeutungsintention）；另一种行为尽管对于表达式来说是非本质的，但却与表达式有逻辑基本关系，它们充实着（说明着，证实着）表达式的含义意向，并使表达式的对象关系现实化，这种行为称为含义充实行为（die bedeutungserfüllenden Akte）或含义充实（Bedeutungserfüllung）。一个对象能以不同的方式被指向，因而同一的对象具有不同的“被认为”（vermeint），也就是说，行为的 cogitatum 是怎样被给予的，这 cogitatum 就有怎样的意义。按照胡塞尔的观点，如果我们将意义给予行为和意义充实行为纳入客体化的意识行为之中，并且将客体化意识行为划分为符号行为和直观行为，那么我们同样也可得出上述的客体化意识行为的区分结构。

6. 明证性

正是在这基础上，我们才能理解胡塞尔的真理概念和意向概念。根据中世纪关于真理是事物与理智相一致的观点，胡塞尔在《逻辑研究》一书中定义真理为“被认为之见（Gemeinten）和被给予之物（Gegebenen）之间的完全一致”①。不过胡塞尔对此做了完全不同的解释。意向性 vermeint（意指）一个对象，因为它表现关于此对象的不同意见（Meinung）。如果关于对象的这种不同意见与此对象相符合，那么它就讲了真理。可是从现象学来看，一个意见如何才能与一个对象“相符合”呢？胡塞尔说，所谓相符合就是对象基本上和直接上是有如它在某种方式里被认为的那样现前化。例如，我认为苹果树在开花，只有当我们在原则上可能用相应的直观性去充实（erfüllen）这种被认为的对象时，被认为之见（Vermeinte）才能被说成是真的。换句话说，只有当被认为的对象在原则上能像它被认为的那样成为现前化时，我们才能说，被认为之见作为真而显现。充实（Erfüllung）与失实（Enttäuschung）成了胡塞尔真理与错误的实现标准。所谓一个陈述的意向得到充实，就是说它在充实过程中与直观达到一致，被展示的内容（质料）与展示性的内容（充盈）相符合，即在该陈述里“不仅所有被展示的东西都已被意指，而且所有被意指的东西都得到了展示”②。反之，被展示的内容与展示性

① 胡塞尔．逻辑研究：B_2 122.

② 同①B_2 81.

的内容不一致，则称之为失实。充实与真理证实相关，失实则与真理不证实相关。真理（Wahrheit）在于意见（Meinung）或意义（Sinn）与对象之间的一致，即与所思对象（cogitatum）这面的一致，而在我思（cogito）这面，则是与所思对象相符的“一致的体验”（Erlebnis der Übereinstimmung）。胡塞尔用 Evidenz（明证性）或 Intuition（直观）称这种一致的体验，他写道：“最终充实代表着一个完善性的理想。它永远处在一个相应的‘感知’之中（当然，这里的前提在于，感知概念必须得到扩展，使它超出感性的限制）。这种情况的充实综合就是在确切词义上的明证性或认识。这就是在真理意义上的存在，在正确地被理解的‘一致性’意义上的存在，它所实现的就是‘事物与理智的相符’，真理本身在这里被给予、被直接地把握到和直观到。”① 对于胡塞尔来说，直观不只意味着与对象的经验接触，而且直观也不是对理性思想无法接近的本质世界的神秘洞察，而是对象在其被直观中带入自身给予性，胡塞尔说：“任何原本地给予的直观都是认识的合理源泉，所有在直观中原本地展现给我们的东西都可作为自身被给予之物接受下来。”② 简言之，直观不是意识表象本质，而是本质向意识呈现。这样，直观中的真实性存在可由对意识活动的反思得到，行为的意向性对象被给予的方式在意识行为中被展示，意识行为本身包含其自身的明证性，包含它自身对所与性的保证。

胡塞尔常因为他的直观概念而受到批评。一个经典的反对意见是他提供了这样一种主观主义，按照这种主观主义，Evidenz（明证性）或直观只是某种心理的东西，某种私人性的关于确实性和证明的体验。胡塞尔之所以受到这种批评，是因为他说 Evidenz（明证性）一词在他那里并不是由“确实性”概念来定义的，而是被理解为对对象有如它被认为的那样直接自我给出的体验。对于此反对意见，胡塞尔反驳说，明证性产生于对象表现自身的方式，而不是产生于任何心理学的确实性体验。胡塞尔说，把明证性解释为单纯的心理事实，其实是原始意向性的抽象表现，通过原始意向性，cogito 面作为某种纯“心理东西”被分开了。但 cogito 面不能被孤立，它的明证性必须反过来从直观方面出发被定义为意见（意义）与对象之间的一致。所谓主观主义的明证性正是这样从所谓的客观性出发

① 胡塞尔．逻辑研究：B_2 5.

② 胡塞尔．现象学的方法．倪梁康，译．上海：上海译文出版社，1994：12.

被规定的。我们之所以达到明证性，是由于被意向之物多多少少是直观被给予的，也就是说，它多多少少能够现前化。明证性并不标志人的任何一种在真与假之间做出区分的神秘内在能力，它也不是以神奇方式被给予的能使我们摆脱错误的真理标准。明证性其实是一种体验，在体验中对象是像它被认为的那样直接被给予我们的。对胡塞尔来说，直接的“看”并不是感性的经验的看，而是看本身，是“一切有理性的断言的最终依据”。胡塞尔坚持在对意识行为的分析中展现本质必然性从而保证认识的客观性，客观性就是在各种不同的意识行为中被建立，逻辑的而非心理的客观必然性就成为客观性的保证。

但是，如果我们拒绝把明证性认作绝对真理标准，那么什么能保护我们避免怀疑主义？如果明证性被定义为是对象得以像它被认为的那样直接被给予的体验，那么我们如何能——假如不赋予这种体验以特殊确实性形式——知道对象是否真正如它被认为的那样给出自身，就是一个谜。更简单地说，我们如何能知道，在什么情况里明证性会出现呢？胡塞尔在其《形式逻辑和先验逻辑》（1929 年起）里研究过这个问题。如果我在开花的季节观看苹果树，那么我就具有它的一个直接的明证性经验。它属于这样一种经验：我以后能回想它，以便在记忆中重新把该树召给我。例如，我能在以后的夏季回忆起该树在春季开花的盛景，在这些经验行为中我是指向同一棵树的，即在春季我对之曾有直接的直观的经验的同一棵树。这属于“开花的苹果树”的存在，即这树虽然在不同的行为中给出自身，却被认同为同一棵苹果树。同样，对于意识行为来说，这也适合，即被认为的对象可以被认同为同一对象。换言之，每一明证性行为都可超出自身并指出一种使原来的明证性可以在新的明证性里被证明的新行为。如果我在春天知觉苹果树在开花，那么这经验持续着，它超出自身而指出一系列可能的回忆行为，这些行为可以证明所说的经验的明证性要求。反之，这也意味着，如果我们与一单纯假象的明证性经验打交道，就基本上存在这种可能性，即通过以后的经验去修正这种明证性经验。犯错误的可能性属于每一经验——每一明证性经验。但这并不改变它能给予明证。因为从现象学来看，什么叫“犯错误”呢？这就是说，能有一个以后的经验，它指出以前的经验并不如此表现对象有如对象自己所表现的那样，假如我们有明证性经验的话。但要反驳以前的推测的明证性经验，本身必须是新的明证性经验。每一明证性都包含错误的可能性，但这只是因为它超出自身并以一些新的可能行为指出，这些行为或者证明或者反驳原来的明证。如果我们问，我们从何能得知我们是否实际上占有或不占有一明证性经验，那么回答是，我们能知道这只是因为我们按新的明证性检验原来的明证性。但重要之点在于，检验原来明证性的可能性并不抛弃它的明证性质。每一明证行为能被检验，但控制却不改变它的明证性质。每一明证性行为可能犯错误，但这不导向怀疑主义，因为，即使“错误”概念也预先假定了我们能达到使错误被指出和抛弃的新的明证性。

7. 经验与直观①

胡塞尔的现象学开始于对一切未经检验的理论的批判并导致一种对直接所与的纯粹描述，它要求从先于一切观点的东西开始，从一切人们可直接直观和把握的东西开始，就此而言，胡塞尔的现象学可以说是一种经验哲学。胡塞尔自己在其《纯粹现象学和现象学哲学的观念》里也承认这一点，他写道：“如果‘实证主义’相当于有关一切科学均绝对无偏见地基于‘实证的’东西，即基于可被原初地加以把握的东西的话，那么我们就是真正的实证主义者。”② 不过，说胡塞尔的现象学是经验哲学，我们一定要在一种比传统经验哲学特别是比自然主义、实证主义和经验主义更加彻底的意义上加以理解。实证主义和自然主义并不应用它的理论前提于经验，而经验主义也并未超出感觉材料理论，这种理论基本上是忽视意向性的。无论是实证主义还是自然主义或经验主义都不够彻底，即作为直观（Anschauung）、作为直接所与、作为现前化（Gegenwärtigung,）来把握经验（Erfahrung）概念。自然主义为经验提供了一种神经生理心理学解释，而经验主义则试图从感性知觉解释经验和直观。与此相反，胡塞尔把感性知觉理解为一种直观的特例，这种直观被理解为对象在某行为中的直接现前（Gegenwärtigung，在场）。因此胡塞尔扩大了经验概念。“面向事物本身”（Zur Sache selbst gehen）、“经验某物”（etwas erfahren）、“具有直接的直观”（eine direkte Anschauung haben），就是指某种在原始现前中直接被给予的东西。所谓现前

---

① 以下两节基本是根据 Poul Lübcke 的论述，参见 Anton Hügli 和 Poul Lübcke 合著的《20 世纪哲学》（Philosophie im 20. Jahrhundert）第 2 卷，第 86-100 页。

② 胡塞尔．纯粹现象学通论．李幼蒸，译．北京：商务印书馆，1992：79.

(Gegenwärtigung) 当然不是指某物必须是物理上、时空上现前的，而是说，直接的所与对我们是这样直接可接近的，以致我们对被认为的对象（der vermeinte Gegenstand）与我们对它具有的看法（Meinung）之间的关系具有一种直接的体验。在意向性之内的现前（Gegenwärtigung，在场）和不现前（Abwesenheit，不在场），就是直接的和间接的充实（Erfüllung）。胡塞尔现象学的特殊性就在于强调原本的被给予方式与我们意识的统一，即上面所说的作为 cogitatum 与 cogito 相一致体验的明证性。

但是，即使这种作为直接所与或现前的有限制的直观概念对于复述胡塞尔观点而言也还是不精确的。像“直观的现前”（anschauliche Gegenwärtigung）和“直接的所与”（direkte Gegebenheit）这样的术语，我们不能这样加以理解，好像胡塞尔想到了某种对象能一劳永逸地被给予的神秘的体验。苹果树是直观上现前的，这不意味着我们会突然一下子在一种简单的看，即一种行为中经验该苹果树，因为像苹果树这样的知觉对象从不会在一种行为中完全显现自身，而是只能通过一系列侧显（Abschattungen）来到意识中。胡塞尔说：“物理事物的空间形状原则上只能在单方面的映射中被给予；抛开这种在连续直观的随意进程中尽管有所有那些获得却仍然保留下来的不相等性不论，每个物理特征都将我们带入经验的无限性之中，而每个包罗如此广泛的经验多样性仍然没有将更进一步的新的事物规定包括进来；如此以至无穷。”① 因此苹果树的直观现前必须由一系列知觉行为（Rezeptionsakten）所“构造”（aufgebaut），这些知觉行为综合成为关于同一个开花的苹果树的经验。因此直接的直观的所与和间接的非直观的所与之间、现前和不现前（不在场）之间的区别，不可以与简单的直接所与和只是作为综合结果才能给出的东西之间的区别加以混淆。胡塞尔首先涉及的是那种对象（事物本身）以其原始方式给出自身的行为和只是被认为的行为（sachfernen, bloss vermeinenden Akten）之间的区别。现象学的任务就是从一种对对象的单纯被认为的把握（von einer bloss vermeinenden Erfassung）继续前进到对对象进行像它以其原始方式给出自身那样的描述。胡塞尔可能认为，正是在这种区别的基础上，“直观”这词才相对于单纯的知觉而具有某种哲学关键概念的地位。

---

① 胡塞尔. 胡塞尔选集：上卷. 上海：上海三联书店，1997：453.

当一个母亲和她的儿子在花园里散步，她可能指着一棵树说："这树是一棵苹果树并且它正开着花。"这个陈述具有清楚的意义，通过这意义某个确定的对象被认出来了（vermeint）。现在现象学有兴趣的问题是，这个陈述怎样得到直观的充盈（anschauliche Fuelle），即这个被认为的对象怎样直接地给出自身？显然回答已经有了：陈述是通过一系列看的行为得到直观的充盈。如果儿子看开花的苹果树，那么他不仅理解陈述的意义，而且他也明白陈述的意义是怎样得到直观充盈的。不过，这里我们需要谨慎。年轻人虽然能看到苹果树和它的开花，但在那个陈述里比他能看到的还有更多的东西。不管年轻人怎样看，他在对象上从未能看到与"这""是""一棵""并且""它"这些词相应的东西。在陈述里存在一种"意向过剩"（ein Überschuss an Intentionen），这种过剩永不会通过一种单纯的看行为而得到直观的充盈。陈述指向对象的一些方面（Aspekte），而这些方面基本上是不能被知觉的。因为陈述不仅指向可知觉的苹果树和它的花，而且它同样也涉及不可知觉的事情关系（Sachverhalt），如"这"树"是""一棵"苹果树"并且""它"正开着花。事情关系是一种附加的不可知觉的对象，这对象原则上超出两个可知觉的对象（苹果树和它的花），这两个对象也属于事情关系。苹果树和花是实在的（reale）对象——它们通过单纯的知觉能被经验，而事情关系就是所谓观念的或范畴的（ideale oder kategoriale）对象。因此，胡塞尔把对象得以以原始方式被给出的行为称为范畴直观。

这样，胡塞尔对经验概念进行全面的扩充。在传统的经验主义哲学里，经验概念被限制于单纯知觉，而胡塞尔所扩充的经验概念却包括有牢固基础的范畴经验。实在的对象相应于第一种经验类型，而观念的（范畴的）对象则相应于第二种经验类型。按照胡塞尔的看法，重要的东西在于：凡在我们与那种使两个事物或者联系或者分离的行为打交道的地方（这种行为使一物隶属于另一物或者把一结论从一物推至另一物），我们就超出了单纯的知觉。在所有这些情况中，我们都是与一种超出单纯知觉的复杂经验打交道的。这种复杂经验（范畴行为）指向观念的（范畴的）对象。例如，这样的观念对象：所有事情关系（如树在花园里），和系列（如年轻人和父亲和母亲），不定的多数（如花园中的一些树），数字（如 6 棵苹果树），联结词（如苹果树在前花园里和梨树在后花园里），析取词

(如年轻人或者在花园或者在外面街道）等。为了达到对某个对象的原始经验（直观），虽然某种感性经验是需要的，但要经验观念的对象，却总是超出感性经验的。因此需要一种新的经验形式：范畴直观。相应于不同类型的观念（范畴）的对象，存在不同类型的范畴直观。现象学的任务就是对这新的经验领域提供描述。

包含范畴直观在内的经验概念的扩大，同时也导致对象概念的扩大。从现在起，从现象学观点出发，讲一个对象是合法的，只要我们能解释，通过一个或多个意识行为使所说对象成为直观上现前的，这是什么。反之，讲一个对象要有意义，只有当我们知道，使该对象成为直观上现前的，这意指什么。当胡塞尔不讲个别现象而讲一般（普遍）现象时，他正是利用这种对象概念的扩大。当我观看一棵苹果树时，我的目光指向一个实在的个别的对象，与此相应，当我主张苹果树在开花时，范畴判断行为是指向一个观念的个别的对象。与此相反，当我不再有兴趣于个别苹果树的东西，而集中注意对于每一棵苹果树都是必然的东西时，我是指向一个一般（普遍）的对象。为了指向苹果树的一般本质或一般埃多斯（观念），我就不再研究个别苹果树。像个别事物（如苹果树）或个别事实（苹果树在开花）这样的个别对象是与偶然性相联系的，反之，必然性则是由本质所特有的。个别现象是偶然的，“因为它能是另外一种情况”，反之，本质则是必然的，“因为它不能是另外别样的”。例如，苹果树可以不在它现在所在的地方，我能够把它挖出移栽到别处。从逻辑上来看，它被栽或我栽了它，是偶然的。另外，苹果树现在所是，或它在开花，也是偶然的，因为在夏季、秋季和冬季它就没有花。树也可以不像它现在的大小，它的枝叶也不一定像现在这样茂盛，因此胡塞尔说，本质直观就是在变更中找出常项。他写道：“纯粹的本质把在变更中所获得的个别情况的事实看作是无关紧要的；一种现实性被看作是其他可能性中的一种可能性，即随意想象的可能性。实际上，只有在最谨慎地排除了任何与已有的现实性的联系之后，本质才是真正纯粹的本质。”[1] 不过，如果我们认为讲苹果树应是有意义的，那么即使该树可以是另外别样的，也应有一个限制。一棵苹果树必然是某种生物的东西，戏剧里作为布景用的塑料苹果树尽管很像，但不能是苹果树。苹果树一定与苹果有关，一棵挂满了梨

---

① 胡塞尔．本质直观作为把握先天的真正方法（1925）//倪梁康．胡塞尔选集：上卷．上海：上海三联书店，1997：480.

子的树显然不是苹果树。当我们把某物称为苹果树时，它必然运动在某种框架内，这框架被超过，我们就不再是讲苹果树，而是讲其他东西。例如，如果苹果树变成了柴火，那么苹果树就不再是苹果树。这框架或范围构成苹果树的本质或埃多斯。因为本质对什么是苹果树形成必然的范围，所以它不是对于个别苹果树才有效，而是确立了必然属于任何一个可能苹果树的东西。本质必然性要求普遍有效性。一切苹果树必然包含某种本质规则（Wesengesetz），而本质规则对一切苹果树都是普遍有效的。这种本质规则不能与物理学、化学、生物学、心理学、经济学、社会学或其他方式的经验合规则性（Gesetzmässigkeit）相混淆。上述学科的这种经验合规则性，从逻辑观点来看，是偶然的，例如落体规则证明下述关系：$S=\frac{1}{2}gt^2$ 或 $S=\frac{gt^2}{2}$。从逻辑观点来看，说成 $S=\frac{3}{4}gt^2$ 或 $S=\frac{1}{2}gt^3$ 更好。它虽然在纯事实上表现某一普遍规则，但从严格逻辑来讲，它又同样好地涉及另外的关系。如果我们想对这些——从逻辑上来看——偶然的合规则性（如落体规则）获得知识，那么我们必须做出经验和进行实验，借以培养我们感知关系的能力。因为这些从逻辑上看是偶然的规则必须通过感觉经验被认识，所以我们称它们为经验的规则。经验的规则就是其真或假在逻辑上是偶然的普遍陈述（例如，“所有物体都以开始速度为 0 下落，以致所行道路的大小与其重量和时间平方乘积之一半成正比例”）。经验规则包含一个范畴（观念）对象，这对象只能在从感觉经验出发的意识行为中被认识。它与本质规则（如“所有苹果树都是生物”）根本不同。即使本质规则是普遍陈述并包含一个范畴（观念）对象，但必然的本质规则应被认识的方式却区别于偶然的经验规则的认识方式。经验规则必须在感觉经验上被证明（所谓后天的知识），反之，本质规则却能不依赖于感觉经验而被认识——它是先天的知识。

本质规则描述必然的普遍的关系。它确立了某一对象领域的界限，并为我们想象设立什么能允许改变的界限，假如我们想继续讲这同一对象领域的话。在我的想象中，我能成百次地移栽苹果树，改变它的大小、重量、颜色等，但最后我达到一个点，假如我讲苹果树还要有意义的话，在此点上我的想象就不再能改变苹果树。因为我知道我的想象的变更可能性（Variationsmöglichkeit）的界限，所以我知道像苹果树这样的对象必须与哪一种必然普遍存在的形式相一致。换句话说，苹果树的本质是这样一种特有的（观念的）对象，只有某个意识在想象中变更本质规则所涉及的对象范围，直到想象的变更可能性的界限被达到，这对象才对意识达到直观的直接的所与。因此胡塞尔讲到本质（埃多斯）是被本质变更（eidetische Variation）所经验的——与单纯的经验变更相反，经验变更只改变偶然的东西，而不想深入变更可能性的界限中去。对此一现象的其他表述是本质直观（Wesensschau）或本质显现（Wesenserschauung）、观念化（Ideation）或本质描述（eidetische Deskription）。胡塞尔与他的后继者在下述方面也讲到本质还原（eidetische Reduktion），即个别的个体的现象被还原为一新的普遍的对象的本质。但重要的东西不是胡塞尔所使用的术语，而是他重新恢复了柏拉图关于一般观念是特有对象的思想。可是与柏氏相反，胡塞尔并未对这些对象提供形而上学的解释。从现象学来看，本质（埃多斯）的对象性在于：我们有可能说明这种本质能以怎样的方式对意识达到直接的直观的所与。

8. 构成性

这样一种非经验主义的哲学性质，我们可以通过对“构成性”（Konstitution）概念的分析得到更进一步理解。因为胡塞尔接受了每一种直接的“直观的”通向经验的通道——这与单纯的“认为”（Vermeinen）相反——并开启了一个包罗万象的经验领域，所以他彻底化了经验概念。我们不仅能讲到通过感官而中介的实在对象（如苹果树），而且也可讲到事态的经验（如苹果树在花园里）和组合的经验（如10棵树在前花园里和14棵树在后花园里）等。甚至必然的普遍有效的本质（如苹果树的观念）也能被经验，而不只是被认为。现象学的任务就是反思这些不同对象得以在其直接的所与里为意识所经验的意识行为。由于现象学转向这些意识行为，所以它才能在对象的直接所与里描述对象，而无须顾及所有可能的或多或少经过论证的解释、理论、假说或推测。它在这里无须走迂回之路，而是直接去到“事物本身”，以其直接所与描述对象为“纯粹的”（无理论的）现象。

但对象与其不同的意义只是现象学相对地所看的一个方面，假如它转向的那种对象是以原始方式被经验的意识行为。除了对象及其意义之外，在行为中还包括对象如何被经验的方式。意向性行为除了“cogitatum”这面外，还有一个“cogito”面。由于现象学涉及整个行为，所以它可能描述两方面。相应于实在苹果树的，是苹果树得以被把握的一系列的侧显（Abschattungen）。相应于“苹果树在花园里”这一事态的，是一系列特殊的范畴直观。相应于苹果树的本质的，是一系列变更着的、产生想象的、找寻界限的经验。现象学的任务是全面地描述行为的这两个方面。换句话说，现象学应当既描述作为经验对象（cogitata）的现象，又要描述作为经验（cogitos）的现象。在对这些现象的描述中，现象学是“在事物本身”（bei der Sache selbst）。可是现象学也清楚，事物在最多情况下是作为不是没问题的而出现，因为我们在日常中认为所与的东西实际上依赖于一系列我们通常不注意的前提。例如，“苹果树在花园里”这样的事态只能在一种范畴行为中达到完全直观充盈，而这种行为自身却预先假定苹果树是直接在我们看、闻、听它的行为中被经验的。这样一种看、闻、听行为预先假定了树得以被其侧显带到出现的行为流（Aktstrom）中。这些侧显在“cogito”方面又有进一层的前提，而这些前提又依赖于进一层的前提。由于现象学是这样描述现象的如它们出现在行为中那样，所以对于现象学而言这是明确的，即这些现象表现为行为等级（Akthierarchie）里的一环节，其中一个行为预先假定另一行为为必要条件。一个行为是另一行为的必要条件，对胡塞尔来说，这就是说，一个行为对另一个行为是“构成性的”（konstituierend），而另一行为则是“被构成的”（konstituiert），如一个对象是“被构成的”，是当该对象得以开启的行为本身是规定的。

在胡塞尔著作里，构成性（Konstitution）概念早已出现，尤其在《逻辑研究》里，它与基本的范畴行为相联系。大概在1905年以后，它才发展成一个关键概念，直到胡塞尔1938年逝世为止。这与下述情况相关，即胡塞尔在1905年左右想给现象学一个新的方向，即不再讲绝对无条件的现象学，而是讲先验的现象学。在这种先验的现象学中，构成性就是所谓先验现象学还原（transzendental-phänomenologischen Reduktion）——这是他后期思想的主要观点——的对立面。

究竟应怎样正确理解“先验现象学”和“先验现象学还原”，这是有争议的。胡塞尔自己做了许多解释，而且一些胡塞尔研究者还提供三四种或更多的“达到还原之路”（如依索·凯恩或耿宁先生），这些路甚至还似乎是交叉的，因而使问题更复杂。所谓还原，通常是指“使一物返回至另一物”，除此之外，胡塞尔还主张，还原使对象返回至它得以被构成的行为。通常我们认为对象是被给予的，虽然我们从不同的科学观点去研究和解释对象，但我们并不追问一般对象能以原始方式给出自身应满足哪些条件。能提出并回答这问题，要求一种态度改变。我们注意的应不再只是对象，而应是那些使对象得以或多或少以原始和直接的方式达到我们的视角的行为。现在表明，对象和经验以一种等级的构成性的行为的形式具有一系列必然的前提。世界（mundane）这一经验对象因此可以返回到一系列构成行为，这些构成行为在原始地接近对象之前被繁殖并作为原始接近的必然条件而起作用。经验的这些条件——这先于经验并刻画经验的性质——自康德以来被称为先验条件。这就是胡塞尔讲经验对象先验现象学还原到构成它的行为的背景。

胡塞尔的用语及其复杂的表现方式并非偶然地导致对他自己说明的误解。这种方式的困难，我们可以还原概念为例。通常我们理解还原为“减小”（Verminderung）或“变小”（Verringerung），如我们讲“国家的救助还原到保证健康的水平”。胡塞尔显然把他的先验现象学还原与在对象上不看某种东西相联系，如不考虑这对象是否存在和最后是否具有我们通常归给它的性质的问题。但是他的主要观点却是另外的，即还原应当不是受损，相反而应是充盈：我们不仅能观看对象，而且也能认识对象方式（Gegenstandsweisen）和对它是构成性的行为等级。我们无视某物，为的是赢得进入“构成性”行为（konstituierenden Akten）的通道。但是，这种“构成性”行为很容易引起错误解释。“Konstitution”在日常语言中意指 Festlegung（固定）或 Bildung（形成），某种来自讲话方式的东西“某团体的理事会已构成”，这是说一个理事会在它按会议程序“被形成了”或“被选举了”之后，“已固定了”它的工作条件。不过，胡塞尔还超出这种语词意义。构成性的行为并不“形成”对象，也不“固定”对象。例如，通常“苹果树在花园里”这一事态并不带有某种有条件的“瞥”以使我看到树。但“苹果树在花园里”这一事态其实只有当我具有树的视体验（Seherlebnis）才能达到完全直观的所与，而不是相反的情况。看行为是事态的直观现前（anschauliche Gegenwärtigkeit）的必要条件，因而在此意义上它就是“构成性的”（konstituierend）。在它里面并没有“形成”、“创造”或“固定”，而是只有先于一切经验的条件关系，这种条件关系因而也可以称为先验的，所以胡塞尔的“先验现象学”与我们东方的“直觉”或“先验沉思”毫不相干，它其实是在反思在意识行为里作为“cogitatum”－“cogito”的相关物及其内在关系的清醒的纯粹的（非理论的）描述的前提而出现的东西。

这是否意味着，如果我们没有在事实上看到树，我们就不能讲“苹果树在花园里”？当然不是。因为毫无疑问，例如，当我们在晚上坐在会客室里并讲到花园里的东西时，我们可以确定在花园里有一棵苹果树。但“讲一个事态”并不是“有此事态的直接的直观”。当我们“讲某物”时，我们只是认为（vermeinen）它，它只是关于“指称性”（认为性）行为的讲话［die Rede von“signitiven”（vermeinenden）Akten］。可是，事态的直接的直观却预先假设了我们曾经看了苹果树。如果行为 A 对于另一行为或对象 B 应是构成性的（也就是说，A 是 B 的必要条件），那么这并不排除虽然我们关于 A 不知道什么却“能讲到”B。另外，从先验现象学来看，B 指出 A，因为只有当 A 出现时，B 才能以原始方式给出自身。就此而言，A 与 B 的隶属性很少涉及个别的个体的对象和行为，而是与下面这点有关：为了能以直观方式给出自身，某种对象类型或行为类型 B（如范畴对象）必然以类型 A 的直接的直观行为（如知觉）存在为前提。现象学能经验不同类型之间的这种关系，因为它转向个别行为，如某个苹果树的视觉体验和范畴行为，这确定苹果树在花园里。通过对行为的本质变更，现象学认识到在不同行为类型之间存在一种本质关系。只有当每一对象被返回到那种它得以被经验的行为，每一行为被返回到某种行为类型（这种行为类型被安排在行为类型的等级中）时，我们才能说先验现象学的还原已彻底地被思考了。

9. 生活世界与先验自我

《逻辑研究》第一卷是属于纯粹现象学或本质现象学时期的，其中对唯物主义和心理主义的批判是针对一切自然主义的，而且主要是针对消极的自然主义的。但随着从纯粹现象学发展到先验现象学，胡塞尔展开了他对另一种积极的自然主义的批判。这种批判在胡塞尔后期著作《欧洲科学危机和先验现象学》（1936 年以不完全的形式出版）里达到了顶峰。胡塞尔所发展的现象学与自伽利略以来在自然科学革命影响下越来越占统治地位的世界观相反。按照伽利略的观点，我们能区分“客观的”世界本身和这个世界对人呈现的“主观的”世界。所谓客观世界，对于伽利略来说，乃等同于时空上扩展的物理世界，这世界可以借助数学和几何学来描述；反之，主观世界是我们日常所认识的世界，即具有颜色的可感知的事物（这些事物发出声音和具有味道）的世界。在伽利略看来，颜色、声音和味道不属于世界本身，而属于我们对这世界的体验，因此真正的客观世界是没有颜色、声音和味道的。

在胡塞尔看来，这种现代自然科学的世界观是一神话。如果我们想深入这种神话的背后，我们必须重构伽利略的问题。按照胡塞尔的看法，我们日常所经验的世界是一个具有颜色、形式、声音、气味和味道的物理世界。对于这个可感知的世界，我们能以多种方式加以表象。但不管我们在我们的想象中是怎样改变它，它总是一个具有颜色、形式、声音、气味和味道的世界。在与这个可感知的日常“世界”的交往中，我们能陷入这样一种情况，即我们必须进行测量。例如，当我想造一张床，我必须测量木头的长度。我们给自己提出的任务越不同，我们的测量技术就越复杂。第一眼好像是平面的东西，在精确的测量下却显出凹凸不平。随着精确的测量仪器的发展，我们可能会产生一个完全平整的平面、一种纯粹的圆和一条绝对笔直的直线的观念。但在我们可感知的周围世界中，我们从未遇见这些对象，因此它确立了一种属于理想类型范围的新的对象领域，这范围只有纯几何学的数理化思想才可接近。伽利略早就认识到一种高度发展的纯粹几何学，因而他无须追问几何学的对象领域和几何学方法是怎样返回前科学的——可感知的世界和在此世界被利用的测量技术。代替这种追问，他可以以朴素的方式假定几何学是给予的，甚至还进一步，因为他解释几何世界为“真正的”“客观的”世界，并把我们通过我们日常测量所经验的世界只理解为对“实在的”世界的接近（Annäherung an die“wirkliche”Welt）。我们能进行的测量越精确，我们所获得的结果越客观。因为颜色、声音和气味只在有限的范围内才能得到精确测量，因而它们比时空广延更缺少客观性。因此按照伽利略的看法，只有时空上扩展的实在是客观的，而颜色、声音和气味则是某种主观的东西。

但在胡塞尔看来，这种观看事物的方式不是可靠的。在时空上扩展的纯几何世界必须被认为是它所是的东西：作为极端情况。这种极端情况构成一个构成性的对象领域，因为几何对象得以直接被经验的方式必然预先假设了一系列行为，而正是在这些行为中，颜色、声音、气味和形式的知觉世界才让自己被认识。这个世界——或这个对象领域——被胡塞尔称为我们的生活世界（Lebenwelt）。生活世界具有某种本质结构、某种类型（Typik）。胡塞尔有时用生活世界指这世界的本质结构。每一对象最终都返回这个生活世界，这个生活世界必须被理解为一种具有本质结构的可感知的世界。因为生活世界作为任一经验的必要条件而出现，所以它能正确地被称为先验的条件。

正是在这基础上，胡塞尔讲到欧洲科学的危机。什么是科学的危机呢？在胡塞尔看来，20 世纪初的科学危机并非指相对论和非欧几何的出现及其对经典物理学和欧几里得几何学的动摇。胡塞尔认为，尽管这些新科学理论超出了过去我们认为是永恒的真的科学理论，但并不妨碍过去的科学理论也是精确的科学。他说："尽管人们有理由认为，一个总的理论构造的绝对的最终形式永远也不能被指望或被求得，但这并不妨碍它是精确科学。"① 那么科学的危机究竟指什么呢？按照胡塞尔的看法，科学的危机在于科学观念在近代被实证主义地简化为纯粹的事实的科学，从而造成近代科学对作为它们源泉的生活世界的遗忘，以致科学丧失了生活的意义。胡塞尔写道："在十九世纪后半叶，现代人让自己的整个世界观受实证科学支配，并迷惑于实证科学所造就的'繁荣'。这种独特现象意味着，现代人漫不经心地抹去了那些对于真正的人来说至关重要的问题。只见事实的科学造就了只见事实的人。"② 从而实证科学"在原则上排斥了一个在我们的不幸的时代中，人面对命运攸关的根本变革所必须立即做出回答的问题：探问整个人生有无意义"③。胡塞尔回顾从古希腊到 19 世纪欧洲理性的发展过程，他认为在古希腊，人们生活于世界中而未对世界进行二分，人们是那样与世界相融而不把世界看作与自己对立的外在世界，而是看作与自己紧密联系在一起的周围世界（Umwelt），因而人们是根据哲学去认识普遍的世界和人，他们所要解决的问题不仅是暂时的问题和事实的问题，而且是永恒的问题和理性的问题。反之，到了近代随着伽利略的发现，人们不

---

① 胡塞尔. 欧洲科学危机和超验现象学. 张庆熊，译. 上海：上海译文出版社，1988：4.

② 同①5-6.

③ 同①6.

再满足于纯粹的意见，他们渴望知识，从而把世界叫作客观世界以与自己相对，把知识称为理论以与世界对立，从而理论与知识越来越离开生活世界。胡塞尔写道："伽利略在从几何的观点和从感性可见的和可数学化的东西的观点出发来考虑世界的时候，抽象掉了作为过着人的生活的人的主体，抽象掉了一切精神的东西，一切在人的实践中物所附有的文化特征，这种抽象的结果使事物成为纯粹的物体，这些物体被当作具体的实在的，它们的总体被认为就是世界，它们成为研究的题材。"① 这样，近代科学的世界就"开始偷偷摸摸地取代了作为唯一实在的，通过知觉实际地被给予的、被经验到并能被经验到的世界，即我们的日常生活世界……于是，自伽利略起，观念化了的自然就开始不知不觉地取代了前科学的直观的自然"②。这样，"这件'数学和数理自然科学'的观念的衣服，或这件符号的数学理论的符号的衣服，囊括一切对于科学家和受过教育的人来说作为'客观实际的真正的'自然，代表生活世界、化装生活世界的东西。正是这件观念的衣服使得我们把只是一种方法的东西当作真正的存在，而这种方法本来是为了在无限进步的过程中用科学的预言来改进原先在生活世界的实际地被经验到的和可被经验到的领域中唯一可能的粗略的预言的目的而被设计出来的。这层观念的化装使这种方法、这种公式、这种理论的本来意义成为不可理解的，并且在这种方法的素朴的形成中从来没有被理解过"③。这种客观主义理论精神越来越发展，以致19世纪下半叶发展的实证主义就完全脱离了生活世界，从而"丢掉了一切人们在时宽时狭的形而上学概念中所考虑的问题"④。

在胡塞尔看来，科学的危机实质上是哲学的危机，这种危机根本就是人的危机。他说："哲学的危机意味着作为哲学总体的分支的一切新时代的科学的危机，它是一种开始时隐藏着、然后日渐显露出来的欧洲的人性本身的危机。"⑤ 为什么是欧洲的人性本身的危机呢？胡塞尔认为欧洲的人性就是理性，真正欧洲人的人性就是对普遍哲学的信仰、对理性的信仰。他说，早在古希腊，episteme（纯科

---

① 胡塞尔．欧洲科学危机和超验现象学．张庆熊，译．上海：上海译文出版社，1988：71.

② 同①58-59.

③ 同①62.

④ 同①9.

⑤ 同①13.

学）是与 doxa（意见）相对立的，episteme 就是指理性知识，它赋予一切事物以价值、目的和最终意义。但现在人们“对形而上学可能性的怀疑，对作为一代新人的指导者的普遍哲学的信仰的崩溃，实际上意味着对理性信仰的崩溃……与这种对理性信仰的崩溃相关联，对赋予世界以意义有‘绝对’理性的信仰，对历史意义的信仰，对人的意义的信仰，对自由的信仰，即对为个别的和一般的人生存在赋予理性意义的人的能力的信仰，却统统失去了。”① 如果人失去了这些信仰，也就意味着失去了对自己的信仰，失去了对自己真正存在的信仰，这样，“我们在这一发展中成长起来的现代人，发现自己正处于一个在怀疑论的洪流中沉沦下去并因而失去我们自己的真理的危险之中”②，而我们这些作为真正哲学家的当代哲学家，从而也“陷入一种痛苦的存在矛盾之中”③。胡塞尔认为，尽管我们的现实处境使我们陷入这种矛盾，但我们绝不能放弃对作为一种使命的哲学可能性所抱的信仰，即对作为一种普遍的认识的哲学可能性所抱的信仰。这里我们看到胡塞尔对当时出现的另一种哲学倾向，即他所谓的生命哲学、新人类学和存在哲学的批判，特别是对他以前的学生海德格尔和舍勒的哲学倾向的批判。在他看来，这些哲学倾向尽管关注人的存在和意义，但它们却丢弃了哲学的最原初的观念，即柏拉图最初明确表述的以后又构成欧洲哲学和科学之基础的哲学观念。他说：“按照这一观念，对我来说，哲学应当是普遍的，并且在根本意义上是‘严格的’科学，作为这样一种科学，它是从最终的根据中，或同样可以说，从最终的独立有效性中产生的。”④ 而新人类学和存在哲学却对这一哲学最原初观念表示怀疑。因此，胡塞尔给自己提出的任务就是重新恢复哲学的这一最原初的观念，他说：“我认为，我们时代的一项更为正确的伟大的任务不是轻率地向这种怀疑主义态度让步，而是要进行一种彻底的思考，以便有目的地解释这种哲学观念的真正意义和指出其实现的可能性。”⑤

先验的生活世界的对立面是所谓的先验的自我（transzendentale Ego）。每一对象都返回到一系列它们得以被经验的可能行为，这些

① 胡塞尔．欧洲科学危机和超验现象学．张庆熊，译．上海：上海译文出版社，1988：13-14.

② 同①16.

③ 同①19.

④ 胡塞尔．纯粹现象学通论．李幼蒸，译．北京：商务印书馆，1992：447.

⑤ 同④.

行为或者是知觉行为，或者是由这些知觉行为所构成的。知觉行为之流指向自我同一的可感知的事物，指向意向性的“cogitatum”方面。与此相应地是情况的“cogito”方面，即意识行为之流不只是不联系的孤立的经验的总和，而是这些经验共同隶属，因为它们都隶属同一个自我。自我给予意识之流以关系，即在多种行为的差异中产生同一性。自我不是像所有其他事物那样的“事物”，即作为在意识面前的对象而出现，而是在事物经验中创造关系的东西，更精确地说，即关系本身，它是所有意识行为所指向的“极”(Pol)。自我作为意识流中同一极（Identitätspol)，乃某物能被经验的条件。这个同一极阻止经验流消解在无联系的不交织的意识行为中。因为自我作为同一极是任何可能经验的前提，所以胡塞尔把自我说成先验的自我。

胡塞尔的先验自我学说是他的现象学里最复杂的部分。在《逻辑研究》第1版（1900－1901）里胡塞尔争论说，关于“自我”的讲话具有任何一种现象学的基础。但是在1913年的第2版里，他却让步了，而且在他的后期著作中，自我学说愈加得到中心的意义。把自我规定为确保意识流自我同一的东西，这贯穿在他后期全部著作中。而且，胡塞尔还走得更远，他认为自我不仅是一个“空的同一极”，一个能被返回到经验的固定的点，而且是必须被把握为经常是由意识流构成的统一体。自我既不是单纯的意识行为的“总和”，也不是单纯“空”的同一极，而是一种构成性的意识统一体，这统一体处于不断发展之中，因为意识流不断从一行为到另一行为。这就是说，自我构成自身为stehendes bleibendes（暂时固定的）“个人自我”。但这种规定并不完全精确，因为自我不仅是“cogito”方面的同一性，而且也给予这样的行为流以关系。自我必须在其完全的“具体”中被理解，这种具体在于：我的自我不仅包括我的对象体验的关系，而且也在对象里产生某种关系，因为对象被我体验，因而具有我的自我的具体化。具体自我是意识流在其与所经验的世界的统一里的关系。这种完全发展了的自我，被认作意向流的统一，胡塞尔称之为先验的自我。这种先验的自我不能与“经验的自我”相混淆。经验自我的存在，是当我在自然态度里把自己看成世界里其他对象之中的对象时所朴素假定的。但胡塞尔把所有这种看法都“置入括号”，现象学只依赖于先验的自我。

这里有一个棘手的问题。现象学不仅把一切关于事物的理论和它自己的存在括起来，而且也无视其他的存在。通过现象学分析，它虽然发现了自身以及它作为经验流之先验前提的自我，但什么是其他的东西——所有那些不是自我本身的东西？当我已无视他物的存在，我怎么达到“这个”他物呢？我怎样避免陷入一种现象学唯我论呢？按照这种唯我论，在我之外不存在任何其他有意义的东西。如果问题应当被解决，那么它必须在先验现象学构成性问题之内可被解决。这个问题就是，除了我自己外还有另一个自我，这一经验是怎样构成的？胡塞尔在其1929年撰写的《笛卡尔沉思》里详尽地处理了这一问题。我开始于我自身作为具体自我的经验，这具体自我叫作某经验流里与某对象世界的统一。因为对象世界一起属于具体自我，所以我的肉体也属于它。我的肉体不只是一种有广延的物体，有如桌子、椅子和房屋；它与这些东西有区别，因为它被束缚在一个具体自我之上。由于我经验我的肉体，我经验它为某种与这里有关的东西。我自己的肉体总是通过一个“这里”（Hier）被刻画，而其他的物体是某种“在那里”（dort）的东西。在某一时间点上，在我经验领域内出现一个物体，这物体精确地进行我的肉体（当它是在那里时）所能做出的同一运动。这种同一性是直接作为经验事实而被给出的。但并不是给出物体“在那里”具有确实的、直接与运动相联系的意识行为。因此，问题是我怎样来到把物体“那里”解释为一个与我的肉体不同并与其他意识相联系的肉体。这是关键点：因为“所与的”陌生的物体是如此像我自己的肉体所能行事地那样行事，所以我能类推地（analog）把这陌生的物体看作某个他者的肉体。因为某个他者的肉体的本质是这样被刻画的，即它物体化了（体现了）一个具有独立意识流的具体自我，所以我能（因为我知道他人的肉体）认识他人也是有意识的具体自我。通过这种类推我已经在现象学基础上构成我自己的自我与他人自我的关系。在这基础上我们能以一种先验共同性构成一系列超出我自己自我的文化对象，如国家、政府机构等。

胡塞尔的这一观点，即自我通过类推认识“他人”，是一种可返回到笛卡尔的传统，不过胡塞尔给予论证以特殊的转向。通常类推法在于：由事实“某陌生物体是类似于我的肉体”推出“这个物体是一个意识的负载者，他的意识行为类似于我们自己的意识行为”。但是，对于胡塞尔来说，意识行为从一开始就是一个具有自己肉体的具体自我的部分；对于他来说，关键是我们肉体性的物体性与某个其他的与我们肉体相类似的物体之间的类推。类推把陌生物体理解为肉体，而不把这个陌生物体理解为一个与背后的意识流相联系的东西。当陌生物体的肉体性出现，其余就自然跟随，因为肉体性总是包含一个意识，因为它构成具体自我的一部分。对胡塞尔这种观点有一种普遍的反对意见：经验自己肉体是一种内在的体验，而经验外在的物体则不是内在的经验，因此经验我们自己的肉体与经验陌生的物体之间存在不可填补的鸿沟。对此胡塞尔反驳说，他的论证与“从内”体验我的肉体毫不相干，而是与经验陌生物体与我的肉体之间完全一致性的可能性相关，如我“从外”把陌生物体经验为我的具体生命整体的部分。尽管这样，人们仍说，对于胡塞尔，“他人”是某种推出物，我对他人的经验则总是一种中介物。他人正如所有其他的东西被规定为现象，是只有从我的自我出发才可通达的对象。在胡塞尔这里，所有本体论规定最终都归于这一问题，即我怎样经验不同的对象类型。本体论从一开始就隶属于这样一个认识论根据问题，即为了达到走向事物的直接通道，哪些经验必须被要求。在这点上，胡塞尔显然是有成见的。在他的后期著作中，先验自我的作用这样被夸大，以致他的现象学趋向于一种唯心主义哲学，按此哲学，一切事物都依赖于自我，虽然胡塞尔本人是反对这种唯心主义观点的。

第五章　当代诠释学的形成（下）

第一节　瓦尔登堡的保尔·约尔克伯爵的历史性思想

按照伽达默尔的看法，在我们从狄尔泰和胡塞尔转到海德格尔之前，有一个人需要我们注意，这就是海德格尔在其《存在与时间》中已提到过的并有一节加以论述和摘引的瓦尔登堡的保尔·约尔克伯爵。按照伽达默尔的说法，“约尔克伯爵的研究正好完成了我们上面在狄尔泰和胡塞尔那里未能发现的东西”，因为“他在思辨唯心论和本世纪的新经验观点之间架设了一座桥梁”①。

瓦尔登堡的保尔·约尔克（Paul Yorck von Wartenbury）生于德国布雷斯劳附近的克拉恩-奥尔斯的一个庄园主家庭，他曾在一种深受浪漫主义文化影响的环境中成长。由于父亲在 1865 年去世后，他需要照管家庭全部田产事务，因而他的哲学思想只能作为一种未系统展开的私人活动而发展。他一生中有幸与狄尔泰结识，这种友谊开始于 1871 年，他们的通信一直持续到约尔克伯爵 1897 年去世。除了通信外，约尔克还有残篇《意识与历史》以及他生前唯一出版的著作《亚里士多德的净化说和索福克勒斯的俄狄浦斯》。我们对约尔克伯爵的认识不仅应当归功于狄尔泰，正因为与狄尔泰的友谊，他们有一部书信集保存下来，即《狄尔泰和约尔克伯爵的通信集 1877—1897》（哈勒版，1923），而且更应当要感谢海德格尔，因为海德格尔在他的《存在与时间》第 77 节里论述了他关于历史性问题的论述与狄尔泰和约尔克伯爵的观念的联系。按照海德格尔的看法，

① 伽达默尔．真理与方法：第 1 卷．1986：255．

狄尔泰与约尔克之所以建立如此友谊并进行通信，是由于他们两个人对历史性有共同的兴趣，他引了约尔克的话“我们共同的兴趣在于领会历史性”①，而正是在他们的通信里，“约尔克的倾向借狄尔泰对问题的提法和研究获得生命”②。

1. 历史性：活着而不是存在

正如我们上面所说，狄尔泰被分化为生命主义者和实证主义者，作为前者，他目向把过去带回到生命，而作为后者，他又把过去认为是那种进行观察的纯理论的主体的对象，因而在狄尔泰这里，历史性从未真正影响理解的行为。正是由于约尔克伯爵，历史性的意义才凸显出来了。约尔克写道：“真正的语文学家把历史学理解为文物箱。对于没有可触性的所与，这些先生从不涉足——我们唯有靠心理换置才能导向那里。他们在骨子里都是些自然科学家；而且因为缺乏实验，他们更变成了怀疑论者。我们得远避所有那些无用的材料，例如，柏拉图曾多少次到过大希腊或叙拉古之类。那里没什么有生命的东西……一切实在的东西，如果被当作自在之物，而不是作为体验的对象，那么它们都会变成幻象。”③ 按照约尔克伯爵的观点，如果我们通过把过去当作自在之物并把它限定为对象的惰性状态来复活过去，那么过去就是绝无生命的东西。与这种自然科学家以客观对象来看待过去的态度不同，约尔克伯爵提出一种历史知识设计，由于强调认知主体和认识对象的统一关系，这种历史知识以隶属性来规定历史性。约尔克伯爵写道：“历史性的中心问题是：所与活着（lives），而不是存在（is）。对自身的反思并不涉及抽象的我，而是涉及它自身自我的全体。因此自我反思将发现我是历史所规定的，正如物理学宣告我是由宇宙所规定的。我是历史，犹如我是自然。在这种彻底的意义里，歌德那句‘他至少已活了三千年’的格言应当可理解了。”④

2. 在者状态上的东西与历史性的东西

约尔克伯爵根据换置（transposition）和隶属（belonging）之间

---

① 海德格尔. 存在与时间. 1979：398.

② 同①399.

③ 同①400.

④ 同①402.

的区别建立了在者状态上的东西（the ontic）和历史性的东西（the historical）这两个范畴。所谓在者状态上的东西，就是那种通过换置过去而被认为是自在之物的东西，即那种与认识主体的生命过程没有实质交往的被规定的对象。在者状态上的东西把过去带回到只是作为单一在场的、缄默客观性的和单纯他在性的生命。反之，历史性的东西是那种不把过去认为是封闭的客观性，而是认作仍可以完全被成就的“可能状态”（virtuality）——通过它对理解主体的影响。所以真正意义上的历史性不同于只是在场，它应当表现为一过程、一分延、一命运。正如海德格尔所说，约尔克伯爵最大的贡献就在于他提出了在者状态上的东西与历史性的东西之区别，正是由于他对这两种东西的区别“有一种可靠的直觉”，他认识到“传统的历史研究仍然如何顽强地执着于种种纯视象的规定，这些规定是以物体式的和形态性质的东西为目标”①，也正是由于约尔克伯爵对这种区别的认识，他才发现狄尔泰的探索“太少注重在者状态上的东西与历史性的东西的发生学上的差别”②。对于约尔克来说，像兰克那样的历史学家乃伟大的“视象者”，他们通过重构过去（旨在审美上描绘它的形式）而把握在者状态上经验的东西。这种形态学把过去降为只是在场的客观性。但是，这只是历史理解的一个环节，如果不被占有所整合，这环节是没有成果的。通过占有，理解主体——通过放弃对历史形式只是经验目击的认识——才建立它们之间活生生的联系。正如海德格尔说，约尔克试图在反对在者状态上的东西（视觉上的东西）而走上了从范畴上把握历史性的东西的道路，走上了把“生命”上升到适当的科学理解的道路。这之所以可能是由于这一事实，即与历史编年史家的启蒙不同，“约尔克清楚地洞见到‘可能状态’这一历史的基本性质，他是靠认识到人的此在本身的存在性质而获得这种洞见的，也就是说，他恰恰不是从科学理论出发，而是在历史考察的对象那里获得这种洞见的”③。

按照伽达默尔的看法，这里再现的东西是思辨的观点。狄尔泰和胡塞尔虽然都对“生命”概念做了论述，狄尔泰试图从内在于生命的反思性中导出历史世界的构造，而胡塞尔则试图从意识生命里

① 海德格尔．存在与时间．1979：400．
② 同①399．
③ 同①401．

推出历史世界的构成，但他们由于受认识论模式的影响，并未阐发生命概念所包含的思辨要求，所以伽达默尔说："生命概念的思辨内容实际上在他们两人那里都未能得以发展。狄尔泰只是为了反对形而上学思想而利用了生命概念，而胡塞尔则绝对没有把此概念与形而上学传统、特别是与思辨唯心论相互联系的想法。"① 正是约尔克伯爵的研究完成了狄尔泰和胡塞尔所未能完成的东西。按照伽达默尔的观点，约尔克不仅表现了狄尔泰和胡塞尔共同的倾向，即对生命概念的阐发，而且他的思想显然更优越于他们两人。因为按照约尔克的研究，生命是自我肯定的，生命性的结构就在于一种原始的区分（Urteilung），即在区分和分解自身中仍肯定自己是统一体。这种生命不断区分和分化自身而重新肯定自身的观点，按照伽达默尔的看法，正是黑格尔的《精神现象学》里的思想，即"生命是被这样的事实所决定的，即有生命的事物使自己区别于它在其中生存并与之保持联系的世界，并且继续使自己保留在这种自我区分的过程之中。有生命物的自我保持，是通过把外在于它的存在物投入它自身之中而产生的。一切有生命的东西都是靠与己相异的东西来滋养自身。生命存在的基本事实是同化。因此区分同时也是非区分。异己者被己所占有"②。按照这种生命观点，自我意识的本质就在于："自我意识知道使所有东西成为它的知识的对象，并且在它所知的一切东西里认识它自身。因此，自我知识作为知识，它是一种自身与自身的区分，但作为自我意识，它同时又是一种合并，因为它把自己与自己结合在一起。"③ 对认识对象的认识与对自身的自我意识的统一，表明对不同于意识的东西的理解，对被意识同化的东西的理解，从不是认知主体与外在的惰性的客体之间的纯关系，因为主体与客体不是两个东西，而是同一个东西。

约尔克伯爵与狄尔泰和胡塞尔不同，他并不只是以一种认识论的目的返回到生命，而是维护生命和自我意识的形而上学，他所做的正如黑格尔已经做的。正是在这一点上，伽达默尔认为约尔克伯爵"既高于狄尔泰，又高于胡塞尔"。他写道："约尔克伯爵却在黑格尔的精神现象学和胡塞尔的先验主体性现象学之间架设了一座一直被人忽视的桥梁。当然，由于他的遗著过于零散，我们无法得知

---

① 伽达默尔．真理与方法：第1卷．1986：255．

② 同①257．

③ 同①257．

他怎样设法避免他责备黑格尔犯过的那种对生命加以辩证形而上学化的错误。”①

第二节　海德格尔的诠释学转向

正如我们一开始所说，诠释学大体分为两种，一种是以方法论为主要取向的诠释学理论，代表人物有施莱尔马赫、狄尔泰以及以后的贝蒂等；另一种是以本体论为主要取向的诠释学哲学，代表人物是海德格尔和伽达默尔，以及哈贝马斯、利科尔、阿佩尔等。按照伽达默尔的看法，狄尔泰以前的诠释学为古典诠释学，而海德格尔以后的诠释学为哲学诠释学。不过，这是伽达默尔当时的划分，以后的情况是有些人不走哲学诠释学之路，而仍走方法论之路，如意大利诠释学者贝蒂。但不管怎样，在诠释学历史上，海德格尔完成了一次根本的转向。

马丁·海德格尔（Martin Heidegger）生于德国巴登邦的梅斯基尔希，曾在康斯坦斯和弗赖堡等大学学习。1913 年他以论文《心理主义的判断学说》获弗赖堡大学哲学博士学位，1915 年又以著作《邓斯·司各脱的范畴理论和意义学说》在该校通过教授资格答辩。1928 年起接替胡塞尔任哲学教授，1933 年当选为弗赖堡大学校长，次年辞职。1951 年退休。当代哲学史家一般把海德格尔的著作分为两个时期，这两个时期是根据海德格尔本人所说的“转向”（Kehre）而区分的。1927 年出版的《存在与时间》构成前一时期，而 1930 年以后出版的著作，如《论真理的本质》（1930）、《艺术作品的起源》（1936）、《荷尔德林与诗的本质》（1936）和《追问技术》（1950）等则构成后一时期。构成前一时期的《存在与时间》的特征是对存在意义的追问，其要点是对此在的生存论分析以及提出基础存在论，而在 30 年代以后的著作里，海德格尔不再试图从存在理解现象的预备性分析出发去把握存在或存在的意义，而是直接地转向存在本身去思考存在或存在的真理，因而我们可以说，这一转向是从对存在意义的追问到对存在真理的思考的转变。海德格尔说：产生于《存在与时间》的思想，其强调存在的敞开本身要基于面对着存在敞开

---

① 伽达默尔. 真理与方法：第 1 卷. 1986：258.

的此在的敞开，这就是转向的意义，通过这一转向，思想终于更坚决地转向了作为存在的存在。不过，我们应当注意，海德格尔这一思想转向并非一种颠倒，更不是一种背弃，而是《存在与时间》中所提出的问题的一种深化。海德格尔说：转向并不是对《存在与时间》里的观点的修正，而仅仅是试图去达到某种重要的领域，并从这一领域出发对《存在与时间》进行检验。

1. 海德格尔诠释学转向肇始于胡塞尔的现象学

胡塞尔现象学要求哲学家摆脱任何外在标志和概念构造而直接"面向事物本身"，胡塞尔认为，我们或多或少具有一个面向事物的直接通道，在此通道里事物如其所是地那样显示自身。但是当胡塞尔通过"还原""悬置"把事物的性质抽象掉时，他发现自我却不能视为一个可还原的对象，而应当看作与对象得以被经验的统一意识流相等同的东西，也就是说，自我不是意识的一个对象，而是经验对象的一种意识主体。正是在这里，海德格尔找到了自己哲学的出发点：一方面继续发展胡塞尔那种使事物如其所是地那样显示自身的直接通道，另一方面批判胡塞尔把所有的现象都回溯到人类意识，即回溯到先验主观性的意图。按照海德格尔的看法，存在的事实性是比人类意识和人类知识更为根本的东西。

这里我们首先对海德格尔与胡塞尔的分歧做些回忆。海德格尔是胡塞尔的学生，海德格尔对他的老师的推崇可以从他的代表作《存在与时间》中看出来。该书是献给他的老师的，在那里海德格尔写道："以衷心的敬意和友谊献给埃德蒙德·胡塞尔。"海德格尔还在书中强调说，在他就学于弗赖堡时，胡塞尔曾给予他以"深入地亲自指导并允许他得以熟悉至为多样化的现象学研究领域"，因而他现在的这一研究"只有在胡塞尔奠定的地基上才是可能的"①。但是这种师生情谊并不表示他们两人思想之间没有分歧。事实上，海德格尔早在 1919 年就已经感到胡塞尔作为严格科学的哲学已包含某种抽象而死板的因素，认为这是一种"傲慢不拘的、从根本上说是启蒙式的说教，它把当下的生活和所有过去的生活都固定、死板、单一地砸在同一块平板上，于是在这里一切都变得可预测、可控制、可划定、可约束、可解释"。随后在 1925 年，即《存在与时间》发

① 海德格尔. 存在与时间. 1979：38.

表前两年，海德格尔在讲堂上还对胡塞尔现象学做了批判，而胡塞尔本人在 1929 年也给他的朋友英加登（R. Ingarden）写过，海德格尔的《存在与时间》“根本不能属于现象学范围，因此很遗憾，我必须在方法上彻底地并在内容之本质方面拒绝这部著作”[①]。1930 年，胡塞尔在《哲学和现象学研究年鉴》上为他的《纯粹现象学和现象学哲学的观念》发表了一篇《后记》，在此《后记》中，胡塞尔提到德国的哲学状况，并指责了“生命哲学、新人类学和存在哲学”。1931 年胡塞尔在柏林讲演中再度针对海德格尔思想，批判了所谓的哲学人类学化倾向。1927 年胡塞尔与海德格尔为《大英百科全书》撰写“现象学”词条最明显地反映了这两人之间的分歧。初稿是胡塞尔撰写的。当海德格尔仔细阅读了胡塞尔初稿感到有许多观点不能接受时，他重写了第二稿，并将自己的不同看法以信的形式告之胡塞尔。但胡塞尔拒绝海德格尔写的第二稿，他又自己起草了第三稿，尽管此稿最后也未能为《大英百科全书》所采用，但却是海德格尔和胡塞尔之间的分歧的见证。

在词条中，胡塞尔曾写道：“作为先验现象学家，我并不具有作为精神的 Ego（自我），精神这个词义总以在者（Seiende）的或可能的世界为前提。我所具有的‘自我’是那种先验的纯粹‘Ego’（自我）。在这个先验纯粹的自我中，由于隐蔽的意识的作用，精神才创造它对于我所具有的意义和有效性。”[②] 胡塞尔通过他所谓现象学还原，即“悬置”，将所有外在实在世界的知识、理论或构造都置于括号中存而不论时，他得到的唯一主观极即纯粹自我，而海德格尔坚决反对这种不是在世存在的抽象自我，在海德格尔看来，自我绝不能离开他的世界，存在永远是在世存在（in-der-Welt-Sein），因此他在给胡塞尔的信中说：“我们的一致之处在于：通过向与其具有同类存在方式的在者（Seiende）的回溯，并不可能从先验构造方面使您称之为‘世界’的那个在者得到说明。但我们并不能因此而认为，打开通向先验物之门者根本就不是在者。相反，我们应该看到，这里出现的恰恰是这样的问题：什么是世界于其中进行自我构造的在者的存在类？……应当指出，人类的此在的存

① 胡塞尔．胡塞尔给罗曼·英加登之信（E. Husserl. Briefe on Roman Ingarden. Mit Erläuterungen und Erinnerungen an Husserl，hrsg. von R. Ingarden. Phenomenologica 25，Martinus Nighoff. Den Haag）．1968：35.

② 胡塞尔．胡塞尔全集．第 7 卷．1980：273.

在类是与一切其他在者完全不同的。人类的此在的存在类之'所以是'本身恰恰隐含着先验构造的可能性。"① 当胡塞尔认为我们可以通过还原或括弧法得到纯粹自我时，海德格尔指出，通过还原或括弧法所获得的实际上不是自我，而是将自我本身缩小了，使自我片面化。现象学不应将自我从世界中孤立出来，而应是将自我的实际存在放回到世界之中，这样才能贯彻"面向事物本身"这一现象学原则。按照海德格尔的看法，我们可以从一种特殊的在者，即人的此在中找到一般存在的意义，人类此在之所以能这样，是因为它是一种与存在打交道的特殊在者。海德格尔这种观点当然受到胡塞尔的批判，他认为海德格尔无视先验现象学的还原而陷入心理学和人类学而不能自拔，他在1930年为《纯粹现象学和现象学哲学的观念》所写的《后记》中批评道："由于人们不理解'现象学还原'原则上的新颖性，从而不理解从世界性主体（人）向'先验主体'的提升，人们仍然滞留于一种或者是经验主义的或者是先验的人类学中。"② 按照胡塞尔的看法，这种人类学观点"尚未获得专门哲学的基础，而且这也意味着人们把陷入'先验人类学主义'或'心理主义'就当成了哲学"③。因为对于胡塞尔来说，哲学应是一种"冷静的、在最彻底的科学精神中进行的工作"④。当然，这种脱离在世存在的严格科学的哲学在海德格尔看来是不可理解的，以后海德格尔还专门用了一个词"Entlebnis"来批评胡塞尔。我们知道，胡塞尔哲学的中心概念是"体验"（Erlebnis），此词来源于 erleben，即是由 er＋leben 组成，er 指经历，leben 指生活，因此 Erlebnis 就是经历生活。与 Erlebnis 相反，Entlebnis 是由 entleben 即由 ent（脱离）＋leben（生活）组成，因此 Entlebnis 则指"脱离生活""去除生活"。海德格尔试图用此生造的词说明胡塞尔现象学脱离活生生的具体生活。从上述可看出，海德格尔与胡塞尔的差别主要在于：海德格尔不是在与世界对立的先验自我中，而是在特殊在者即此在的"在世存在"中寻找此在的内在结构，即不是在孤立的自我中，而是在具有特殊存在类的在者中去寻求存在的意义，当时把这一倾向称为人类学的指向，用海德格尔自

---

① 胡塞尔．胡塞尔全集：第9卷．1980：602－603.

② 胡塞尔．纯粹现象学通论．李幼蒸，译．北京：商务印书馆，1992：448.

③ 同②.

④ 胡塞尔．纯粹现象学和现象学哲学的观念：第3卷．1953：138.

己的话来说，就是生存论的指向。①

海德格尔坚决反对把生存论指向与人类学加以等同，在《存在与时间》里有一节他专门论述此在分析与人类学、心理学和生物学的区别（第10节）。从历史角度来看，生存论分析可以说是对笛卡尔的cogito sum（我思故我在）这一近代哲学出发点的反动，因为笛卡尔实际上只探讨了ego（我）的cogitare（思），而对与cogito（我思）同样源始的sum（我在）却未讨论，因此生存论分析将对sum的存在提出存在论的询问，因为只有规定了sum的存在，才能够把握cogitationes的存在方式。不过，这种生存论分析意向在海德格尔看来，容易使人“误入歧途”，因为这里无论是我思还是我在，首先都强调了主体“我”。海德格尔说：“尽管人们可以在存在者状态上起劲地反对‘灵魂实体’或‘意识的物化’这类东西，但任何‘主体’观念（假设若事先未经存在论基本规定加以净化）在存在论

① 严格来说，当胡塞尔指责人类学倾向时，不仅指海德格尔，而且也指他的另一个学生马克斯·舍勒（Max Scheler）。舍勒在现象学发展过程中同样也是一位值得我们重视的重要人物，伽达默尔曾这样说过：“在现象学者中，马克斯·舍勒知道这种情况。他熟悉各种实在性和第一门科学。他以极大的热情深入探讨了现代人的生活问题、个人问题、社会问题、国家问题和宗教问题。他是一位与胡塞尔并驾齐驱的完全独立的和天才的人物，尽管正是那种体现了胡塞尔现象学工作的手工伦理（Handwerks-Ethos）造就了他那‘多才多艺的’精神。由于他的物质价值伦理学，他首次确立了一个把天主教道德哲学与最先进的现代哲学立场融合起来的现象学研究方向，并且至今还发生影响。胡塞尔的‘本质直观’学说对他相当适合，因为他具有一种透彻的直观力，这种力使他有可能涉及相当广泛的科学领域，诸如生理学和心理学，人类学和社会学，并在历史科学中有可能获得对人类生活的本质规律性的真知灼见。哲学人类学被他提升为一个核心的哲学学科，其影响甚至涉及上帝的学说，他的那种永无休止的思辨精神最终打碎了天主教教会的锁链。在第一次世界大战结束后的那个令人兴奋的年代里，这位曾遭到粗暴驱逐的杰出人物的思想冒险有着不亚于弗赖堡现象学派的学院式研究所产生的影响。他用一门形而上学的实在性科学来补充现象学，用作为一切存在的自然基础的冲动的实在性来补充精神世界及其发展了的本质观看，从而致力于从最新的科学知识进行一种内容广泛的综合。”（伽达默尔. 现象学运动//伽达默尔著作集：第3卷. 1987：109-110.）对于马克斯·舍勒这种把现象学与人类学加以结合的倾向，胡塞尔本人是坚决反对的，他在1930年为《纯粹现象学和现象学哲学的观念》所写的《后记》中，把当代德国哲学状况说成“生命哲学、新人类学和生存哲学”在争夺地盘。他这里所谓生命哲学，是指狄尔泰；所谓生存哲学，是指海德格尔；而所谓新人类学，显然是指舍勒。对于舍勒和海德格尔的这种人类学倾向——他把前者称为经验主义的人类学，把后者称为先天的人类学——他说：“对于哲学来说，这是一种向‘先验的人类主义’或‘心理心理主义’的堕落。”（胡塞尔. 纯粹现象学通论. 李幼蒸，译. 北京：商务印书馆，1992：448.）哈贝马斯关于舍勒和海德格尔这两位胡塞尔的学生对现象学发展，曾说前者使现象学人类学化，而后者则使现象学本体论化。他在《后形而上学思维》中写道：“现象学在人类学化的过程中获得了其广度，而在本体论化的过程中获得了其深度，并通过这两条途径而吸取了生存主义的现实性。”

上都依然共同设置了 subjectum（主体）这个假定。”① 按照海德格尔的观点，我们应当避免这类主体概念，如灵魂、意识、精神、人格，就如同避免使用“生命”与“人”这些词一样。因此不管是狄尔泰的生命哲学，还是所有哲学人类学，在海德格尔看来，都是在存在论上未经探讨的。他说：“即使更激进的更为透彻的现象学人格阐释也不曾进入此在的存在问题这一向度。尽管胡塞尔与舍勒在提问和处理问题方面、在世界观的倾向上大相径庭，但他们的人格阐释在消极方面却是一致的。”② 这里海德格尔使自己与舍勒的哲学人类学区别开来，他认为这种人类学同样也对人的存在这一问题的存在论基础未经探讨，例如，“人是有理性的动物”这一传统人类学命题有理性的存在方式，是在现成存在和摆在那里这种意义上加以理解，实际上逻各斯的存在方式与那个存在者的存在方式却始终是晦暗不明的。因此海德格尔说：“在近代人类学中，那两条指导线索又同从 res cogitans（思维）、意识、体验网络等出发的方法纠缠在一起，但只要 cogitationes 本身在存在论上也还未经规定或未经明言地又被当作某种‘不言自明地给予的东西’接受下来，只要这种东西的‘存在’不成为问题，人类学的问题的提法在其决定性的存在论基础上就仍然是未经规定的。”③ 最后，海德格尔得到如下结论：“人类学、心理学和生物学都不曾为我们自己所是的这种存在者的存在方式问题提供意义明确的、在存在论上加以充分论证的答案。”④

2. 现象学诠释学

海德格尔在《存在与时间》里发展了一种现象学的诠释学，试图走出一条与胡塞尔相反的道路。在题为“现象学的探究方法”这一节里，海德格尔首先把现象学规定为一种方法概念，它不描述哲学研究对象的“什么”，而是描述对象的“如何”。他从词源学上探究了“现象学”这词的哲学意蕴。按照他的分析，现象学（Phänomenologie）在希腊文里是由 phainomenon（现象）和 logos（逻各斯）组成的。而 phainomenon（现象）是由动词 phainesthai 而来的，phainesthai 的意思是显示自身，因此 phainpmenon（现象）就是

① 海德格尔. 存在与时间. 1979：46.
② 同①47.
③ 同①49.
④ 同①50.

"显示自身的东西，显现的东西或开启的东西"，这词的前缀 pha 与希腊词 phos 很接近，意指光亮或光明，因此"现象"就是指"向白日光亮开启的东西，或能被带入光明的东西"，即与希腊人所说的"存在者"相类似的东西，因为按照希腊人的看法，存在者以种种不同的方式从自身显现。这种带入光明的意义，我们可以用海德格尔的另一词 Lichtung（澄明）来解释。Lichtung（澄明）不是从名词 licht（光）而来，而是从动词 lichten 而来，lichten 意指砍伐树木而成为林中空地，林中空地正是显示出的东西。logos（逻各斯）在希腊文里本有多种意义，如理性、语言、规律等，但按照海德格尔的看法，它的最重要的意思是讲话（言谈）。逻各斯作为讲话或言谈，其意义就是把讲话或言谈中所涉及的东西公布出来或昭示出来，海德格尔说"logos 是让人看某种东西，让人看言谈所谈及的东西，而这个看是对言谈者来说的，也是对相互交谈的人们来说的。言谈让人从某某东西方面来看，让人从话题所及的东西本身来看"①。言谈具有说的性质，即发声，而逻各斯作为讲话本身就是发声，因此逻各斯的更深的意蕴就是它通过言谈（发声）让某物自身显现出来，让某物作为（als）某物被观察到。因此，由"现象"和"逻各斯"（言谈）所组成的"现象学"一词的意思就是让人从言谈中看到事物如其所是地那样显示自身、昭示自身，或用海德格尔的话，"让人从显现的东西本身那里如其从其本身所显现的那样来看它"②。海德格尔认为，这其实就是胡塞尔的"面向事物本身"③。

这样，我们就看到了海德格尔所发挥的"现象学"与诠释学的联系，言谈中使事物得以揭示，这正是诠释学的基本性质。不过为了区别于以往的诠释学以及胡塞尔的现象学，海德格尔把他这种诠释学称为"实际性诠释学"（Hermeneutik der Faktizität），因为按照海德格尔的看法，现象学这种揭示功能是让事物自身把自己带到光亮之处，是让事物自身把自己从隐蔽状态带入光天化日之下，而不是我们心灵或意识把意义（光明）投射到事物之上。也就是说，是

① 海德格尔．存在与时间．1979：32.

② 同①34.

③ J. J. 科克尔曼斯（Kockelmans）在其关于《存在与时间》的解读中说："根据海德格尔的解释，胡塞尔的名言'回到事物本身'意味着：存在论避免所有任意的建构、所有人为的偶然的发现、所有貌似有根据的概念以及所有对伪问题的固执。"（海德格尔．存在与时间．北京：商务印书馆，1996：87）当存在论免去了这些东西，事物就会如其所是地那样向我们显示出来。

让事物如其所是地那样把自己显示出来，而不是将我们的范畴强加于事物，因此这是事物本身的一种存有论的显示，显示事物的并不是我们，反而倒是事物向我们显示其自身，是事物自身的力量导致事物如其所是地显现自身。也就是在此意义上，我们可以说现象学是存在者的存在的科学，即存在论。在海德格尔看来，存在论与现象学不是两门不同的哲学学科，这两个名称其实只是从对象和处理方式这两方面描述哲学本身。

海德格尔现象学与胡塞尔现象学之不同，我们可以用诠释学现象与先验现象学这两个概念来区分。对于胡塞尔来说，先验主观性是普遍的构成性力量，先验主观性实施着构成，同时也是被如此构成的一切事物的基础。胡塞尔说："对于这个单子自我的现象学说明——它的为己构成问题——原则上必须包括一切构成的问题。最终，为自我而对自我的构成所做的说明与现象学整体是重合的。"① 如果全部先验存在事实上只不过是自我的生命，那么存在的构成问题就与自我的构成重合，显然这是一种先验现象学，反之，对于海德格尔来说，普遍的构成性力量应当存在于人类主体之中，这种力量只有在此在中才发现"存在的真理"。存在的意义不是通过先验主观性的构成性自我展露而进入先验主观性，而是从此在之存在中历史的存在理解中争而后得。简言之，在胡塞尔那里，存在者的存在是在主体中并由主体设置起来的，先验主体则是自我设置的；而在海德格尔这里，存在者的存在实际上只是在此在中被设置，因为正如海德格尔自己所说："只有当此在存在，也就是说，只有当存在理解在存在者状态上的可能性存在，才有存在。"② 因为，只有当存在理解在存在者作为存在者时才是可通达的，而只有当存在者是具有此在的存在方式的存在者时，存在之理解作为存在者才是可能的。

3. 此在诠释学

真能够找到一条让事物自身显示给我们的通道吗？海德格尔在《存在与时间》里发现了这条通道，即人这个在者与其他在者不同，它在其自身上就与存在打交道，它自身就能如其所是地那样显示存在，因此存在现象学的存在论基础必须是一种"此在的现象学"

---

① 胡塞尔．笛卡尔沉思（E. Husserl. Cartesianische Meditionen. Haag）．1960：68.

② 海德格尔．存在与时间．1979：212.

(Phänomenologie des Daseins)。此在现象学就是让此在如其所是地那样将自身显示出来，相对于其他存在者的现象学，它可以说是一种基础或出发点，因此此在现象学又可称为基础存在论（Fundamentalsontologie)。所谓基础存在论，就是说它不是以一切存在者的存在作为探讨对象，而是只以在存在者上与众不同的存在者即此在作为探讨对象，它是以对此在进行生存论分析的形式出现的。此在现象学，作为此在如其所是地那样显示自身的学问，也可以说是把原始开展活动的可能性给予此在，让此在自身解释自己。海德格尔说："现象学的阐释必须把原始开展活动之可能性给予此在本身，可以说必须让此在自己解释自己，在这种开展活动中，现象学阐释只是随同行进，以便从生存论把展开的东西的现象内容上升为概念。"① 在此意义上，此在现象学意指一种存在论的诠释学，或者说，此在现象学就是此在诠释学（Hermeneutik des Daseins)。此在诠释学不仅把此在本已存在的基本结构显示出来，而且也把一般存在的本真意义展示出来，这种诠释在海德格尔看来是最根本的解释行为，它使事物自身从隐蔽状态中显现出来。海德格尔写道："现象学描述的方法论意义就是阐释（Auslegung)，此在现象学的逻各斯具有诠释的（hermeneüin）特性。通过诠释存在的本真意义与此在本已存在的基本结构就向居于此在本身的存在理解宣告出来。此在现象学就是就诠释学这个词原始意义来说的诠释学。据此，诠释学就标志着阐释工作。"② 因此这种诠释学不是那种文本解释的诠释，而是指事物自身对自身的诠释，在此意义上，海德格尔又称它为实际性诠释学（Hermeneutik der Faktizität）。所谓实际性（Faktizität）与事实性（Tatsächtigkeit）不同，前者表示具有此在性质的存在者的存在状况，而后者表示一般现成状态的存在者的存在状况。事实性只表示现时性，而实际性还具有未来性和可能性。在海德格尔看来，这种诠释学不同于以往任何诠释学，它是另一种意义上的诠释学，它是对此在的存在之阐释，它是对具体存在的生存性的分析，同时，它也阐明了一切存在论探究之所以可能的条件。这样一种诠释学就被规定为现象学诠释学，而这种对此在的生存论分析就被规定为"基础存在论"(Fundamentalsontologie)。海德格尔写道："哲学是普遍的现象学存在论，它是从此在的诠释学出发

① 海德格尔．存在与时间．1979：139-140.

② 同①37.

的，而此在的诠释学作为生存论的分析工作，则把一切哲学发问的主导线索的端点固定在这种发问所从之出且所向之归的地方上去了。”①

在研讨海德格尔的诠释学现象学或现象学诠释学时，有几个基本概念必须分清：现象学（Phänomenologie）、基础存在论（Fundamentalsontologie）、此在现象学（Phänomenologie des Daseins）、此在诠释学（Hermeneutik des Daseins）和实际性诠释学（Hermeneutik der Faktizität）。现象学，按照海德格尔的观点，是关于一切存在者的存在的科学，因此也可以说是存在论，然而在探讨存在论这一任务时，我们必须从一种基本的存在论出发，海德格尔把这种基本存在论称为基础存在论。所谓基础存在论，就是说它不是以一切存在者的存在作为探讨对象，而是以存在与众不同的存在者，即此在作为探讨的出发点，这原因正如上面所说，就在于此在在其自身上就与存在直接打交道。这种基础存在论是以对此在进行生存论分析的形式出现的，因此现象学在基础存在论里是关于此在的存在的科学，这种科学同时也可称为此在现象学。按照海德格尔的看法，人的此在过去曾显露过，可是现在却被遮蔽着，它已经被遗忘了，即使现在它又显露了，那也是以一种被歪曲的形式，以致人的此在到现在似乎还不是它实际所是，为此需要一种对此在进行现象学的分析，以便在完全的意义上把此在的存在显露出来。但要使此在的存在显露出来，就必须采取解释的方式，这样现象学本质上就是诠释学，因而此在现象学也就必然是此在诠释学。按照海德格尔的观点，此在现象学的逻各斯本身就具有诠释学的特性，通过诠释学，存在的本真意义与此在本已存在的基本结构就向此在的存在理解宣告出来。此在诠释学不仅揭示了此在本身的存在方式，而且也为进一步对非此在的存在者进行存在论研究提供了境域。简言之，此在现象学在下述三种意义上说是此在诠释学：(1) 它是让此在自己解释自己的原始活动，也就是让存在的意义和此在的基本结构向此在的存在理解展示；(2) 一旦发现了存在的意义和此在的基本结构，也就为进一步对非此在式的存在者进行存在论研究提供境域，这样它可以是另一种意义上的诠释学，即“整理出一切存在论探究之所以可能的条件”②；(3) 诠释学作为此在存在之解释还具有一种更深的意

① 海德格尔．存在与时间．1979：38.

② 同①.

义，即它是对具体存在进行生存论分析，这种意义的诠释学作为历史学在在者状态上的可能条件，在存在论上把此在的历史性建构起来，如果是这样，那么只可在派生方式上称作“诠释学”的东西，即历史精神科学方法论，就植根于这种意义的诠释学。此在诠释学，海德格尔又称之为实际性诠释学，他在《存在与时间》的一个注释中说：“关于对周围世界的分析以及一般的对此在的‘实际性诠释学’已在笔者1919—1920年度冬季学期以来的课程中多次讲授。”①实际性不同于事实性，它是关于具有此在性质的存在者的存在状况，因而此在诠释学也可叫作对此在的生存论分析。

所谓此在的生存论分析，就是指对此在之存在状况的解析、阐释或解释。此在存在于世界之中，我们也可以这样说，此在处于世界之中（befinde sich in der Welt），此“处于”也可写成be-finde sich，即发现自己。因此，此在处于世界之中，也可理解为在世界中发现自己，按世界理解自己，这就是海德格尔所说的此在的第一个生存论特征，即Befindlichkeit（境缘性）。境缘性意味着此在存在方式的被动性，如我们说“一个电视报道者处于事情的中心”，也就是说他被包围在事情的中心，它涉及一个在某种所与情况里的个人，而这个人是被抛进这种情况之中的。这样就出现了Geworfenheit（被抛状态），我无法避免地被抛进境遇里。境缘性表现了此在存在方式的两个被动方面：一方面此在总是已经处于它曾一下子被抛入其中的某种境遇中，另一方面此在通过它的所处（Befinden）对境遇采取某种情绪态度（empfindlich）（如畏）。海德格尔说：“境缘性不仅在这种被抛状态和指派状态中开展此在，而且境缘性本身就是生存论上的存在方式。此在以这种方式不断把自己交付给“世界”，让自己同“世界”有所牵涉，其方式是此在以某种方式逃避它自己。这种闪避的生存论情形将在沉沦现象中变得显而易见。”② 但境缘性还有积极的方面，这就是此在的第二个生存论特征，即理解（Verstehen）。因为我们不仅被抛入一个境遇中，而且我们还在对自己进行筹划（Entwurf），因为此在是能在（Können-sein），其存在对之乃一个问题，它在自己的存在中向可能性筹划自身，而这种筹划正是被抛状态的对立面。因此我们可以说此在“被抛在筹划的存在方式中”（Dasein ist in die Seinsart des Entwerfens geworfen），此在的

① 海德格尔．存在与时间．1979：72.

② 同①139.

存在方式是“筹划着的被抛状态”（entwerfende Geworfenheit ）或“理解着的境缘性”（verstehende Befindlichkeit）。这种主动与被动的双重性，海德格尔曾用一句话来表示：sich-vorweg-schon-sein（in-der-Welt）als Sein-bei［在其（在世的）存在中已经先行于自身］。他写道：“此在是那种为的就是存在本身而存在的在者。这个‘为的就是……’在理解的存在机制中得到了解释。这种理解即是向最本己的能在筹划自身的存在，而这种最本己的能在就是此在一向为其之故而如其所是地存在着的东西。此在在其存在中总已经和它本身的一种可能性合在一起了……向最本己的能在的存在从存有论上却是说，此在在其存在中已经先行于它自身了。此在总已经‘超出自身’，并非作为对另外一个它所不是的存在者行为，而是作为向它自己本所是的能在的存在……先行于自身的存在，说得更充分一些就是：在其（在世的）存在中已经先行于自身。”[①] 此在是在世存在，因为它关注他的生存（verhält sich zu seiner Existenz），而且是在开启它的意蕴的背景上（auf dem Hintergrund einer Erschlossenheit seiner Bedeutsamkeit）关注他的生存。这就是此在的筹划着的被抛状态或理解着的境缘性。

这样，海德格尔对理解概念做了重新诠释。理解按施莱尔马赫的看法，是一种深度的移情，与作者的思想取得一致，按狄尔泰的看法，理解不同于说明，它是深入个体内心的行为，如理解一幅画、一首诗、一个事实，不同于科学的说明，它是把握生命的表现。在海德格尔这里，理解完全不是这样，理解就是在一个人生存的生活世界脉络中去把握他自己存在可能性的能力，理解并不是进入他人境遇的特殊能力，也不是在更深意义上把握某种生命表达的能力，而是此在在世存在的一种基本方式。境缘性的理解（befindliche Verstehen）和理解着的境缘性就构成此在的基本生存论环节。理解作为此在的原始存在方式，而不是此在的行为方式。如果像狄尔泰认为的那样，理解指其他种种可能的认识方式之一种，如说是某种与“说明”（Erklären）不同的认识方式，那么海德格尔认为“这种意义上的理解就必须和‘说明’一道被解释为那种共同构成此在的原始的理解在生存论上的衍生物”。这样，理解已超出主-客二分格式，认识变成理解的一个派生形式。我们可以把海德格尔的理解和

① 海德格尔．存在与时间．1979：191-192.

解释概念总结为三点：（1）对于每一生存论行为，理解是存有论上最基本的行为以及先行于所有生存论行为的行为；（2）理解总是联系到未来，这是它的筹划性质（Entwurfscharakter），但这种筹划需有一个基础，即 Befindlichkeit，即在一个人所处世界的位置的领域内揭示此在的具体可能性；（3）解释不是某种在理解出现之后发生的东西，理解就是解释，解释无非是把理解中所筹划的种种可能性整理出来。这种理解观点正是哲学诠释学的出发点，正如伽达默尔所说："我认为海德格尔对人类此在的时间性分析已经令人信服地表明，理解不属于主体的行为方式，而是此在本身的存在方式。"① 并说他的诠释学概念"正是在这个意义上使用的"②。

4. 现存在手状态与使用上手状态

这里我们可以对海德格尔所谓的"世界"做一些解释。在海德格尔那里，"世界"绝不是像科学家所认为的那样，意指可客观考察的环境或宇宙，也绝不是像我们通常所认为的那样，意指所有存在物的整体。按照海德格尔的观点，世界乃先于这种主-客二分的观点，世界既先于所有的客观性，又先于所有的主观性。世界是在我们认识一个事物的行为中所预先假设的东西，世界中的每一事物都必须依据世界来把握，理解必须通过世界来进行，如果没有世界，人就不可能在其显示中看到任何事物。但是，尽管人必须通过世界来观看一切，世界却是如此的封闭，以致它往往逃避人的注意，我们往往不是在知中而是在用中才注意到它。如书本、钢笔、墨水、纸张、垫板、桌子、灯、家具、门窗等，只有在属于用具的世界里才能是其所是。海德格尔说："切近照面的东西是房间，而房间却又不是几何空间意义上的'四壁之间'，而是一种居住工具。'家具'是从房间方面显现出来的，而在'家具'中才显现出各个零星用具。用具的整体性一向先于零星用具就被揭示了。"③ 在这里，海德格尔提出他所谓 Vorhandenheit（现存在手状态）与 Zuhandenheit（使用上手状态）的区分。前者指那种以无利害关系的直观的通往在者方式显示自身的东西，也就是以往哲学家直到胡塞尔所解释的带有一定性质的事物（实体）；后者则是指从我们使用中显示自身的东西，

① 伽达默尔．真理与方法：第1卷．1986：440．

② 同①．

③ 海德格尔．存在与时间．1979：69．

也是海德格尔特别强调的一种不同于胡塞尔的最本真的通往在者的方式。例如，用锤子来锤，并不是把这个在者当作现成在手的东西进行专题把握，锤不仅有着对锤子的用具特性的知，而且还以最恰当的方式占有这一用具。海德格尔说："对锤子这物越少瞪目而视，用它锤得越起劲，对它的关系就变得越原始，它也就越发昭然若揭地作为它所是的东西来照面，作为用具来照面。"①

按照海德格尔的观点，理解就是与事物打交道（mit etwas zu tun，mit etwas umgehen），理解的最本真的方式就是在事物自身的运作中使自身被揭示出来，或者说"在者的用器性"（Zeughaftigkeit）把在者如其自在存在那样带到了表现，而不只是像它在与我们的直观中那样表现自己。把 Zeug（工具）规定为使用对象只是一种暂时的定义，精确的定义则是 Zeug 等同于"我们与之交往的最切近照面的在者"，它是从我们首先对这个在者的 Zugang（接近通道）出发去定义 Zeug。Zeug 不只是我们生产的工具，而且也包括文化的在者和自然的在者，如海德格尔称太阳为 Zeug。假如我们想知道几点钟，我们就与太阳打交道，太阳不是我们制造的使用对象，而是自然存在的在者。我们接近太阳的主要通道在于我们为这或为那使用它，如为了天文学上计算精确的时间或为了天体的定位。但海德格尔这里是否心理化自然物体呢？例如，太阳是实际上具有 140 万千米直径，5 700k 表面温度，在赤道上大约 24 天周行一圈速度的物理对象，海德格尔对此并不否认。但他问，当我们说这些性质时，这意味着什么呢？不管胡塞尔还是海德格尔，都会回答：从现象学来看，一个在者只能具有一种为我们的意义，但与胡塞尔认为我们能有一种通往太阳的无利害关系的直接通道不同，海德格尔则认为只有当我们处于一种有关系的与太阳的交往之中，我们才能给予太阳以一种意义。从现象学来看，这就是说，太阳只能具有一种为我们的意义，而这种意义只能在有关系的交往中才能被揭示出来。这不是心理化，而是在者显示自身。如果只有当我们处于一种与在者的使用着的交往之中，在者身上的客观特征才基本表现出来，那么在者只能是那种通过这种使用才表现自身的东西。

5. 前理解：前有、前见和前把握

理解就是在世界这种"因缘整体性"（Bewandtnisganzheit）中

---

① 海德格尔．存在与时间．1979：69.

来把握在者。这种因缘关系整体海德格尔用“意蕴性”（Bedeutsamheit）来作为其明了性的存有论根据。意蕴性是某种比语言的逻辑系统更深层的东西，是先于语词并与语言同样原始的东西。意蕴性不是人们给客体所赋予的东西，而是客体通过供给语词和语言存有论的可能性而给予人的东西。海德格尔说：“从在理解世界中展开的意蕴出发，繁忙的存在在使用上手的东西那里使自己理解到它同照面的东西一向能有何种因缘关系……解释无非是把这种因缘关系释放出来。”① 因缘整体性乃解释的本质基础。在海德格尔看来，解释从不是无前提地把握事先给定的事物，而是具有他所谓理解的前结构，这就是所谓前理解。前理解包括三种要素：前有（Vorhabe）、前见（Vorsicht）和前把握（Vorgriff）。按照海德格尔的观点，“把某物作为某物加以解释，这在本质上是通过前有、前见和前把握来进行的”②。前有指此在的理解存在与它先行理解的因缘关系整体的先行占有关系。前见指前有中的那些可以在这种特殊的理解事件中被解释的特殊方向，也就是解释者理解某一事物的先行立场或视角。在前结构里被给出的可达到理解的概念则称为前把握，这些概念在解释性的理解出现之前或者是最终地或者是暂时地被假定。海德格尔写道：“这种解释一向奠基于一种先有之中。作为理解的占有，解释活动有所理解地向着已经被理解了的因缘整体性去存在。对被理解了的但还隐绰未彰的东西的占有总是在这样一种眼光的指导下进行揭示，这种眼光把解释被理解的东西时所应着眼的那种东西确定下来。解释向来奠基于先见之中，它瞄准某种可解释状态，拿在先有中摄取到的东西开刀。被理解的东西保持在先有中，并且先见地被瞄准，它通过解释上升为概念。解释可以从有待解释的在者自身汲取属于这个在者的概念方式，但是也可以迫使这个在者进入另一些概念，虽然按照这个在者的存在方式来说，这些概念同这个在者是相反的。无论如何，解释一向已经断然地或有所保留地决定好了对某种概念方式表示赞同。解释奠基于一种先把握之中。”③

因此，一切理解都不是对对象的无前提的理解，对象其实已经在某种模糊的方式里被理解，理解是基于解释者的前结构的先行的前理解，前结构将构成解释者的不言而喻的、无可争论的先入之见。

---

① 海德格尔. 存在与时间. 1979：148-149.

② 同①150.

③ 同①150.

不过这里有一问题，如果前理解本身又要依赖于另一前理解，那么理解就会陷入一种无穷倒退的过程。这种无穷倒退的过程只有当我们可能用某些其他工具证明某些前理解或者当某些前理解本身是自我证明的才可避免，但海德格尔不认为这两种可能的后一种是可能的。因此海德格尔随即提出理解的循环，他论证说，这种循环是无法避免的，但它不是恶的循环，因为前提（前理解的前结构）可以不依赖于理解的结果而正确地被证明："决定性的事情不是从循环中脱身，而是依照正确的方式进入这种循环。"① 这就是说，我们虽然不能避免对前理解的依赖，但是我们一定能证明前理解里的前结构。海德格尔争论说，前理解里的前结构一定是建基于事物本身（Sachen selbst）的，即正确的前理解，而不是建基于只是意见或流俗的看法。他写道："循环不能被降低为一种恶性循环，即使降低为一种可以容忍的恶性循环也不行。在这种循环中隐蔽着最原始认识的一种积极的可能性。当然，这种可能性只有在如下情况中才能得到真实理解，即当解释理解到它的经常的和最终的任务始终是不让向来就有的先有、先见和先把握以偶发奇想和流俗之见的方式出现，而始终是从事物本身出发整理先有、先见与先把握，从而确保科学论题的正确性。"② 这就是说，在理解过程中，解释者不断地在考察他的在前结构内的预期意义，以便发现这些前结构是否基于事物本身。但是，我们如何发现我们的前结构事实上是基于事物本身而不是基于意见呢？海德格尔只是从存在论上提出这个问题，正如伽达默尔所说："海德格尔探究历史诠释学问题并对之进行批判，只是为了从这里按存在论的目的发展理解的前结构。反之，我们探究的问题乃是，诠释学一旦从科学的客观性概念的存在论障碍中解脱出来，它怎样能正确地对待理解的历史性。"③

6. 海德格尔的"转向"

相对于前期的海德格尔，后期的海德格尔发生了一次他所谓的"转向"（Kehre）。如果说海德格尔前期哲学是以作为人的此在为出发点，根本点在于阐明此在的本真性和非本真性，那么海德格尔后期哲学则是以命运（Schicksal）或天命（Geschick）的存在为出发

① 海德格尔. 存在与时间. 1979：153.

② 同①.

③ 伽达默尔. 真理与方法：第1卷. 1986：270.

点，根本点在于阐明在场与不在场、遮蔽与揭蔽、真与不真的统一。在早期著作《存在与时间》里，真理是作为此在的被敞开状态（Erschlossenheit des Daseins），而在后期哲学里，真理是作为存在的发生（Geschehen des Seins）或存在的自成，自行开显（Seinsereignis）。我们可以说，这是一场从此在的生存论分析到存在命运思考的大转变。相对于这种转向，他的诠释学概念也发生了很大的变化。在《存在与时间》里，诠释学是作为"实际性诠释学"来加以解释的，即以一种此在的现象学名义把此在的不可证明的事实性作为诠释学基础。海德格尔说："从起源上来说，诠释学只能标志一种解释的技艺学或历史精神科学的方法论。"可是当后期海德格尔看到诠释学不再是人的理解的标志时，也就是不再在人这一主体里为理解和诠释学奠定最终基础时，他把诠释学在词源上与希腊神的信使赫尔默斯相联系。他说："诠释学并不意指解释，而最先是指带来福音和消息。"① 这里，某种更高的东西，一种我们可以说是无上帝名称的全在或用海德格尔自己的词汇"存在命运"在天地神人这一四位体里显露出来了，理解和诠释学就是倾听这个最高存在命运话语的福音，或用海德格尔更专门的术语，即倾听 Ereignis 的 Sage。这样海德格尔把发展迄今的进程次序颠倒过来，并且否认意识的自主性活动。并不是我在思考，而是我被思考；并不是我在诉说，而是我被诉说；并不是我在论述事物，而是我被事物论述。万物出自语言，又回归于语言。

7. 艺术和语言作为存在论的真理事件的密码

在《存在与时间》里，艺术问题尚未作为主题明确的论述，而且语言在那里也只是作为原始的敞开方式加以处理，即语言在此在展开这一生存论结构中有其根源。真理的处所就是被揭示状态（Entdecktheit），而揭示（Entdecken）的前谓语经验事后是通过语言被表现的，陈述在被揭示存在的证明（Bewährung）中有其本质。在这里，对语言的传统理解似乎占了上风，正如我们在柏拉图和黑格尔那里所看到的，语言服务于展开（Erschlossenheit），因为它证明被揭示的存在（das Entdeckt-sein）并对它进行表达，因而语言在《存在与时间》里被处理为次要的问题。但在海德格尔后期转向哲学

① 海德格尔．走向语言之途（Martin Heidegger. Unterwegs zur Sprache. Pfullingen）. 1959：122. 以下凡引《走向语言之途》原文，均为德文页码，可在中译本边页找到。

里，语言却成为中心。这种转向似乎并不是由语言哲学研究（如20世纪英语国家所进行的语言哲学研究）的增强而影响的，而是由一种作为转向基础的经验所致，即对此在被抛状态和软弱无能的一种越来越强烈的普遍意识。由于认为理解是一种筹划，解释无非是把理解中所筹划的种种可能性整理出来，早期海德格尔还可能写道“陈述是此在的一种意向性的行为”①，但筹划者（der Entwerfende）在转向里却变成被抛者（der Geworfende）。摆脱此在的意向性，语言成为一种 πανο，一种“应对”（ein Zuspruch），一种逻各斯的遭遇（Widerfahrnis）。语言被证明同时是主体的新的“实体”。生长在语言里和被抛在语言里的此在感到语言是一种超越人的自我理解的命定（Determinierung），语言和存在刻画同一种基本经验，这种经验只能由于自身的转向才被意识到。此后真理问题越来越多地被转到语言事件里。正如真理在这里成了既是揭蔽（Entbergung）又是遮蔽（Verbergung）的过程，语言本身也是一种本身仍是遮蔽的揭示着的敞现（ein entdeckendes Offenbaren），因为它证明一种不可再深入追问的被解释状态（Ausgelegtheit），并且使思想走上它的预先规定的道路。当海德格尔试图在语言里和通过语言去思考语言时，他认识到语言是如此统治我们的主人，以致它成了一种独立的几乎是独白式的大者。语言不再是此在展开状态的表达或证明，而本身成了使人遭受的被展开状态（Erschlossenheit）。展开的证明现在是把真理事件保存在此在所居住其中的语言本身之中，从而不再是此在，而是语言成了“在的家”②。这样语言就失去了它在《存在与时间》里的工具性或功能性的意义，而获得了一种实体性的存有论的真理性（aletheiologische）度向，也就是伽达默尔在《真理与方法》第三部分里所继续追随的度向。在海德格尔这里，语言的存有论的主体位置是这样广大，以致人的讲话被说成一种有来源的语言存在方式，人的讲话看自身为使讲话（Ent-sprechen），应对语言。“终有一死的人讲话，因为他们以一种双重的方式，即以有所获取和有所回答的方式‘应对语言’”③。海德格尔这种神奇的讲话方式无疑包含一种深

① 海德格尔. 现象学基本问题（Martin Heidegger. Die Grund Prblems der phänomendogie. Frankfuet a. M.）. 1975：295.

② 海德格尔. 林中路（Martin Heidegger. Holzwege. Frankfurt a. M.）. 1950：286；海德格尔. 论人道主义信仰（Martin Heidegger. Brief über den Humanismus. Frankfurt a. M.）. 1967：311.

③ 海德格尔. 走向语言之途. 1959：32.

刻的诠释学意义，因为这种方式指出了语言的真理内蕴，应对（Entsprechen）就是说，我们在一种严格意义上隶属于（angehören）语言，听从（Gehören）表现倾听（Hören）语言的告诫（Zurede）①。伽达默尔曾以倾听辩证法讲到"倾听者并非仅仅被人攀谈，毋宁说，被攀谈的人不管它愿意或不愿意都必须倾听。他不可能像观看那样，通过观看某个方向从而不看对方来不听他人所讲的东西"，"所谓隶属的东西是从传承物的诉说而来的东西，谁这样处于传承物中，谁就必须倾听从传承物向他涌来的东西"②。历史的遗产——或贯穿我们人类存在的天命的遗产——遗留在语言里，语言作为人类历史的卓越见证者超越了人各自的自我理解，语言成了我们可以参与的真理事件。为了思考这种真理，海德格尔走向语言之"途"，而我们无须问这条路通向何处，关键的东西是我们所处的这条路的经验。人不再是统治语言的主人，而是只能从语言期待"暗示"。海德格尔在诗里找到了这种语言经验并瞥见了语言里所显现的存在真理。寓于语言里的真理内蕴在日常性的工具性的讲话里被丧失，而在诗里却得以明显表现，诗经受真理的事件，即揭蔽（Entbergung）与遮蔽（Verbergung）的共在（Zusammenfallen），在诗里"产生了"真理。

真正的艺术家在他的作品面前退却，海德格尔说"艺术家与作品相比微不足道"③。艺术家的个性或天才不再是首要的，本质的东西是作品本身真理的显现。海德格尔说艺术的本质就是"在者的真理自行安置在作品中"（das sich-ins-Werk-setzen der Wahrheit des Seiendes）或"真理创造性地保存在作品里"④。这里所说的真理事件，海德格尔描述为大地与世界的原始争执，以此表示真理的结构，即包含一种突出的因素和一种隐蔽的因素，真理的原始争执就成了揭蔽与遮蔽统一的真理结构。

第三节　伽达默尔的哲学诠释学

汉斯-格奥尔格·伽达默尔（Hans-Georg Gadamer）出生于德

---

① 伽达默尔. 真理与方法. 1986：342，438.

② 同①588.

③ 海德格尔. 林中路. 1950：25.

④ 同③25，29.

国马堡，曾就学于布雷斯劳（现属波兰）、马堡、弗赖堡、慕尼黑等大学，攻读文学、古典语言、艺术史和哲学。伽达默尔属于德国20世纪20年代最年轻的一批哲学大学生，对于这批大学生来说，与海德格尔相识是对他们智力发展相当重要的事件。在海德格尔1923年就任马堡大学教席之前，伽达默尔曾经在哈特曼和拉托普的指导下写过一篇论柏拉图的博士论文。当时海德格尔在批判性地与传统（柏拉图、亚里士多德、奥古斯丁以及路德）对话的基础上发展哲学的倾向必然唤起伽达默尔的注意和兴趣，因为他在哲学里既想找到一种历史的度向，又想找到一种具有广泛规模的系统化的度向。与胡塞尔相反，伽达默尔反对这样一种观点，即哲学可以没有一种对传统的历史研究而能对它进行大规模的系统的表态。对历史传承物的解释并不只是一种在系统化哲学之旁的哲学史活动，对传统的关系乃哲学本身的一部分，亦即一种以后在其代表作《真理与方法》中所表现的基本态度。1929年在海德格尔的主持下，凭借《柏拉图的辩证伦理学》论文取得教授资格后，他曾在马堡大学讲授伦理学和美学。1939年在莱比锡大学获得教授职位，1945年任该校哲学系主任，1946年晋升为该校校长。1947年转入法兰克福大学任首席哲学教授，1949年起在海德堡大学接任雅斯贝尔斯教席，直至1968年退休。主要著作有《柏拉图的辩证伦理学——〈菲利布篇〉的现象学解释》（1931年初版，1968年以《柏拉图的辩证伦理学和柏拉图哲学其他方面的研究》为名扩充再版）、《柏拉图与诗人》（1934）、《真理与方法》（1960）、《短篇著作集》（4卷本，1967—1977）、《黑格尔的辩证法——五篇诠释学研究论文》（1971）、《我是谁，你是谁?》（1973）、《柏拉图〈蒂迈欧篇〉里的理念和实在》（1974）、《科学时代的理性》（1976）、《柏拉图和亚里士多德之间的善的理念》（1978）、《黑格尔的遗产》（1979）、《海德格尔之路——后期著作研究》（1982）和《赞美理论》（1984）等。《伽达默尔全集》共10卷，1986年开始编辑出版，1995年完成。

1. 伽达默尔哲学诠释学的渊源

在《真理与方法》里，伽达默尔把他自己的思想理解为海德格尔诠释学哲学的继续发展，而这个发展又是与施莱尔马赫和狄尔泰的诠释学传统相联系并与黑格尔哲学进行综合的结果。同样，在《科学时代的理性》这部论文集里，伽达默尔也曾这样谈到他自己的理论渊源："由于海德格尔思想所产生的推动，我曾力图使浪漫主义诠释学以及它在历史学派——经过兰克、德罗伊森、狄尔泰和他的学生们——的影响下所获得的进一步发展产生一个哲学的转向，而这一转向又是与黑格尔那种包罗万象的综合密不可分的。"① 为了理解伽达默尔哲学诠释学与施莱尔马赫和狄尔泰的诠释学传统以及与黑格尔哲学的这种联系，我们首先必须弄清伽达默尔哲学诠释学与施莱尔马赫和狄尔泰的诠释学传统的区别。如上所说，在施莱尔马赫之前的诠释学里，《圣经》和希腊、罗马的古典著作具有中心的作用，因为这些著作被认为是与真理具有某种特殊关系的权威的文本。因此人们不自觉地假定，文本的解释不仅说出了某种关系文本的东西，而且也说出了某种关于神圣的或人间的此在的真理。与17、18世纪《圣经》批判相联系，尤其通过施莱尔马赫，在19世纪上半叶，诠释学从它原来与神学、语文学的独断论的联系中"解脱出来"（狄尔泰语），并发展成一门关于文本理解、人理解或历史事件理解的普遍学说。对象领域的扩大必然使诠释学失去了它与某种特定文本的紧密联系，也失去了它与真理的特殊关系。按照施莱尔马赫的看法，诠释学不应从要解释的古代的或基督教的文本内容出发，而是应从我们接近文本的特殊方式出发，因此诠释学的任务不再是使我们接近上帝和人的真理，相反，诠释学应当发展那种有助于我们避免误解文本、他人讲话、历史事件的技术或方法。按照施莱尔马赫的观点，我们必须深入文本背后的那个创作文本的"你"那里，这意味着我们除了语言学的入门外，还需有某种心理学的入门。借助对文本的心理学解释，解释者设身处地体验陌生作者的心理状态，并从这里重新构造文本。施莱尔马赫以这种要求导入一种新的文本概念，文本不再首先是关于上帝和人类的真学说的传达（Vermittlung ），而是一种生命的表现（Lebensausdruck）、一种心理的产品。按照这种概念，我们只有把文本理解为某个生命过程的组成部分、整体教化过程的组成部分、某个个性的组成部分，我们才理解了该文本，这最后使我们有可能比作者本人还更好地理解作者，因为我们可以在他的整个工作的联系中，即在他的整个生活和时代中，理解他的某个个别著作，而作者本人却缺乏这种概观，因为他自己处于生活之中。就此而言，施莱尔马赫心理化了并扩充了那个诠释

① 伽达默尔．科学时代的理性．1981：39．

学基本原则，即整体必须通过部分来理解，部分必须通过整体来理解。这不仅适合于文本的整体应从它的部分得以理解，或文本的部分应从它的整体得以理解，而且也适合于作者的生活关系即作者的整个生活应从他生活的个别阶段来理解，或他生活的个别阶段应从他的整个生活来理解。狄尔泰曾把施莱尔马赫的这种诠释学视为从独断论教条中解放出来，他一方面接受了施莱尔马赫关于诠释学循环的心理学见解，另一方面他又把个人的心理（Psyche）和生平传记（Biographie）立于历史的联系中，把它们都看成整个生命的表现（Lebensäusserungen），从而使诠释学与生命哲学相联系。

正是在这里，伽达默尔感到他必须走出一条与施莱尔马赫和狄尔泰相反的诠释学道路，他在《真理与方法》里写道："假如我们认识到以跟随黑格尔而不是施莱尔马赫为己任，诠释学的历史就必须有全新的着重点。它的最终完成不再是历史理解摆脱一切独断论的先入之见，而且我们也将不能再按照狄尔泰跟随施莱尔马赫所描述的方式来看待诠释学的产生，我们必须从狄尔泰所开创的道路走向新的道路。"① 这里，胡塞尔的现象学，特别是海德格尔的现象学的诠释学对伽达默尔这种"走向新的道路"发生了里程碑的影响。作为胡塞尔的学生，海德格尔在其《存在与时间》里提出，理解作为此在的存在方式，就是此在"向着可能性筹划它的存在"，理解的筹划活动具有造就自身（sich ausbilden）的特有可能性，而解释无非就是指"理解的这种造就自身的活动"，因此"解释并不是把某种'意义'抛掷到赤裸裸的现存东西上，也不是给它贴上某种价值标签，而是随世内照面的东西一起就一直已有某种在世界理解中展开出来的因缘关系，解释无非就是把这种因缘关系释放出来而已"②。伽达默尔遵循他的老师所开辟的这一从认识论到本体论的根本转向，将自己的任务看作把作为方法论的解释理论转变成作为哲学的诠释学，他在其《真理与方法》第2版序里写道："我认为海德格尔对人类此在的时间性分析已经令人信服地表明，理解不属于主体的行为方式，而是此在本身的存在方式。本书中的'诠释学'概念正是在这个意义上使用的。它标志着此在的根本运动性，这种运动性构成此在的有限性和历史性，因而也包括此在的全部世界经验。"③ 并

---

① 伽达默尔. 真理与方法：第1卷. 1986：177.

② 海德格尔. 存在与时间. 1979：150.

③ 同①440.

说："像古老的诠释学那样作为一门关于理解的'技艺学'，并不是我的目的。我并不想炮制一套规则体系来描述甚或指导精神科学的方法论程序。我的目的也不是研讨精神科学工作的理论基础，以便使获得的知识付诸实践……我本人的真正主张过去是、现在仍然是一种哲学的主张：问题不是我们做什么，也不是我们应当做什么，而是什么东西超越我们的愿望和行动而与我们一起发生。"①

正如胡塞尔和海德格尔一样，伽达默尔反对把文本只看作某个个人生活的单纯表现的观点。文本当然可以是某个心理状态、某个个体生活和某个历史情况的表达，但文本同时又是比某个纯粹的表达现象更多的东西。文本常常包含某种"更多"的东西，因为它要求说出某种关于它所讲的对象的真实东西。语言不只是生活的表达，而且是真理的启示，这不仅适合于文字性的表达，也适合于口头性的表达。在语言中某种东西被主张，这种主张并不只是某个心理生活的单纯表现。理解所说的话，意味着我们理解某种带有真理要求的主张。通常我们都是理解和接受别人所说或所写的东西。按照伽达默尔的观点，理解的原始形式就是同意或相互一致（Einverständnis），即理解者与被理解的东西取得一致意见。伽达默尔说："我们从这一命题开始：'理解（Verstehen）首先指相互理解（sich miteinander verstehen）。'了解（Verständnis）首先是相互一致（Einverständnis）。所以，人们大多是直接地相互理解的，也就是说，他们相互了解直到取得相互一致为止。了解也总是对某物的了解。相互理解（sich verstehen）就是对某物的相互理解（Sichverstehen in etwas）。语言已经表明：谈论的东西（Worüber）和涉及的东西（Worin）并不只是一个本身任意的相互理解不必依赖于它的谈论对象，而是相互理解本身的途径和目的。"② 这种同意和相互一致就是赞同被理解东西的意见和承认被理解东西的真理，例如，我问某个行人现在几点钟，这人回答说 1 点 20 分，我的第一个反应并不是怀疑这个回答，而是我理解和接受即相信他所说的话。我以这种方式读一个文本，一般是带有这种信念，即它的报道提出某种真理要求。理解某个陌生文本，就是理解它所提出的某种可能真理要求，而这种可能真理首先必须被接受。在我们日常与我们同胞的交往中，我们是从这一点出发，即他们讲真理。只有当这种在人们之

① 伽达默尔．真理与方法：第 1 卷．1986：438.
② 同①183-184.

间自然而然的同意被阻碍时，诠释学才成为特有的问题。例如，某人说现在是中午，尽管天已经黑了，我可以怀疑他的回答并思考他真正的意思是什么，可是这样我是在试图找出所说的话里的某种意义，因为我把回答认作某种玩笑。只有当理解谈话对方（文本）的所有可能性都穷尽了，我才试图进入文本或所说的话的背后并探究那是怎样与他人的心理和个体的行为方式相关联的。当施莱尔马赫和狄尔泰把对他人（如作者）心理生活的分析看作每一理解的前提时，对于伽达默尔来说，这只涉及一种极限情况，仅从这种极限情况出发，人与人之间的基本的理解就不能被把握。

与施莱尔马赫和狄尔泰相反，伽达默尔反对这一观点，即理解在于通过‘体验’（Einleben）某个陌生意识而“重构”某个陌生心理东西。按照他的看法，如果我们想理解一个文本，我们其实并不试图使自己设身处地地位于作者的心灵生活中，他写道：“正如我们所说的，所谓理解就是对事情① 取得相互一致，而不是说使自己置身于他人的思想之中并设身处地地领会他人的体验。”② 他继续说，如果说“设身处地”（sichhinversetzen）是有意义的，那么是在这一意义上，即我们设身处地地于作者关于他所讲的事情的意见之中，就此而言，我们必须让事情本身及其真理要求得以表现。所以只有当我们参与文本并认真取其真理要求时，我们才正确理解该文本，如果我们只是把文本带回到单纯的源泉材料、单纯的传承物，或只是认为它们是关于事件的报道，那么我们就永不会理解作为文本的文本。文本绝不只是单纯的源泉，借助它我们能重构某个他人生命的心理过程。伽达默尔写道：“施莱尔马赫并不是第一个把诠释学任务限制于使别人在讲话和著作中所意味的东西成为可理解的人。诠释学技艺从来就不是研讨事物的工具论……可是，凡是在我们致力于理解——例如，对《圣经》或古典文学进行理解——的地方，我们总是要间接地涉及隐藏在原文里的真理问题，并且要把这种真理揭示出来。事实上，应当被理解的东西并不是作为某种生命环节的思想，而是作为真理的思想。正是因为这一理由，诠释学才具有一种实际的作用，保留了研讨事物的实际意义。”③ 伽达默尔还进一步

---

① “对事情”（in der Sache），这是根据《真理与方法》第 4 版译出的，该书第 5 版是“在语言上”（in der Sprache），似乎第 5 版有误。

② 伽达默尔. 真理与方法：第 1 卷. 1986：387.

③ 同②189.

分析说，如果我们了解了话语与书写文字的差别，那么话语一旦变成了文字，它所包含的作者思想就已不是原先的思想了。他说道："通过文字固定下来的东西已经同它的起源和原作者的关联相脱离，并向新的关系积极地开放。像作者的意见或原来读者的理解这样的规范概念实际上只代表一种空位，而这空位需不断地由具体理解场合所填补。"① 正是在这里，伽达默尔在黑格尔的遗产里找到了克服施莱尔马赫和狄尔泰问题的理论基础，他写道："黑格尔的遗产，尤其是'客观精神'这一概念，经过狄尔泰，甚至经过新康德主义和本世纪才出现的现象学，终又获得了新的生命力，而这指出了一条克服现代主观主义的片面性，尤其是'心理学'解释的片面性的道路。施莱尔马赫的移情体验的天才，不仅把这种心理学解释加进解释理论的传统方法中，而且还将其选定为独特的方法。关于客观精神的理论，成了狄尔泰学派的最有影响的遗产。因而这使我面临一个抉择——是'在心理上重构过去的思想'，还是'把过去的思想融合在我们自己的思想中'？——我决定反对施莱尔马赫而赞成黑格尔。"②

情况是很明显的，当诠释学强调所要理解的东西，不是作为生命环节的思想或作者的意图，而是作为真理的思想时，理解和解释的任务就显然不是重构或复制原来的思想，而是阐明和揭示具有真理性的思想。正如老师在向学生讲欧几里得的几何学时，他绝不只是重构或复制欧几里得的意图，而是阐明具有真理性的几何学原理。另外，要真正阐明过去的真理或历史的真理，绝不是单纯重复或复制过去的东西或历史的东西，过去的东西或历史的东西之所以对我们来说是真理，绝不是因为它们过去是真理，而今天不是真理，因此真正真理性的东西永远是过去与现在的综合。正是在这里，伽达默尔返回黑格尔，黑格尔在其《精神现象学》里说命运虽然把那些古代的艺术作品给予了我们，而没有把那些作品的周围世界、它们的现实的春天和夏天给予了我们，但艺术女神却"以一种更高的方式把所有这些东西聚集到具有自我意识的眼神和呈递的神情的光芒之中"③。伽达默尔说，黑格尔在这里超出了理解问题在施莱尔马赫那里所具有的整个范围，他"以一种更高的方式"在自身中把握了艺术的真理。因为黑格尔在过去与现在的综合中看到了真理性，他

① 伽达默尔. 真理与方法：第1卷. 1986：399.

② 伽达默尔. 科学时代的理性. 1981：40.

③ 同①173.

把历史的表象态度变成对过去的思维态度。在《真理与方法》一书中，伽达默尔把黑格尔的综合法与施莱尔马赫的重构法相对立，他认为黑格尔强调过去与现在进行中介的综合法远比施莱尔马赫所谓原汁原味解释的重构法更具有真理。他写道："这里黑格尔说出了一个具有决定性意义的真理，因为历史精神的本质并不在于对过去事物的修复，而是在于与现时生命的思维性沟通。如果黑格尔不把这种思维性沟通认作某种外在的和补充性的关系，而是把它与艺术真理本身同等看待，那么他就是正确的。这样，黑格尔就在根本上超过了施莱尔马赫的诠释学观念。只要我们去探讨艺术和历史中展现出来的真理问题，艺术真理问题就迫使我们去进行对审美意识和历史意识的批判。"①

也正是在这里，当施莱尔马赫提出解释者可能比作者本人还更好地理解作者的作品时，伽达默尔却认为，与其说是"更好的理解"(Besserverstehen)，还不如说是"不同的理解"(Andersverstehen)。他写道："理解就不只是一种复制的行为，而始终是一种创造性的行为。把理解中存在的这种创造性的环节称为'更好的理解'，这未必是正确的。因为正如我们已经指出的，这个用语乃启蒙运动时代的一项批判原则转用在天才说美学基础上的产物。实际上，理解并不是更好的理解，不管这种理解是由于有更清楚的概念因而有更完善的知识这种意思，还是因为有意识性对于创造的无意识性具有基本优越性这个意思。我们只消说：如果我们一般有所理解，那么我们总是以不同的方式在理解，这就够了。"② 按照伽达默尔的看法，任何传承物在每一新的时代都面临新的问题和具有新的意义，因此我们必须重新理解，重新加以解释。传承物始终是通过不断更新的意义表现自己，这种意义就是对新问题的新回答，而新问题之所以产生，是因为在历史的过程中新的视域融合形成，而我们的解释从属于这一视域融合。伽达默尔在这里有两个目的：第一，他反对这一假定，即文本具有一种不依赖于任何解释的意义本身，因此说有一种不依赖于任何解释的文本的所谓理解的解释，这是一种天真的想法。即使我们认为这个理想虽然永不能达到却能接近它，这也只能说还是与一种想象打交道。第二，伽达默尔想避免某种相对主义倾向的主观主义。对于伽达默尔来说，相对主义或主观主义只是头脚

① 伽达默尔. 真理与方法：第1卷. 1986：174.
② 同①301-302.

颠倒了的客观主义，按照这一原则，如果根本没有任何不依赖于与我们解释的关系而存在的主管当局，那么每一解释就都是任意的，每人都能说他随意所想的东西。与这观点不同，我们应当认为，说有某个不依赖我们解释可能性的文本“本身”，这是无意义的。文本只有当进入可能解释的空间时才是“存在”的，文本依赖于这些解释的整个空间，并像所有其他的存在者一样被指点到它在某种视域（意义空间、问题域、世界）的空间里的经验。虽说这个空间是由解释的真理事件中产生出来的，但在这个空间之外，按照伽达默尔的观点，去说文本有什么“自在存在着的”东西，是无意义的。

2. 理解与解释的同一关系

前面我们已经说过，无论是斯宾诺莎还是克拉登尼乌斯，他们都认为理解与解释不是一回事，而是两回事，理解是直接的，只有在不能直接理解的情况下才需要解释，因此解释是偶然的和次要的，仅具有教育性质。正是德国浪漫主义派，尤其是施莱尔马赫，才认识到理解和解释不是两回事，而是一回事。正是通过这一卓越的认识，解释这一概念才由18世纪原本具有的教育性的附属意义上升到一个重要地位。伽达默尔说：“在文本中所涉及的是‘继续固定的生命表现’。这种‘生命表现’应该被理解，这就是说，只有通过两个谈话者之中的一个谈话者即解释者，诠释学谈话中的另一个参加者即文本才能说话。只有通过解释者，文本的文字符号才能转变成意义，也只有通过这样重新转入理解的活动，文本所说的内容才能表达出来。”[①] 文本表述一件事，但文本之所以能表述一件事，归根到底是解释者的功能，因为如果文本不使用其他人也可理解的语言，那么它就不可能说话。理解不能离开解释，解释是理解本身的实现。这种情况就说明语言在诠释学经验中的重要性，因为一切解释都具有语言，理解只有在解释的语言性中才能实现。伽达默尔写道：“自从浪漫主义学派产生以来，我们不再这样想理解问题，好像当我们缺乏直接的理解时我们是通过一些进行解释的概念而达到理解的，这些概念是我们按照需要从它们原处于的语言储存室中取出的。其实，语言就是理解本身得以进行的普遍媒介。理解的进行方式就是解释（Auslegung）。这种说法并非意指不存在特别的表述问题……

---

① 伽达默尔．真理与方法：第1卷．1986：391．

一切理解都是解释，而一切解释都通过语言的媒介而进行的，这种语言媒介既要把对象表述出来，同时又是解释者自己的语言。”①

这里伽达默尔特别以德文词 Auslegung 来说明解释，其实这一词狄尔泰和海德格尔早就使用了。我们在第一章里曾经说过，诠释学（Hermeneutik）来源于诸神的信使赫尔墨斯（Hermes），是一种关于理解、解释和应用的技艺学。在德文里关于诠释的词有好几个，如 Interpretation、Explanation、Explikation、Erklärung 和 Auslegung，其中 Interpretation、Explanation 和 Explikation 显然是从拉丁文而来的，英语里也有相应的词：interpretation、explanation 和 explication。从语言学史上来看，Interpretation 可能是最接近希腊文 hermeneus（诠释）的翻译，拉丁文 interpretation 来源于 interpres，interpres 同样也指信使，其使命既有翻译又有解说。我们知道亚里士多德那篇著作 Peri hermeneias，后来译成拉丁文就是 De interpretatione。按照德国语文学家的观点，Interpretation 至少应该有两个基本含义，这两个含义可以用德文自身形成的两个语词来表示，即 Erklärung 和 Auslegung。Erklärung 偏重于从原则或整体上进行说明性的、描述性的解释，我们可以译为“说明”；Auslegung 则偏重于从事物本身出发进行阐发性的、揭示性的解释，我们可以译为“阐释”。因此Interpretation 既有从原则或整体上进行解说的说明性的外在解释的含义，又有从事物本身进行揭示的阐发性的内在解释的含义。但是，随着近代自然科学的形成和发展，Interpretation 原有的那种从对象本身揭示出来的阐发性的解释含义似乎被淹没在外在的说明性的、描述性的解释里面，以致在英语里，interpretation 似乎主要指那种按照某种说明模式进行描述性的、因果性的解释，这就成为近现代自然科学通行的解释方法。按照这种方法，所谓解释就是将某一事件或某一过程隶属于或包摄于某个一般法则之下，从而做出因果性的说明。这种自然科学的说明方式或解释观念影响相当大，几乎被认为是一切人类科学（包括人文科学）唯一有效的科学方法论。现代诠释学的产生正是对于这种试图统治一切科学的自然科学方法论的反抗。在现代诠释学家看来，Interpretation 偏重于 Erklärung，是近代自然科学发展的产物，而人文科学应当面对自然科学的挑战而争取自己与之不同的独立的方法论，因而他们强调

① 伽达默尔. 真理与方法：第 1 卷. 1986：392.

了 Interpretation 原本就含有的 Auslegung 的含义，即从事物自身进行揭示性的和阐发性的解释。Auslegung，即 legen aus（展示出来），亦即把事物自身具有的意蕴释放出来。狄尔泰曾用“我们说明（erklären）自然，我们理解（verstehen）心灵”来说明自然科学与精神科学的这种方法论区别，并说“这种对一直固定了的生命表现的合乎艺术的理解，我们称之为阐释（Auslegung）或解释（Interpretation）”①。继后，海德格尔更进一步强调了这一观点，他在《存在与时间》一书中曾以“Verstehen und Auslegung”（理解和解释）一节来讲述何谓理解和何谓解释。按他的看法，理解作为此在的存在方式，就是此在“向着可能性筹划它的存在”，理解的筹划活动具有造就自身（sich auszubilden）的特有的可能性，而解释（Auslegung）就是指“理解的这种造就自身的活动”，因此“解释并不是把某种‘意义’抛掷到赤裸裸的现存东西上，也不是给它点上某种价值标签，而是随世内照面的东西本身一起就一直已有某种在世界理解中展开出来的因缘关系，解释无非就是把这种因缘关系解放出来而已”②。这可以说是诠释学这一作为理解和解释的学科的根本转折，即从认识论到本体论、从作为方法的解释理论到作为哲学的诠释学的根本转向。伽达默尔以继续海德格尔这种转向为己任，他说：“我的探究目的绝不是提供一种关于解释的一般理论和一种关于解释方法的独特学说，有如贝蒂卓越地做过的那样，而是要探寻一切理解方式的共同点，并要表明理解从来就不是一种对于某个被给定的对象的主观行为，而是属于效果历史，这就是说，理解是属于被理解东西的存在。”③ 因此他的哲学诠释学不是想提出一些具体的理解和解释方法，而是力图阐明隐藏在各种理解（不管是科学的理解还是非科学的理解）之后并使理解成为并非最终由解释主体支配的事件的基本条件。他的任务始终是哲学的，或者说是先验哲学的。他写道：“我本人的真正主张过去是、现在仍然是一种哲学的主张：问题不是我们做什么，也不是我们应当做什么，而是什么东西超越我们的愿望和行动而与我们一起发生。”④

---

① 狄尔泰．诠释学的起源（1900）//洪汉鼎．理解与解释——诠释学经典文选．北京：东方出版社，2001：77.

② 海德格尔．存在与时间．1979：27.

③ 伽达默尔．真理与方法：第 2 卷．1986：441.

④ 同③438.

3. 前见、权威和传统

当海德格尔在《存在与时间》中强调了理解的循环结构并提出解释的首要的、经常的和最终的任务就是“不让向来就有的前有、前见和前把握以偶发奇想和流俗之见的方式出现，而是从事物本身出发处理这些前有、前见和前把握”时，伽达默尔把这种前有、前见和前把握作为理解的前结构来领会。他认为，理解的正确性不在于避免前结构，而在于确认前结构。按照他的分析，理解的前结构至少包括前见（成见）、权威和传统这三个要素。

前见概念自启蒙运动以来，一直是作为否定性的概念而具有消极的意义，因此启蒙运动时期以及以后的浪漫主义诠释学家都认为真正的理解就是要摆脱前见的影响，前见在诠释学工作里是不允许出现的。与这种传统诠释学的观点相反，伽达默尔认为，对前见的这种看法，正是启蒙运动的前见。他说，概念史的分析可以表明，正是由于启蒙运动，前见概念才具有了那种我们所熟悉的否定意义，“启蒙运动的基本前见就是反对前见本身的前见”①。按照伽达默尔的看法，事物本身只能根据适当的筹划、恰当的前见才被理解。如果认为任何前见仅就它是前见而言就不可能是恰当的，换句话说，如果认为全部理解任务就是摈除前见，而不是依据前见，那么这只是因为我们分享了启蒙运动的前见。为此，伽达默尔从语源学上分析了“前见”一词原本的含义，其拉丁文是 präiudicium，这是法学方面的一个词，这个词的本义就是在终审判断之前的一种预先判断。作为预先进行的判断，既可能有否定的结果，也可能有肯定的结果。伽达默尔写道：“‘前见’其实并不意味着一种错误的判断。它的概念包含它可以具有肯定的和否定的价值。这显然是由于拉丁文词 präiudicium 的影响，以致这个词除了否定的意义外还能有肯定的意义。”② 因此在伽达默尔看来，前见具有的在先性这一事实，实际上对它是否正确或错误并未说什么，也就是说，对它是否符合事实未说什么，一个前见可能是正确的，这就使具有成见的人直接地达到理解，但一个成见是错误的，它也同样使他间接地达到理解。由此伽达默尔得出一个惊人的结论，从启蒙时代理性主义观点来看似乎是理解障碍的前见，现在成了历史实在本身和理解的条件，因此摈

---

① 伽达默尔．真理与方法：第 1 卷．1986：275.

② 同①.

除前见，不管这是否成功，就是摈弃理解。这种情况正如历史学家在理解研究历史时不能摆脱他自己的历史境遇和历史条件一样，如果他要摆脱这些历史要素，那么他就势必摆脱了历史研究本身，因为这些历史要素是他得以接近历史的手段。

为了证明前见的合法性，伽达默尔开始怀疑启蒙运动所谓理性与权威的对立。启蒙运动曾区分了两种前见：一种是由于人的威望而来的前见，另一种是由于轻率而来的前见。这种划分显然是基于启蒙运动这样一个前提，即如果我们严格遵照方法论规则使用理性，我们就可以避免任何错误。这其实就是笛卡尔的方法论思想。轻率是我们在使用自己理性时导致错误的真正源泉，而权威的过失则在于根本不让我们使用自己的理性。因此对于启蒙运动思想家来说，权威与理性是绝对对立的，他们的普遍要求就是不承认任何权威，并把一切都放在理性的审判台前。启蒙运动的这种观点是否正确呢？伽达默尔从施莱尔马赫以后把这两种前见进一步表述为偏颇和轻率作为误解的原因，以偏颇来取代权威这一变化，认为这实际上是对启蒙运动那种极端片面看法的一种修正。他说："启蒙运动所提出的权威信仰和使用自己理性之间的对立，本身是合理的。如果权威的威望取代了我们自身的判断，那么权威事实上就是一种偏见的源泉。但是，这并不排除权威也是一种真理源泉的可能性。当启蒙运动坚决抵毁一切权威时，它是无视了这一点。"① 按照伽达默尔的看法，权威的本质其实并不是抛弃理性，而是相反，即承认理性，他说："人的权威最终不是基于某种服从或抛弃理性的行动，而是基于某种承认和认可的行动——认可他人在判断和见解方面超出自己，因而他的判断领先，即他的判断对我们自己的判断具有优先性。"② 权威其实不是现成给予我们的，而是要我们去争取和必须争取的。"权威依赖于承认，因而依赖于一种理性本身的行动，理性知觉到它自己的局限性，因而承认他人具有更好的见解。"③ 权威的这种正确被理解的意义，与盲目地服从命令毫不相干，权威其实根本与盲目服从毫无直接关系，而是只与认可有关系。虽说权威的存在确实是为了能够命令和得到服从，但这种支配和服从是以理性为基础的。因此按照伽达默尔的看法，权威的真正基础也是一种自由的和理性的行动。

---

① 伽达默尔. 真理与方法：第1卷. 1986：283.

② 同①.

③ 同①.

这样一种理性的权威，我们可以在浪漫主义启蒙运动对传统的依恋中找到支持。传统作为无名称的权威，在人类历史发展过程中一直占有超过我们活动和行动的力量。但从启蒙运动以来，传统概念与权威概念一样遭到蔑视，人们认为它同样是启蒙运动理性原则的对立面。其实，这也是启蒙运动的成见。传统与理性之间并不存在这样一种绝对对立，这可以从传统的本质即“保存”（Bewahrung）这一概念看出来，保存这种活动不是无理性的，而是一种理性的活动，因为它需要肯定、掌握和培养。伽达默尔曾利用德语 Bewahrung（保存）与 Bewährung（证明）在构成方面的类似性，说明历史的保存就在于证明，他写道：“实际上，传统经常是自由和历史本身的一个要素。甚至最真实最坚固的传统也并不因为以前存在的东西的惰性就自然而然地实现自身，而是需要肯定、掌握和培养。传统按其本质就是保存，尽管有历史的一切变迁，但它一直是积极活动的。保存是一种理性活动，当然也是这样一种难以觉察的不显眼的理性活动。正是因为这一理由，新的东西、被计划的东西才表现为理性的唯一的活动和行为。”① 例如，在革命时代，尽管人们对旧的观念进行猛烈的批判，但却有更多的东西在所谓改革一切的浪潮中保存下来，并且与新的东西构成新的价值。

如果我们现在明白了前见、权威和传统最终并不是与理性绝对对立的，如果我们认识到前见、权威和传统也可能产生正确的知识并导致正确的结果，那么启蒙运动所谓摆脱前见、权威和传统的解放也就是片面的口号。正是在这里，伽达默尔对过去诠释学的方法论产生了怀疑。他写道：“因此，对于占统治地位的认识论方法学主义我们必须提出这样一个问题，历史意识的出现是否真正使我们的科学态度完全脱离了这样一种对过去的自然态度？当精神科学内的理解把它自己的整个历史性都归到我们必须抛弃的前见方面，这样理解是否就真正正确地理解了自身？或者说‘无前见的科学’是否与那种传统借以生存和过去得以存在的朴素的接受和反思还共同具有比它自身所知道的更多的东西？”② 伽达默尔的答案当然是否定的。不过，伽达默尔强调说，哲学诠释学强调前见、权威和传统作为理解的必要条件，这并不包含任何主观的成分，而是客观地描述了理解的过程。他写道：“诠释学的任务根本不是要发展一种理解的

① 伽达默尔．真理与方法：第1卷．1986：286．

② 同①287．

程序，而是要澄清理解得以发生的条件。但这些条件完全不具有这样一种‘程序’的或方法论的性质，以致作为解释者的我们可以对它们随意地加以应用——这些条件其实必须是被给予的。占据解释者意识的前见和前理解，并不是解释者自身可以自由支配的。解释者不可能事先就把那些使理解得以可能的生产性的前见与那些阻碍理解并导致误解的前见区分开来。”①

那么，究竟是什么使那些理解得以可能的生产性的前见与那些阻碍理解并导致误解的前见区分出来呢？伽达默尔说，是时间距离(Zeitenabstand)。以施莱尔马赫为代表的浪漫主义诠释学，曾一方面强调理解是对原始作品的复制或重构，另一方面又主张解释者可能比作者还更好地理解作者的作品。伽达默尔认为，浪漫主义这后一结论事实上正否认了前一论点，因为它说明解释者不可能与作者处于同一位置去原汁原味地复制原作品，而是描述了解释者与原作者之间的不可消除的差异，而这种差异是由于他们之间的历史距离所造成的。浪漫主义诠释学只是从天才说美学理解这种差异，而未认识这种时间距离的真正诠释学意义。按照伽达默尔的看法，时间距离的这种真正诠释学意蕴只有在海德格尔对此在的存在方式做出时间性的解释之后才可能被设想。伽达默尔写道：“时间不再主要是一种由于其分开和远离而必须被沟通的鸿沟，时间其实是现在植根于其中的事件的根本基础。因此时间距离并不是某种必须被克服的东西。这种看法其实是历史主义的幼稚假定，即我们必须置身于该时代的精神中，我们应当以它的概念和观念，而不是以我们自己的概念和观念来进行思考，并从而能够确保历史的客观性。事实上，重要的问题在于把时间距离看作理解的一种积极的创造性的可能性。”② 只有从某种时间距离出发，我们才可能达到对事物的客观认识，在时间距离没有给我们确定的尺度时，我们的判断出奇地无能，同时，唯有时间距离才使作品的意义真正显现出来。

4. 完全性的前把握

文本首先是一个主张（Behauptung），只有当我们认真在与它的对象（事情）的关联中取得它的真理要求时，我们才能理解这一主张。但是，文本只有当它形成“完善的统一体”时，也就是当它在

① 伽达默尔．真理与方法：第1卷．1986：301．

② 同①302．

个别部分与整体之间不存在矛盾时，它才可以是真的。伽达默尔把这称为“完全性的前把握或前概念”（Vorgriff der Vollkommenheit）。他说：“作为一切理解基础的这种循环的意义，还有一个进一层的诠释学结论，这个结论我想称之为‘完全性的前把握或前概念’。显然，这也是支配一切理解的一种形式的前提条件。它说的是，只有那种实际上表现某种意义完全统一性的东西才是可理解的。所以，当我们阅读一段文字时，我们总是遵循这个完全性的前提条件，并且只有当这个前提条件被证明为不充分时，即文本是不可理解的，我们才对传承物发生怀疑，并试图发现以什么方式才能进行补救。”① 因此我们对文本的解释是必然由一种完全性的前把握或前概念所指导的，这种完全性的前概念是我们前理解的一部分，它是我们一般理解文本的必然条件。按照伽达默尔的看法，这种支配我们一切理解的完全性前把握不仅预先了一种内在的意义统一性来指导读者，而且读者的理解也经常地由先验的意义预期所引导，而这种先验的意义预期来自与被意指的东西的真理关系。因此前理解的完全性前把握是我们阅读的经常陪伴者，通过这种前把握，我们排除那种把文本作为矛盾、不可信或直接错误来看的阅读方式。以这种阅读方式，我们试图这样解释文本，即这文本首先更好满足于我们前理解地追求一个完美性文本的理解，并解释有关的事情直到完美性。由于前理解的完全性前概念这一论点，伽达默尔为诠释学循环开辟了一条新道路。海德格尔和伽达默尔之前的所有诠释学家都曾分享了这一观点，即这一循环无论如何存在于客体之中，不管是存在于文本里，还是存在于作者的生活或历史里，被讲出的整体性存在于客体之中，部分与整体的关系乃客体中部分与整体的关系。这种关系的例子是一个陈述和作为整体的文本的关系，文本与另一些文本的关系，作为某种生活情况表达的文本与作为整体的著作之间的关系或个别的文本与世界史之间的关系，这里部分与整体之间互为条件的关系——循环关系——存在于客体之中，而不依赖于我们对这种关系的理解。但在海德格尔和伽达默尔看来，我们的理解却是循环的一个具有条件性的部分，为了根本理解文本，我们必须通过前理解构造一个意义整体，只有根据这个意义整体，我们才能评判文本，因而这个以前是存在于文本本身之中的意义整体现在与前

① 伽达默尔. 真理与方法：第1卷. 1986：299.

理解的完全性前把握相符合，只有根据这种意义整体的前概念，我们才能与文本相遇并借助某个完全性文本的理想解释文本。解释者的前理解现在是诠释学循环的一部分，这就是文本所说的东西和解释者得以评判文本和解释文本的意义整体之间的互为条件的关系。完全性前把握说明了诠释学循环既不是主观的，又不是客观的，而是被解释对象与解释者之间的一种共同运动。伽达默尔说："这种循环在本质上就不是形式的，它既不是主观的，又不是客观的，而是指导理解活动描述为传承物的运动和解释者的运动的一种内在相互作用。支配我们对某个文本理解的那种意义预期，并不是一种主观性的活动，而是由那种把我们与传承物联系在一起的共同性所规定。"① 理解的循环不是一种方法论的循环，而是描述了一种理解中的本体论事件。

完全性的前理解事实上说明理解就是筹划，理解所筹划的东西就是先行于文本的期待。伽达默尔说："谁想理解某个文本，谁就总是在完成一种筹划。一旦某个最初的意义在文本中出现了，那么解释者就为整个文本预先筹划了某种意义。一种这样的最初意义之所以又出现，只是因为我们带着对某种特殊意义的期待去读文本。做出这样一种预先的筹划——这当然不断地根据继续进入意义而出现的东西被修改——就是对这里存在的东西的理解。"② 解释者预先筹划的东西是他已经理解的东西，即在开始理解之前他所具有的东西，因此这种筹划的意义就是他自己的可能性，这是他于其中已经认识他自己的道路的世界的一部分。正如海德格尔一样，伽达默尔的出发点是人是一个此在，他只能根据某种存在理解解释（或发现）存在者，存在理解给予我们得以与存在者相遇的活动空间。人处于（befindet sich）一个世界即一个意义活动空间，所谓处于，即发现自身（be-findet sich），因为他在此世界或意义活动空间解释了与他相遇的存在者，所以他在此世界里也理解了他自己。能够在世界中清楚地认识自己，能够认识无意义之物和有意义之物之间的区别，是形成关于在者的意见的条件。文本绝不只是作者的意图和思想的表现，它其实是在主张某种东西，它提出关于所涉及的事情的真理要求，正是文本的真理的条件使这个文本根据意义整体涉及它所讲的事情。

---

① 伽达默尔. 真理与方法：第1卷. 1986：298.

② 同①271.

按照伽达默尔的观点，诠释学包含了一种问答的结构，他写道："某个传承下来的文本成为解释的对象，这已经意味着该文本对解释者提出了一个问题。所以解释经常包含着与提给我们的问题的本质关联。理解一个文本，就是理解这个问题。"① 文本的意义整体表现一种意义视域、一种意义活动空间、一种世界，而这世界说出（交出）了在者得以被问和文本得以回答的空间。文本肯定某种关于在者的东西，因为它回答那些在文本得以运动的意义空间的基础上被提出的问题。文本的意义整体给出了可能问题的方向。完美的文本就是那种在意义活动空间内沉默地提出一系列有关联的问题，并以正确的方式回答这些问题的文本。如果我们解释某个文本，我们就开启了文本得以运动的意义整体或意义活动空间。在我们的前理解中我们具有判断完美文本的标准，根据这个标准我们评判文本，正如这个文本在我们的解释中所表现的那样。为了理解文本所主张的东西，我们与文本不必统一，但是我们必须认真地听取文本的真理要求。当我们提出对文本富有特征的问题，并根据问题活动空间（这是文本和我们的意义活动空间所开启的）讨论它的回答，我们就是在正确解释文本。理解文本就是把它理解为对一系列问题的回答。对问题的理解要求我们提出问题。当我们提问时，我们就活动在某种问题空间之内，从而活动在某种确定什么能有意义的被问和被回答的界限的意义活动空间里。这种界限规定了有关事情的完全真理的目的。在我们的前理解中我们已先把握了这种完全性，因为我们对它们开启了意义活动空间，这空间规定了可能问题和不可能问题，哪些回答合法和哪些回答正确等，简言之，它规定了什么是完美的回答以及什么标志着完美的文本。我们毫无必要像实证主义解释者那样去怀疑这种理解是否具有真理性，这属于理解的本性。

5. 视域融合

只要我是阅读由我的时代和我自己的环境所产生的文本，作者和我就自然而然地处于同一个精神世界，并提出或给出总的来说是同样的问题和回答。我像作者一样处于这同一的世界之内，在我的前理解的完全性前把握中，我运动在与作者同样的意义系统和同样的问题空间之内，这表现在我对文本的前理解使我有可能以一种自

---

① 伽达默尔. 真理与方法：第1卷. 1986：375.

由的方式去解释文本。但是，如果我致力于某种出自别的文化或某种遥远的过去的文本，那么情况就会改变。文本做出一个至今未认识的对抗。这种对抗招致真正的诠释学经验，一种在我阅读同时代的文本和出自我们自己环境的文本时就已经开始预感的经验，但这种经验只有当我致力于在文化上和历史上远离我的文本时，才完全得以表现。一个古老的文本，例如，索福克勒斯的《俄狄浦斯王》悲剧，具有双重的意义：一方面它是由某个过去流传下来的东西所见证的，另一方面它涉及的不仅是某个保存下来的古老东西，而且也是一个面向接受者如我自己的文本。文本对我攀谈，它是某个“你”向“我”进行传达的表现。这里古老的文本具有一种与当代的文本同样的作用。它试图说出某种东西，并让人倾听某种东西。这里适合任何其他文本的东西也适合传承下来的文本：只有当我对它开放，当我已经在听取它对我要讲的东西时，我才理解了文本。单纯重构一个过去的接受者，这是不够的，情况总要求我试图去把文本理解为向我递交了某种东西的文本。因此对于同时代的文本适合的东西也适合于传承下来的文本：只有当我把传承下来的文本理解为对某个问题的回答时，我才能理解该文本；只有当我自己提出有关的问题时，我才能把它理解为对某个问题的回答。因此为了理解文本所说的东西，我必须让自己进入文本问题域中。如果我想占有索福克勒斯的《俄狄浦斯王》，那么我就必须向我提出关于命运和过错的问题。光把传承下来的文本当作某个已结束的历史事件的部分，这是不够的，因为这可能被处理为像一个现成的对象。历史流传下来的文本是一个我自己处于其中的事件的部分。文本所说的是关涉我的东西。如果我想理解文本，我就必须让自己被它所攀谈（ansprechen），因为我参与了它的问题，这就是文本由之而提问和回答的意义视域（Bedeutungshorizont）。

这里产生了一个本质的问题，在诠释学的经验里，我进入了与传承文本的历史性相关联的我自己的历史性之中。文本是从它的意义、前见和问题的视域出发讲话，我们也同样是从我们的前见和视域出发理解。通过诠释学经验，文本和我们的视域（意义活动空间、问题域、世界）相互被联系起来。这种关系把文本带入我们的视域中，并且我们能使自己面对它的提问而表态，这种关系使我有可能向自己提出文本的问题并把对它的回答作为文本的意义加以理解。伽达默尔在这里讲到一种“其实总是这样一些被误为是独自存在的视域的融合过程”①。通过这种视域融合（Horizontverschmelzung），文本和我得到某种共同的视域，同时我在文本的它在性中认识了文本。这种融合性就是诠释学经验真正重要的东西。不过，严格说来，只有唯一的视域，正如海德格尔所说的唯一的世界、唯一的存在。这个视域（意义活动空间、问题域、世界）只是人为给出的。因为视域包含在每一个人所从属的历史性里，所以视域唯一表现在某种原则上不结束的历史性的事件之内。这个事件的以前阶段首先必须作为某个陌生的东西而出现，我们以后通过诠释学经验而能把自己带入与它的关联中。诠释学经验的结果就是视域融合，这种视域融合产生一个既不与索福克勒斯所处的问题域相等同，也不与当我第一次接触《俄狄浦斯王》悲剧时所处的问题域相等同的新的提问。这里涉及的是一个新的问题，这个问题的产生是由于我们既超出了索福克勒斯的视域又超出了我自己的视域。与陌生东西相遇（Begegnung）曾给予我们以深刻的经验。有关的问题越处在远处，我的视域就必须越加改变，因此诠释学经验使视域融合存在可能。

因此我理解某个陌生文本的第一个条件就是有某物与我一起发生（mit mir etw. geschieht）。发生的东西依赖于我自己不能决定的相遇方式。我不是支配视域融合的主人。尽管我也可能反思我所处的历史事件，但是每一种高拔自己或从外面观察历史过程的试图又是一种新的历史性。我们不能走出历史，因为每一解释都处于某种受历史制约的视域中。如果我想转向我自己的视域以便解释它，好像它是某个他物那样的对象，那么它就脱离我，并且我处于一个新的改变了的视域之中。伽达默尔曾用“处境”这概念来解释视域，他说：“我们并不处于处境的对面，因而也就无从对处境有任何客观的认识。我们总是处于这种处境中，我们总是发现自己已经处于某个处境里，因而要想阐明这种处境是一项绝不可能彻底完成的任务。这一点也适合于诠释学处境，也就是说，适合于我们发现我们自己总是与我们所要理解的传承物处于相关联的这样一种处境。对这种处境的阐释，也就是说，进行效果历史的反思，并不是可以完成的，但这种不可完成性不是由于缺乏反思，而是在于我们自身作为历史存在的本质。所谓历史地存在，就是说，永远不能进行自我认识。”② 关于我们世界的真理是既不能被把握也不能被阐明的，而是

① 伽达默尔．真理与方法：第1卷．1986：311.

② 同①307.

预先设定在我们对存在物的所有把握和解释之中。“作为理解者，我们进入了一种真理事件之中，如果我们想知道我们究竟该相信什么，那么我们简直可以说是为时太晚了。”① 只有通过与某个陌生的东西相遇，即与某种具有遥远的过去的文本形式的东西相遇，我才被激发起经验到我的视域是太狭小了，才被迫发挥我对陌生文本的前见并提出新问题，这样我超越了我以前理解的框框。通过这种超越，我可能与陌生文本相遇，这个陌生文本正因为它的陌生性而使我的特性得以突出。

由于视域融合，产生了一个赋予我们自己概念以意义的问题：在解释文本时，我们能运用这些概念，因为我们认为文本是对一系列我们认为是实际的问题的回答。视域融合预设在每一解释中，也预设在我们日常交往的解释中，但在日常交往中我们并未注意它，因为视域融合通常不被注意，而在解释某个出自遥远过去的文本时，艰巨的任务就要求我们注意。因此视域融合是解释文本和与别人谈话的可能性条件。这种可能性条件在方法上基本是不能把握的，我们把这种视域融合称为我们理解的先验条件，特别是作为文本理解可能性的先验条件。就此而言，伽达默尔的代表作《真理与方法》是这样一种尝试，即试图阐明相互理解特别是理解文本的可能性的一般先验条件。伽达默尔的书重点是真理概念，因为伽达默尔首先想使人注意那种我们的理解以先验的必然性所参与的真理事件，方法只是次要的概念，伽达默尔不想提出任何我们借以能做出正确解释或阐释的方法论，他只是想指出在每一解释中都预先设定了先验的要素，而不管它是否为我们所满意。他在《真理与方法》“第二版序言”里说：“像古老的诠释学那样作为一门关于理解的‘技艺学’，并不是我的目的。我并不想炮制一套规则体系来描述甚或指导精神科学的方法论程序……我本人的真正主张过去是、现在仍然是一种哲学的主张：问题不是我们做什么，也不是我们应当做什么，而是什么东西超越我们的愿望和行动与我们一起发生。”②

这一点曾引起意大利法学家埃米里奥·贝蒂和伽达默尔之间进行了一场激烈的辩论。贝蒂从伽达默尔这一主张出发，即我们在读某文本时首先就认为这文本是完美的，以后当文本不满足我们的期待时，这个前提才被怀疑。贝蒂认为伽达默尔在这里好像主张解释

① 伽达默尔. 真理与方法：第 1 卷. 1986：494.

② 伽达默尔. 真理与方法：第 2 卷. 1986：438.

者对文本涉及的事情有一种垄断权。按照贝蒂的看法，解释者只具有一个让文本本身得以表达的谦虚任务，而不管这文本的陈述是正确的还是错误的。这里可能涉及一种误解，因为伽达默尔从未主张我们作为解释者具有一种真理的垄断权。但这绝不改变下述观点，即我们在读文本时总是已经把某些概念装置带给我们，如关于文本所涉及的事情的一系列前见以及把文本观点理解为对我们自己向文本提出的一系列问题的回答的问题视域。只有在我们把文本安置在这种问题域中或通过与陌生文本相遇能先验地超出这个域时，我们才可能理解文本。我们这里是与每一文本解释可能性的先验条件打交道。所以伽达默尔在答复贝蒂的一封信中这样写道：关于完全性的前把握的说法不能作为真理标准，相反，这只是把握文本的可能性条件，因为一方面我们必须占有文本的问题，另一方面我们必须从这一点出发认为文本必然会对我们说出某种合理的东西，否则我们就不想读它。这当然既不意味着我们能确信文本真的是合理的，也不意味着我们具有某种真理的垄断权。正相反，我们理解文本，只有当我们提出这问题：这文本本身、我们或其他人是否具有文本所涉及的事情的"正确的"观点。贝蒂认为我们能在方法上选择，我们是否想从我们具有据以能评判文本的真理垄断权出发，或者我们是否满意于文本本身所说的东西。但伽达默尔的说明不是方法论的。他主张，想理解文本这一谦虚的试图本身也要求在某一新的问题视域的基础上讨论文本，而这视域表现理解文本可能性的先验条件。当然，我们可以从方法上利用和要求这一点，即解释者抛弃他的中立性要求，而以与文本讨论取代这一要求。但是这种方法要求超出了伽达默尔，因为他提出的是谦虚的任务，即发现某种必然是有效的东西，假如我们想理解某种东西的话。

6. 效果历史意识

这样我们就达到伽达默尔的"效果历史意识"（wirkungsgeschichtliches Bewusstsein）这一诠释学核心概念了。所谓效果历史意识就是对效果历史的意识，什么是"效果历史"（Wirkungsgeschichte）呢？伽达默尔解释道："真正的历史对象根本就不是对象，而是自己和他者的统一体，或一种关系，在这关系中同时存在着历史的实在以及历史理解的实在。一种名副其实的诠释学必须在理解本身中显示历史的实在性。因此我就把所需要的这样一种东西称为

‘效果历史’。理解按其本性乃一种效果历史事件。”① 历史的主体（历史学家）不是自在主体，不是一种纯粹的意识，因为他带有历史的前见；但历史的对象也不是自在客体，因为它是由真前见所认识的东西。历史就是一个与另一个的统一，因为历史存在于它的历史之中，而且只存在于真的历史之中。历史的实在性是历史与对历史的理解的统一。按照伽达默尔的看法，任何事物一旦存在，必存在于一种特定的效果历史之中，因此对任何事物的理解，都必须具有效果历史意识。他写道：“理解甚至根本不能被认为是一种主观性的行为，而要被认为是一种置自身于传统事件中的行动，在这行动中，过去和现在经常地得以被中介。”② “理解从来就不是一种对于某个被给定的‘对象’的主观行为，而是属于效果历史，这就是说，理解是属于被理解东西的存在。”③ 即使对于历史科学来说，效果历史的反思也是历史描述和历史研究的基础，如果想让历史描述和历史研究完全避开效果历史反思的判断权限，那么这就等于取消了历史描述和历史研究。在伽达默尔看来，效果历史这一诠释学要素是这样彻底和根本，以致我们在自己整个命运中所获得的存在从本质上说也超越了这种存在对其自身的认识。

效果历史概念揭示了诠释学另一重要功能，即应用功能。按照浪漫主义诠释学的看法，诠释学只具有两种功能，即理解功能和解释功能，而无视它的应用功能。伽达默尔根据古代诠释学特别是法学诠释学和神学诠释学的实践，强调了应用在诠释学里的根本作用。他认为，我们要对任何文本有正确的理解，就一定要在某个特定的时刻和某个具体的境况里对它进行理解，理解在任何时候都包含一种旨在将过去和现在进行沟通的具体应用。伽达默尔写道：“历史视域的筹划活动只是理解过程中的一个阶段，而且不会使自己凝固成某种过去意识的自我异化，而是被自己现在的理解所替代。在理解过程中产生一种真正的视域融合，这种视域融合随着历史领域的筹划而同时消除了这视域。我们把这种融合的被控制的过程称为效果历史意识的任务。虽然这一任务曾经被由浪漫主义诠释学产生的美学-历史学实证主义所掩盖，但它实际上却是一般诠释学的中心问

① 伽达默尔. 真理与方法：第1卷. 1986：305.
② 同①295.
③ 同①441.

题。这个就是存在于一切理解中的应用问题。”① 但要注意的是伽达默尔对“应用”的理解。按照伽达默尔的看法，应用并不是某种一成不变的原理或规则对任何具体情况的所谓放之四海而皆准的运用，而是相反，对具体情况的应用是对一般原理或规则的修正和补充。伽达默尔特别援引了亚里士多德关于纯粹科学（episteme）和实践智慧（phronesis）的重要区分，认为诠释学知识是与那种脱离任何特殊存在的纯粹理论知识完全不同的东西，诠释学本身就是一门现实的实践的学问，或者说，理解本身就是“一种效果，并知道自身是这样一种效果”。伽达默尔写道：“我们已经证明了应用不是理解现象的一个随后的和偶然的成分，而是从一开始就整个地规定了理解活动。所以应用在这里不是某个预先给出的普遍东西对某个特殊情况的关系。研讨某个传承物的解释者就是试图把这个传承物应用于自身。但是这也不意味着传承下来的文本对于他是作为某种普遍东西被给出的和被理解的，并且以后只有为特殊的应用才利用它。其实解释者除了这种普遍的东西——文本——外根本不想理解其他东西。但是为了理解这种东西，他一定不能无视他自己和他自己所处的具体的诠释学境遇，如果他想根本理解的话，他必须把文本与这种境遇联系起来。”②

效果历史原则无疑是理解的一个普遍的结构要素，但对这一原则的理解本身是否也受效果历史所规定？也就是说，这是一条强调理解的历史性条件的规则，而这种强调历史条件性的规则本身是否包含历史的条件性呢？伽达默尔认为，毫无疑问，效果历史原则是绝对有效的，因为效果历史意识这一概念包含两方面的意义：一方面它用来指在历史过程中获得并被历史所规定的意识，即任何理解都具有历史的条件性；另一方面它又用来指对这种获得和规定本身的意识，即解释者自觉地知道他自己的意识状态本身是效果历史意识。因此，在伽达默尔看来，效果历史意识是这样具有普遍有效性，以至于不仅任何现代的历史的和科学的意识都受效果历史原则的支配，而且任何对这种支配的认识也是效果历史性的。他写道：“显然，我的论证的意义是：效果历史的规定性也仍然支配着现代的历史的和科学的意识——并且超出了对这种支配活动的任何一种可能的认识。效果历史意识在一个如此彻底的意义上是终究的，以致我

① 伽达默尔. 真理与方法：第1卷. 1986：312.

② 同①329.

们在自己整个命运中所获得的存在在本质上也超越了这种存在对其自身的认识。”①

按照伽达默尔的看法，效果历史意识是具有开放性的逻辑结构，开放性意味着问题性，我们只有取得某种问题视域，我们才能理解文本的意义，而且这种问题视域本身必然包含对问题的可能回答。他说：“重构给出文本是其回答的问题，当然不能被认为是历史方法的纯粹成就。一开始出现的其实是文本向我们所提出的问题，即我们对于传承物的文字的反应，以致对传承物的理解总是已经包含现代与传承物的历史自我中介的任务。所以问题和回答的关系事实上被颠倒了。对我们讲述什么的传承物——文本、作品、遗迹——本身提出了一个问题，并因而使我们的意见处于开放的状态。为了回答这个向我们提出的问题，我们这些被问的人就必须着手去提出问题。我们试图重构传承物好像是其回答的问题。但是，如果我们在提问上没有超出传承物所呈现给我们的历史视域，我们就根本不能这样做。重构文本应是其回答的问题，这一做法本身是在某种提问过程中进行的，通过这种提问我们寻求对传承物向我们提出的问题的回答。一个被重构的问题绝不能处于它原本的视域之中。因为在重构中被描述的历史视域不是一个真正包容一切的视域。其实它本身还被那种包括我们这些提问、并对传承物文字做出反应的人在内的视域所包围。”② 因此，“重构那些把文本的意义理解为对其回答的问题，其实变成了我们自己的提问”③。这样我们可以看出，精神科学的逻辑本质上就是“一种关于问题的逻辑”。正如我们不可能有偏离意见的对于意见的理解，同样我们也不可能有偏离真正提问的对于可问性的理解，因为“对于某物可问性的理解其实总已经是在提问”④，因而，精神科学的真理永远处于一种“悬而未决之中”。伽达默尔说：“在精神科学的认识中，认识者的自我存在也一定在发挥作用，虽然这确实标志‘方法’的局限，但并不表明科学的局限。凡由方法的工具所不能做到的，必然而且确实能够通过一种提问和研究的学科来达到，而这门学科能够确保获得真理。”⑤

① 伽达默尔. 真理与方法：第1卷. 1986：444.

② 同①379-380.

③ 同①380.

④ 同①380-381.

⑤ 同①494.

7. 诠释学与经验概念

伽达默尔说诠释学现象，即理解文本和解释文本的现象，不是一个方法论问题，它并不涉及使文本像所有其他经验对象那样承受科学探究的理解方法，而是属于人类的整个世界经验，并把诠释学现象称为诠释学经验，而且说“效果历史意识具有经验的结构”①。为了深入理解伽达默尔这种诠释学经验，我们需要对伽达默尔所说的“经验”这一概念有正确的理解。按照伽达默尔的看法，尽管我们都很熟悉经验概念，但它却是“我们所具有的最难以理解的概念之一”②。我们知道，在自然科学中，经验概念对归纳逻辑起了重要作用，它属于一种认识论的解释图式，按照这种图式，一切经验只有当它们被证实时，才是有效的，因而经验的有效性依赖于可重复性，这就意味着经验丢弃了自己的历史并取消了自己的历史。因此，正如狄尔泰指责英国经验论缺乏历史教养一样，这种来自自然科学的经验概念是一种片面的抽象。胡塞尔也曾经试图从意义起源学上返回到经验的起源并克服科学所造成的理想化，他给出了一个经验的谱系，认为作为生命世界的经验是在科学理想化之前就存在的。不过，按照伽达默尔的看法，不论是狄尔泰还是胡塞尔，他们都未对经验概念做出正确的分析，狄尔泰仍是从科学出发，因而最终还是未注意经验的内在历史性，而胡塞尔由于强调作为严格科学的哲学，从而使知觉作为某种外在的指向单纯物理现象的东西成为一切连续的经验的基础，因而把精确科学经验的理想化世界投射于原始的世界经验之中。

经验的归纳理论是培根首先建立起来的。培根曾区分了两种归纳：一种是预期法，另一种是自然解释法。前者是对日常经验的草率概括，认为只要未出现相反的事例，我们就可认为它是有效的，例如，只要我们未发现黑色的天鹅，我们就可以认为天鹅都是白色的。后者是通过按方法进行的实验而一步步完成的，培根称之为实验的方法，这种方法一方面超出简单枚举法的被动性和草率性，另一方面又阻止精神为所欲为，从而使认识者按部就班地从特殊的东西上升到普遍的东西。伽达默尔说：“实验在培根那里并不总是指自然科学家的一种技术性的活动，即在孤立的条件下人为地引出事件

① 伽达默尔．真理与方法：第1卷．1986：352.

② 同①.

过程并使之得以量度。实验其实是而且首先是对我们精神的一种巧妙的指导，阻止它纵情于草率的概括，并使它自觉地改变对自然的观察，自觉地面对最遥远的、表面上最不同的事例，以致它可以学会以一种逐渐的和连续的方式，通过排除过程去达到公理。”① 按照伽达默尔的看法，培根用这种自然解释法，即对自然的真实存在的专门解释来与那种预期法，即那种对日常经验的草率概括相对立，从而“以一种预示方法论研究新时代的方式彻底地动摇了那种在当时仍被人文主义经院哲学所主张的基于简单枚举法的归纳理论”②。不过，培根的方法论总的来说是令人失望的，一方面是因为他的这些建议太含糊和太一般，以致在应用于自然研究时成效很少；另一方面，则正如伽达默尔所说，“这一位反对空疏的辩证和诡辩的学者本身也总是深深陷入在他所攻击的形而上学传统及其辩证的论证形式中，他那种通过服从自然而达到征服自然的目的，那种攻击和强迫自然的新态度，以及所有那些使他成为现代科学先驱的一切，只是他的工作的一个纲领性的方面，而这方面他的贡献很难说是不朽的”③。但是，伽达默尔认为，尽管培根有此缺陷，但他那种遵照方法来使用理性的观点却表述了那样一种与科学目的没有任何目的论关联的经验生命环节，例如，他说人的精神总是天生地倾向于记住肯定的东西和忘记否定的东西，这实际上使我们把那种承认目的论为知识成就唯一标准的原则认为是片面的；另外，在他说人的精神与语言习惯的关系也是一种被空洞的传统形式所混淆的知识形式（市场假象）时，他实际上揭示了语言是先于一切经验而存在的，语言是经验本身的积极条件和指导。

为了更进一步揭示经验的真正本质，伽达默尔在分析经验概念时，区分了三个阶段或提出三个见证人：（1）亚里士多德对归纳的科学经验概念的批判；（2）黑格尔关于经验的历史性分析；（3）埃斯库罗斯的“通过痛苦而学习”。

（1）亚里士多德在《后分析篇》附录里经典地描述了一种统一的经验是怎样通过许多个别的记忆而从许多个别的知觉推导出来的：“正如我们所说的，从感觉中产生记忆，从对同一个事物的多次的记忆中产生出经验。因为数量上虽然是多的记忆却构成一个单一的经

① 伽达默尔．真理与方法：第1卷．1986：354.

② 同①.

③ 同①355.

验。并且经验——当作灵魂中的整体，即与多相符合的一，在所有多中同一表现的一致性——提供了艺术和科学的出发点：艺术在过程世界里，科学在事实世界里。这些能力既不是作为确定的完全发展了的东西天生就有的，也不是从其他在高知识水平上发展的能力而推得的，它们是来自感觉的。例如，在战争中发生的逃亡情况，如果有一人站住了，那么另一个人也站住，再一个人也站住，直到原来的情况恢复。”① 按照伽达默尔的分析，亚里士多德这里讲到一种共相（普遍性）的统一，但这种共相不是科学的共相或概念的共相，而是经验的共相。科学和技术是以概念的共相为出发点的，而经验的共相则是介于概念共相与个别知觉之间。伽达默尔写道：“这是一种什么样的统一呢？显然，这是一种共相的统一。但是，经验的共相不等于科学的共相。按照亚里士多德的看法，经验的共相其实是在许多个别的知觉和真正的概念共相之间占据了一个显然是不确定的中间位置。”② 什么是经验的共相呢？经验的共相怎样过渡到概念（逻各斯）的共相呢？显然，按照科学的观点，经验必须是确实的，而且个别的经验必须表现同样的规则性，也就是说，经验具有某种先在的普遍性，以致它能上升为普遍的东西。但是，亚里士多德所讲的经验则与此不同，伽达默尔说：“我们应当注意，亚里士多德所讲的经验的共相无论如何绝不是概念的共相或科学的共相”③，因为按照亚里士多德的观点，经验实际上存在于个别的境遇之中，“经验总是只在个别观察里才实际存在。经验在先在的普遍性中并不被认识”④，因此经验不是确实的，而是需要不断证实的。经验的本质就在于“只有在它不被新的经验所反驳时才是有效的”⑤，“经验对于新经验的基本开放性正在于这里——这不仅是指错误得以更正这种一般的意义，而且也指这样的意思，即经验按其本质依赖于经常不断的证实，如果没有证实，经验必然会变成另外一种不同的东西”⑥。

怎样理解经验的本质在于它不被新的经验所反驳呢？亚里士多德把某人所做的许多观察与逃亡的军队做比较，一个士兵逃亡，另

① 亚里士多德. 后分析篇：19－100a3－14. 也可参见 The Löb Classical Library 1960 年出版的《亚里士多德〈后分析篇〉和〈论辩篇〉》，第 257－259 页。

② 伽达默尔. 真理与方法：第 1 卷. 1986：356.

③ 同②357.

④ 同②357.

⑤ 同②.

⑥ 同②357.

一个士兵逃亡，这样得出逃亡的军队；同样，在普遍的逃亡中第一个士兵停下来，接着第二个士兵停下来，则整个军队都停下来。按照亚里士多德的观点，这里得出的经验的共相是通过记忆从许多特殊的观察中得出的，而不是靠抽象作用而得出的概念的共相，因此经验的统一性或普遍性不是像科学的统一性或普遍性那样可预期的和可分析的。伽达默尔写道："经验的产生是这样一个过程，对于这个过程没有一个人能支配它，并且甚至不为这个或那个观察的特殊力量所决定，而在这个过程中所有东西都以一种最终不可理解的方式被彼此组合整理在一起。"① 亚里士多德的描述实际上阐明了这样一个获取经验的特有过程，即"经验是突然地、不可预见地、然而又不是没有准备地从这个或那个对象获得的，并且从那时直到有新的经验为止都是有效的，即不仅对这个或那个事例而且对所有这类东西都起决定性作用"②。这里有几个要点：（1）经验是突然降临的，它不可为我们所预见或所支配；（2）经验的联系不可理解，即是"无规则的普遍性"；（3）经验一当产生，除非有新经验反驳，否则都是有效的。正如逃亡的军队，我们不能预期，不能说何时是否逃亡结束，但只要经验一经产生，逃亡就是有效的。因此我们不能建立发展经验普遍性的方法。不过，按照伽达默尔的看法，亚里士多德自己并未意识到这点，他在这里做了一个假设，即在观察中作为共相而出现的东西，就是它们中共同的东西。伽达默尔认为，对于亚里士多德来说，概念的共相是一种存在论上的在先的东西，他试图从经验的共相推出科学的共相。按照伽达默尔的观点，这一假定显然是错误的，它实际上忽略了经验产生的真正过程。伽达默尔说："这个过程事实上是一个本质上否定的过程。它不能简单地被描述为典型普遍性的不中断的发展。这种发展其实是这样产生的，即通过连续的错误的概括被经验所拒绝，以及被认为典型的东西被证明不是典型的。"③ 例如，亚里士多德论证在战争中逃亡的情况，他不说"有一个人逃亡了，另一个人逃亡了"，而是说"如果有一个人站住了，那么另一个人也站住，再一个人也站住，直到原来的情况恢复"，即用的是反证法，典型普遍的东西是逃亡，却用相反的东西即"站住"来证明。这里伽达默尔区分了两种经验：一种是符合或支持

① 伽达默尔．真理与方法：第1卷．1986：358.

② 同①.

③ 同①359.

我们以前经验的经验（肯定的经验）；另一种是不符合或推翻我们以前经验的经验（否定的经验），伽达默尔把前一种经验说成“那些与我们的期望相适应并对之加以证明的经验”，而后一种经验伽达默尔说是“我们所‘做出’的经验”。伽达默尔认为，相对于第一种经验，第二种经验即否定的经验是更有创造性的经验，因为通过这种经验，我们推翻以前的假定，认识到我们的错误。伽达默尔写道：“后一种经验，即真正意义上的经验，总是一种否定的经验。如果我们对某个对象做出一个经验，那么这意味着，我们至今一直未能正确地看事物，而现在才更好地知道了它是什么。所以经验的否定性具有一种特殊的创造性的意义。经验不单纯是一种我们看清和做了修正的欺骗，而是我们所获得的一种深远的知识。”① 通过否定的经验，我们对我们以前已知道的东西（共相）有更好的知识，这种否定可以说是一种肯定的否定，伽达默尔称之为“辩证的经验”。

（2）为了论证这种辩证的经验，伽达默尔引证了黑格尔。黑格尔的贡献不仅是认识到经验的否定性，而且揭示了经验的历史性。伽达默尔写道：“对于经验的辩证要素最重要的见证人，不再是亚里士多德，而是黑格尔。在黑格尔那里，历史性要素赢得了它的权利。”② 黑格尔把经验设想为正在进行的怀疑论，而且还指出我们不能两次“做出”同一个经验，即强调经验的唯一性或一度性。我们知道，按照自然科学家的理解，经验的本性正在于它可以不断被重复和被证实，只有通过重复，经验才被取得。反之，在黑格尔看来，作为被重复的和被证实的经验就不再成为新的经验。当我们说已有一个经验，就是说，我们占有了它，我们现在只可以预见以前不曾期待的东西，因为同样的东西对于我们来说不能再变成一种新的经验。伽达默尔写道：“只有某个其他的未曾期待的才能对某个占有经验的人提供某种新的经验。所以正在经验的意识已经颠倒了它的方向——返回到它自身。经验者已经意识到他的经验——他是一个有经验者，这就是说，他获得了一个某物对他能够成为经验的新的视域。”③ 按照黑格尔的观点，什么是自在之物，这只能从它对于经验着的意识怎样表现而被知道，也就是说，经验着的意识有这种经验：对象的自在性是为我们而存在的。特别是黑格尔对经验的分析——

① 伽达默尔．真理与方法：第1卷．1986：359.

② 同①.

③ 同①.

这分析曾引起海德格尔特别的兴趣，黑格尔说经验就是指替意识产生出新的真实对象的东西。他写道：“意识对它自身——既对它的知识又对它的对象——所实行的这种辩证的运动，就是其替意识产生出新的真实对象这一点而言，恰恰就是人们称为经验的那种东西。”① 在这里，正如海德格尔和伽达默尔所说，黑格尔是想对经验的普遍本质做某种陈述，他不是辩证地解释经验，而是相反地从经验的本质来思考什么是辩证的东西。按照黑格尔的看法，经验具有一种倒转意识的结构。“经验本身的真实本质就在于这样倒转自身。”② 经验的原则包含一个规定，为了要接受或承认某个内容是真的，我们必须自身出现在那里，用黑格尔的话来说，就是“发现那一内容与我们自身的确实性相结合和相统一”③。经验概念就是指这种与我们自身的相结合和相统一首先被确立，这就是意识所发生的倒转，即在陌生的东西中、在他物中认识自身。按照黑格尔，意识的经验运动不仅在任何情况下都是意识的倒转，而且这种运动也必然导致一种不再有任何他物或异己物存在于自身之外的自我认识，也就是说，经验就是自我认识。

不过，伽达默尔也在这里批评黑格尔，因为对于黑格尔来说，意识的经验运动必然导致一种不再有任何他物或异己物存在的自我认识，而自我认识就成为最高的东西，从而黑格尔用以思考经验的标准就是自我认识的标准。“经验的本质在这里从一开始就被用某种超出经验的东西来设想”，这样，经验上升为科学，而经验的辩证运动就以克服一切的经验为告终。伽达默尔对黑格尔这种观点反驳说，意识的经验在辩证运动中并不导致绝对知识，因为“经验本身从来就不能是科学。经验永远与知识、与那种由理论的或技艺的一般知识而来的教导处于绝对的对立之中”④。因此，经验的真理经常包含与新经验的关联，因此，我们称有经验的人是对新经验永远开放的人，有经验的人就是彻底非独断的人。伽达默尔写道：“有经验的人表现为一个彻底非独断的人，他因为具有如此之多的经验并且从经验中学习如此之多的东西，因而特别有一种能力去获取新经验并从经验中进行学习。经验的辩证运动的真正完成并不在于

① 伽达默尔. 真理与方法：第1卷. 1986：360.

② 同①.

③ 同①361.

④ 同①361.

某种封闭的知识，而是在于那种通过经验本身所促成的对于经验的开放性。”① 这样，经验概念就具有一种新的性质，经验不只是指某一事物给予我们教训，而且是指属于人类历史本质的整个经验，这种经验是我们必须经常获取而且没有人能避免的经验。“经验作为整体不是任何人能避免的东西。”经验可以说是期望的落空，或失望的经验。诠释学经验是在否定和失望中迈向新的经验的，这与自然科学不同，自然科学的经验可以说是在肯定和满足中重复自己的预期，前者是开放的、创新的，后者则是守成的、封闭的。伽达默尔认为，人类的历史存在都包含一种基本的否定作为本质要求，这种否定在经验与洞见的本质关系中显露出来。他说：“正如培根已经知道的，我们只是通过否定的事例才获得的经验。每一种名副其实的经验都与我们的期望相违背。所以人类的历史存在包含一种根本的否定性作为本质要素，而这种否定性可在经验与洞见的本质关系中显露出来。”② 经验产生洞见，所谓洞见不仅是指对某一情况有更好的认识，而且更主要的是它经常包含从某种欺骗和蒙骗我们的东西的返回，就此而言，洞见总包含某种自我认识的要素，并且表现了我们在真正意义上称为经验的东西的某种必然方面。洞见最终是人类存在本身的某种规定。

（3）经验本质的第三个见证人是埃斯库罗斯。伽达默尔认为，埃氏不仅发现了“通过痛苦而学习”这一公式，而且也认识到这一公式中那种表现了经验的内在历史性的形而上学意义。“通过痛苦而学习”不只是意味着我们通过灾难而变成聪明，或对事物的更正确的认识必须通过迷惑和失望而获得，它的更重要的意义在于：人应当通过受苦而学习的东西，不是这个或那个特殊的东西，而是对人类存在界限的洞见，是对人类与上帝之间界限的绝对性的洞见。人被限制于处境中，他无法主宰经验；经验降临时，否定原来的知识，使人失望，因而了解经验的人，也了解他是一个有限的人；在经验中，人同时经验到他的有限性。伽达默尔说：“经验就是对人类有限性的经验。真正意义上的有经验的人是一个对此经验有认识的人，他知道他既不是时间的主人，又不是未来的主人。这也就是说，有经验的人知道一切预见的界限和一切计划的不可靠性。”③ 按照伽达

① 伽达默尔．真理与方法：第1卷．1986：361.

② 同①362.

③ 同①363.

默尔的看法，经验的真理就是承认人的有限性。经验对于意识的结果不是个别意识内容的永恒有效性（如亚里士多德），也不是最终产生绝对知识（如黑格尔），而是意识发现它自身的有限性。伽达默尔写道："真正的经验就是这样一种使人类认识到自身有限性的经验。在经验中，人类的筹划理性的能力和自我认识找到了它们的界限。"① 说任何事物都能改变，任何事物都有时间，任何事物都能任意地重新出现，这只能被证明是一种幻觉。对存在东西的承认是对这样一种界限的洞见，"在这界限内，未来对于期望和计划仍是开放的——或者更彻底地说，意味着有限存在的一切期望和计划都是有限的和有限制的。真正的经验就是对我们自身历史性的经验"②。

8. 我与你的三种关系

至此，伽达默尔完成了对经验概念的分析，并达到一个对于探究效果历史意识的本质很有启发的结论。效果历史意识作为一种真正的经验形式，一定反映了经验的普遍结构。效果历史意识就是诠释学经验，因此我们必须在诠释学经验中找出上述经验分析中已认识的那些要素。诠释学经验与传承物有关，传承物是可被我们经验之物，但它们却不是一种我们通过经验所认识和所支配的事件，而是语言，在这方面，传承物就像是一个你那样自行讲话。一个你不是对象，而是与我们发生关系，这样伽达默尔分析了三种我与你的关系——这里我是诠释者，而你是我所诠释学的对方——以此来说明我们三种不同的诠释学经验。

（1）我与你的第一种最低级的关系是你被经验为一个类的成员，你被期望按照我通过经验学会的规则去行动。这种我对你的经验，伽达默尔说是"人性认识的形式"，如用科学方法进行的诠释，文本被理解为普遍规律的特例。当我观察你时，我可以观察你的行动，以获得一些有关人类行为的原则，并且通过这一原则，我就可对人类的行为做出推论。这里我们看到一种类似于自然科学家观察事物的方式，在这种我与你的关系中，你只是一个手段，以让我达到我的目的。但是，正如康德所批判的，"我们不应把他人只作为工具来使用，而应当经常承认他们本身就是目的"③，因此这种我与你的关

① 伽达默尔．真理与方法：第1卷．1986：363．

② 同①．

③ 同①364．

系是一种不正确的关系。如果把这种关系用于诠释学现象，即把诠释的对象作为工具，并以对方法的素朴信仰为基础，那么，为了获得一种普遍而客观的知识，我们就显然必须排除了诠释者的历史性。伽达默尔说这是一种模仿自然科学方法论的陈词滥调，因此它不是一种真正的诠释学经验，而是“使诠释学经验的本质失去了固有的光泽”①。

（2）我与你的第二种可能关系是，我承认你是另一个主体，但不是典型的一个对象。在这种关系中，我明白你不是一个物，而是一个人，每人都有他自己的见解，不过我也固守我自己的立场，双方都固执己见，都要求对方接纳自己的意见。按照伽达默尔的分析，这种我-你关系从根本上说，不是一种直接的关系，而是一种反思的关系，即你只是被认为投射于我的反思意识，我是从自身出发去理解你，甚至还要求比你理解自己还更好地理解你，你事实上丧失了对我提出要求的直接性。虽然这第二种我-你关系比第一种关系有进步，认为你是人而不是物或工具，但我只肯定我而排斥你，这样就对他人保持一种距离，我是在我与你的交互关系之外去认识你，而这正如伽达默尔所说的，“谁在这样一种交互关系之外反思自己，谁就改变了这种关系，并破坏了其道德的制约性”②。这种我-你关系表现在诠释学现象上，就是历史意识的诠释学方式。在历史学研究中，历史意识不要求从对象中获得普遍规则，而只是找寻某种历史一度性的东西，而且认为我们必须摆脱现在和前见，纯客观地了解过去，不让传承物在现在和前见中来理解，而只让它在过去中生存。这种不承认自己被历史性——前见与现在境遇——所统治的人将不能看到历史性光芒所揭示的东西。所以伽达默尔说，正如上述谁在这样一种交互关系之外反思自己，谁就改变了这种关系，并破坏了其道德的制约性一样，“谁在与传统的生命关系之外来反思自己，谁就破坏了这种传统的真实意义。试图理解传统的历史意识无须依赖于方法上是批判的工作方式来接触原始资料，好像这种工作方式可以保证它不把自己的判断与前见相混淆似的。历史意识实际上必须考虑自己的历史性。正如我们已经表述的，立于传统之中并不限制认识的自由，而是使这种自由得以可能”③。

---

① 伽达默尔. 真理与方法：第1卷. 1986：365.

② 同①366.

③ 同①366.

（3）第三种真正的也是最高级的我与你的关系是：我以完全开放的态度承认你是一个人，真正把你作为你来经验，我不仅不忽视你的要求，而且我还要倾听你对我所说的东西。这样，与第二种关系不同，双方都不固执己见，而是彼此开放，每一个人都对他人陈述的真理可能性开放。伽达默尔说："谁想听取什么，谁就彻底是开放的。如果没有这样一种彼此的开放性，就不能有真正的人类联系。"① 这种我-你关系用于诠释学现象，就是效果历史意识的诠释学经验，在这种经验中，诠释学态度既不把过去或文本当作可归入原则的对象或规则的典型表现，也不把过去看成现在不可分享的他者，而是让过去或传统对今天讲话。按照伽达默尔的看法，这就是与诠释学经验相符合的东西。我不仅承认传统要求的有效性，而且我也承认我自己的历史性、现在境遇与前见对理解传统的必要性。对他人的认识依赖于对自己有限性的承认。伽达默尔说："谁以这种方式对传统实行开放，谁就看清了历史意识根本不是真正开放的，而是相反，当它'历史地'读它的文本时，它总已经先行地和基本地弄平了传统，以致我们自身认识的标准从未被传统提出问题。"② 这里我们想起了历史态度一般进行的朴素比较方式，弗里德里希·施莱格尔曾说过："所谓历史批判的两个基本原则是平常公设和习惯公理。平常公设是：一切伟大的善的和美的东西都是或然的，因为它们是异常的，至少是可疑的。习惯公理是：事物必须到处都像它们对我们所呈现的那样，因为这对于一切事物都是这样自然。"③ 与此相反，效果历史意识超出这种适应和比较的朴素性，因为它让自身经验传统并对传统所具有的真理要求保持开放。"诠释学意识并不是在它的方法论的自我确信中得到实现，而是在同一个经验共同体中实现。"④ 按照伽达默尔的看法，这种经验共同体通过区分受教条束缚的人和有经验的人，从而使诠释学意识得以真正实现，他认为，这就是"我们现在可以更精确地用经验概念来刻画效果历史意识特征的东西"⑤。

9. 诠释学的一切前提无非就是语言

伽达默尔对诠释学最根本的贡献就在于他努力把诠释学从解释

---

① 伽达默尔．真理与方法：第1卷．1986：367．

② 同①．

③ 同①．

④ 同①．

⑤ 同①368．

的技艺学或方法论中解放出来，并使理解活动作为一种对话式的并且超主观的过去与现在的中介事件。所谓对话式的，就是说理解的每一过去与现在的中介都是理解-解释者与文本的特定对话；所谓超主观的，就是说理解中所发生的过去与现在的中介都是超越理解-解释者的自觉控制。为了说明理解的这种深层因素，伽达默尔探讨了语言，他的结论是：语言是使过去与现在得以中介的媒介，理解作为一种视域融合本质上是一种语言过程。

"诠释学的一切前提无非就是语言"这句施莱尔马赫的名言，并不是一种语言唯心论，说存在的一切都是语言，而是揭示了这样一种观点：我们总是语言地据有我们的世界，即洪堡所说的语言世界观。当洪堡说"语言实际上并不是展现一种早已为人所知的真理的手段，而是发现先前未为人知的真理的媒介"[①] 时，就表明我们并非先同世界有一种超出语言的接触，然后才把这个世界放入语言的手段之中，而是我们与世界的接触和经验本身从一开始就是在语言中进行的。语言对我们来说，绝不是把握世界的工具，而是构造世界的经验本身。伽达默尔说："语言并不是意识借以同世界打交道的一种工具，它并不是与符号和工具——这两者无疑也是人所特有的—— 并列的第三种器械。语言根本不是一种器械或一种工具。因为工具的本性就在于我们能掌握对它的使用，这就是说，当我们要用它时可以把它拿出来，一旦完成它的使命又可以把它放在一边。但这和我们使用语言的词汇大不一样，虽说我们也是把已到了嘴边的词讲出来，一旦用过之后又把它们放回到由我们支配的储存库之中。这种类比是错误的，因为我们永远不可能发现自己是与世界相对的意识，并在一种仿佛是没有语言的状况中拿起理解的工具。毋宁说，在所有关于自我的知识和关于外界的知识中我们总是早已被我们自己的语言所包围。我们用学习讲话的方式长大成人，认识人类并最终认识我们自己。学着说话并不是指学着使用一种早已存在的工具去标明一个我们早已在某种程度上有所熟悉的世界，而只是指获得对世界本身的熟悉和了解，了解世界是如何同我们交往的。"[②] 语言是我们理解世界得以实现和经验世界得以构成的普遍媒介。人具有语言绝不是什么非本质的偶然的特征，而是人处于世界

① 洪堡. 洪堡著作集（Humboldt. F. Werke. Darmstadt/Stuttgart.）：第 3 卷. 1963：1920.

② 伽达默尔. 哲学诠释学. 夏镇平，宋建平，译. 上海：上海译文出版社，1994：62.

之内这一事实的表现。在语言中人认识自己，因为他通过语言能够根据某种开启的世界（意义活动空间）说出某种关于在者的东西。可是世界的语言性并不意味着这个对象就是语言。每一个对象化都相反预先假设我们曾与某个在者打交道，这个在者在语言的世界视域内被解释。从这里伽达默尔得出我们对语言的拥有，或者说我们被语言所拥有，乃我们理解世界的本体论条件。他写道："语言并非只是一种生活在世界上的人类所适于使用的装备，相反，以语言作为基础，并在语言中得以表现的是，人拥有世界。对于人来说，世界就是存在于这里的世界，正如对于无生命的物质来说世界也有其他的此在。但世界对于人的这个此在却是通过语言而表述的。这就是洪堡从另外的角度表述的命题的根本核心，即语言世界观。洪堡想以此说明，相对附属于某个语言共同体的个人，语言具有一种独立的此在，如果个人是在这种语言中成长起来的，则语言就会把他同时引入一种确定的世界关系和世界行为之中。但更为重要的则是这种说法的根据：语言相对于在语言中所表达的世界并没有它独立的此在。不仅世界之所以是世界，仅因为它要用语言表达出来，而且语言之所以具有其根本此在，只是在于世界是用语言来表达的。语言的原始人类性同时也意味着人类在世存在的原始语言性。"①

语言支配我们对世界的经验，因此我们对特定对象的把握和经验就不是自我创造的，而是预先设定的。语言总是使我们按照它的要求行事。不过，这里我们需要指出，语言并非一种独立的神奇力量，语言其实就像光一样，光并不把我们引向它自身，而是阐明由它所展现的一切；同样，语言并不声称它自己的独立存在，而是揭示它所说出的东西的存在。伽达默尔写道："语言越是一种活生生的过程，我们就越不会意识到它。因此，从语言的忘却中引出的结论就是，语言的真实存在就在于用语言所说的东西。语言所说的东西构造了我们生活于其中的日常世界……语言的真实存在即是当我们听到它时我们所接纳的东西——被说出来的东西。"② 语言就是光辉，它既说出了在者，又揭示了存在，而它自己却退隐。光的形而上学导致诠释学经验"就如一道新的光芒的出现，通过这种光芒就使被观察的领域得到了扩展"③："诠释学经验属于这种情况，因为

① 伽达默尔. 真理与方法：第1卷. 1986：446-447.

② 伽达默尔. 哲学诠释学. 夏镇平，宋建平，译. 上海：上海译文出版社，1994：22.

③ 同①489.

它也是一种真实经验的事件。凡是由传承物说给我们什么东西的地方，所说的东西里总有某种明显（真理）的东西，而这种东西却无须在每一细节上加以确保、判断和决定。传承物通过被理解而肯定自身的真理，并且变动先前一直包围着我们的视域。这在我们所指出的意义上就是一种真正的经验。美的事件和诠释学过程这两者都以人类存在的有限性作为基本前提。”①

① 伽达默尔. 真理与方法：第 1 卷. 1986：489.

第六章　当代诠释学的发展和争论

伽达默尔的《真理与方法》一书出版后，哲学诠释学经历了批判与反批判，当代诠释学正是沿着这条批判与反批判的道路不断向前发展的。对于伽达默尔哲学诠释学的批判来自两个方面：一方面是从方法论角度，如贝蒂和赫施（E. D. Hirsch），他们认为伽达默尔哲学诠释学“包含一种对方法合理性的回绝”，因而试图按照诠释学方法理论批判伽达默尔的主观主义和相对主义；另一方面来自社会批判理论，如哈贝马斯和阿佩尔，他们认为伽达默尔在强调成见、权威和传统时忽视了意识形态要素，从而试图按照意识形态批判理论批判伽达默尔的保守主义和守旧主义。尽管按照伽达默尔的看法，主张方法论的人是把一种毫无疑问是不断试验的合理性当作人类理性的最高标准，因而不可能是正确的，而属于意识形态批判的人，则“虽说在诠释学中认识了真理，但只认识一半真理……虽然认识到这种合理性具有意识形态方面的前定性，但却未能对这种意识形态批判本身具有的意识形态关联给以足够的重视”①。但我们也必须看到，这两方面的批判也有其合理之处。唯有在不断争论和批判之中，诠释学才能更好地得以发展。

第一节　贝蒂的作为精神科学普遍方法论的诠释学

意大利法学史家和哲学家埃米里奥·贝蒂曾在意大利的米西那、巴马、佛罗伦萨、米兰和罗马诸大学任罗马法教授，1955 年他于罗马建立了一个“诠释学研究所”，并在此之前即 1954 年发表了一篇

---

① 伽达默尔．真理与方法：第 2 卷．1986：388.

名为《为一般解释理论奠定基础》的诠释学宣言。1955年他在米兰出版了两卷本《一般解释学理论》，1957年出版了《从法学史解释看连续性问题》，1962年出版一本广为流传的小册子《作为精神科学一般方法论的诠释学》，1967年又以《作为精神科学方法的一般解释学理论》德文本再版了1955年的两卷本。在这两篇著作中，贝蒂不仅力图恢复被海德格尔、伽达默尔和布尔特曼等人所谓哲学诠释学所消解的德国19世纪伟大的诠释学传统，并使之重新成为一种有效的人文科学一般方法论，而且也强烈地批判了哲学诠释学有使解释的客观性问题陷入困境的危险。不过，按照伽达默尔的看法，贝蒂作为一位法学史家同时又是一位法学理论家，作为意大利著名黑格尔主义者克罗齐和金蒂尔这些本身非常熟悉伟大的德国哲学以致能讲并书写完美德语的学者的同国人，他完全避免了天真的历史客观主义的危险，他懂得如何收集自威廉·冯·洪堡和施莱尔马赫以来在不懈的努力中成熟起来的诠释学思考的巨大成果，因而诠释学问题的整个领域在贝蒂那里得到了“探索性和系统性的整理”①。但是，由于他仍跟随由施莱尔马赫所创建的心理学解释，“只能把诠释学问题当作一种方法的问题来思考，从而表明了他仍深深地陷入本该克服掉的主观主义之中”②。

1. 富有意义的形式

正如狄尔泰一样，贝蒂也从“精神的客观化物”（objectivation of mind）这一概念出发，在他看来，从迅速流逝的讲话到固定的文献和无言的遗迹，从文字到密码数字和艺术的象征，从发音清晰的语言到造型的或音乐的表象，从说明、解释到主动的行为，从面部表情到举止方式和性格类型，以及我们所建造的房屋、花园、桥梁、工具等，都可以说是精神的客观化物，即由他人精神所创造和体现的东西，我们一接触这些东西，它们就有一种召唤我们理解能力的呼吁，希望它们中所客观化的各种精神和思想得以被展示。按照贝蒂的看法，我们首先应当区分它们的物理层次（声音、文字、形状）与它们的意义内容，为此，他把精神的客观化物称为“富有意义的形式”（sinnhaltige Formen）。他说：“‘形式’在这里必须广义地理解为一种同质的结构，其中许多知觉元素彼此相互联系，而且这种

① 伽达默尔．真理与方法：第2卷．1986：392．
② 同①394．

结构适合于保存那个创造它或体现于它之中的精神的特质。”① 他认为，凡在我们与富有意义的形式取得接触的地方，我们都可发现它们具有一种召唤我们去理解它们意义内容的呼吁。他说：“凡在我们与富有意义的形式取得接触的地方——通过这些形式，他人心灵向我们诉说——我们都发现我们具有一种力图想知道这些形式里所包含的意义的解释力。”② 按照贝蒂的看法，富有意义的形式具有一种不自觉的表象作用，这种表象作用把它所负载的意义内容向我们传达，因而使我们理解到那个我们并不认识的他人的精神。他写道：“得以传达知识的富有意义的形式的表象作用不一定是有意识的作用，它所负载的意义内容通过它的意义表象作用可以这样被认识，以致由于它的中介，那个与我们虽然不相联系的他人心灵通过一种‘呼吁’召唤我们理解能力而能对我们‘讲话’，我们之所以进入与我们同胞的精神关联仅由于这种富有意义的形式，不管这种形式是在实际知觉里被给予，还是可以在我们记忆中作为形象所召唤起的。”③ 在这里，富有意义的形式起了一种中介的作用，这一中介过程，贝蒂称为解释。他写道：“当我们与可知觉形式相接触时，我们就着手我们的解释活动，通过可知觉形式，那个客观化自身于其中的他人精神就呼吁我们的理解。解释的目的就是理解这些形式的意义，找出它们想对我们传达的信息。”④ 解释就是这样一种旨在达到理解的活动。

按照贝蒂的看法，解释是三个要素统一的过程：其对立的两极是：作为主动的能思的精神的解释者和被客观化于富有意义形式里的他人精神，这两者并不直接联系和接触，而是通过这些富有意义的形式的中介，我们可以这样简化这种三位一体关系：作品中的原有精神—富有意义的形式—解释者。解释过程中的主体和对象是解释者和富有意义的形式，但在这些形式里，一个被客观化的精神作为一个不可改变的他者面对解释者。因而解释的任务就是“重新认识这些客观化物里的激动人心的创造性思想，重新思考这些客观化物里所蕴含的想法或重新捕捉这些客观化物所启示的直觉。由此推

---

① 贝蒂．作为精神科学一般方法论的诠释学（1962）//洪汉鼎．理解与解释——诠释学经典文选．北京：东方出版社，2001：126.

② 同①124.

③ 同①.

④ 贝蒂．作为精神科学方法论的一般解释学理论//布莱希特．当代诠释学．1980：29.

出，理解在这里就是对意义的重新认识（re-cognition）和重新构造（re-construction），而且是对那个通过其客观化形式而被认识的精神的重新认识和重新构造”[①]。

不过，由于贝蒂接受康德的认识论，知识不是实在的被动反映，而是由我们主体的认识方式对感觉材料的构造——把这一观点运用于理解和解释，就是说对象是由我们理解它们的方式所决定——所以他认为这种重新认识和重新构造的过程不是被动的模仿过程，而是创造过程的倒转。贝蒂说：“在诠释学过程中，解释者必须通过在他内在自我内重新思考富有意义的形式而从相反的方向经历原来的创造过程。”[②] 所谓从相反的方向经历原来的创造过程，就是指解释者的主观性与原来作者的主观性不同，而在解释中需要把富有意义的形式的原来主观性转换成与之不同的另一主观性。这也就是说，解释是一种基于我们精神自发性去理解他人精神的过程，也就是一种如果没有我们主动的参与就不能成功的理解过程。这样一来，解释就处于一种二律背反之中：一方面是客观性的要求，解释者关于包含在富有意义形式里的意义的重新构造必须尽可能符合它们的意义内容；另一方面客观性要求只能由于解释者的主观性，以及他对他以一种适合于所说对象的方式去理解的能力的先决条件有意识才能达到。贝蒂写道：“解释者被呼吁从他自身内去重新构造思想和重新创造思想，使之成为他自己的东西，而同时又必须客观化它，因此在这里我们有一冲突：一方面是那种不能与理解自发性相分离的主观因素，另一方面是作为要达到的意义他在性的客观性。”[③] 按照贝蒂的看法，这种主观因素与客观要求的二律背反正构成解释过程的辩证法并提供了一般解释理论的出发点。对此伽达默尔做了肯定的评价，他说：“与贝纳德托·克罗齐采取的极端立场完全相反，贝蒂在一切理解的客观因素和主观因素之间寻找一种中介。他表述了诠释学的整个规则体系，在其顶端是文本的意义自主规则，按照这一规则，意义，即作者的意见，是必须从文本自身中获得的。但贝蒂也以同样的坚决性强调了理解的现实性原则，以及理解与对象的相符原则。这就是说，他发现解释者的立场束缚性是诠释学真理的

① 贝蒂．作为精神科学一般方法论的诠释学（1962）//洪汉鼎．理解与解释——诠释学经典文选．北京：东方出版社，2001：129.

② 同①30.

③ 同①30.

一个综合因素。”①

2. 解释的方法论原则

解释过程的这种辩证关系在诠释学实践中就产生了所谓解释的方法论原则。按照贝蒂的构造，这些方法论原则共有 4 个规则，它们分属于两组，即属于解释对象的和属于解释主体的，前组表现了解释的客观性要求，后组则表现了解释的主观性因素。

A. 属于解释对象的两条规则：

A1 诠释学的对象自主性规则或诠释学标准的内在性规则

A2 诠释学评价的整体性和融贯性规则

B. 属于解释主体的两条规则：

B1 理解的现实性规则

B2 理解的意义正确性规则或诠释学的意义符合规则

按照贝蒂的看法，属于解释对象的第一个基本规则是直接明显的，因为作为解释对象的富有意义的形式本质上是精神的客观化物，即某种思想内容的表现，因此对它们的理解就是对那种被客观化于这些形式里的另一精神的理解，这里作为解释对象的富有意义的形式所客观化的思想或意图具有独立自主性和内在标准性。贝蒂说，任何解释都“应当相对于原来意向里所具有的标准被判断，这个原来意向就是被创造的形式应当符合的意向，即从作者的观点和他在创造过程中的构造冲动来看的意向。由此推知，它们一定不能根据它们迎合于似乎与解释者相关的任何其他外在目的来被判断”②。

属于解释对象的第二个基本规则实际上就是传统诠释学所说的诠释学循环，即整体的意义必须从它的个别元素而推出，个别元素必须通过它是其部分的整体来理解，正如一个语词的意蕴、意向或字面意义只可以相对于它被说出的意义语境而被理解，同样，一个语句以及与之相联系的诸语句的含义和意义只能相对于讲话的意义语境、有机的结构布局和结论性的相互融贯而被理解。按照贝蒂的看法，正是这种部分与整体的辩证关系才允许了富有意义的形式在整体与其个别或个别与其整体的关系里得以相互阐明和解释。

属于解释主体的第一个规则即理解的现实性规则是说，任何解

① 伽达默尔．真理与方法：第 2 卷．1986：393.

② 贝蒂．作为精神科学一般方法论的诠释学（1962）//洪汉鼎．理解与解释——诠释学经典文选．北京：东方出版社，2001：131.

释都具有一种按照解释者的兴趣、态度和现实问题进行调整的可能性，任何原来的经验都要相对于对它的新解释有所改变。按照贝蒂的观点，解释者的任务不是单纯地重复原创造过程，而是原创造过程的倒转，这种倒转就是在解释者自身内重构创造过程，重新转换陌生的他人思想、过去的经验或记忆的事件于我们自己生活的现实存在之中，这就是说，通过一种转换把它们调整和综合于我们自己经验的框架中，因此每一种以往的经验都是通过一种调整过程变成我们心理宇宙的组成部分的，而原来的经验在这种调整和综合过程中必然发生改变。贝蒂以历史研究为例，他说，如果认为历史学家的任务只是通过单纯的重复他的源泉所包含的东西就够了，认为唯一真实的历史就是这些源泉所具有的历史，这是天真的想法，事实上我们这里忘记了“我们心灵所获得的任何东西都进入了我们自己已经具有的我们表象和概念的整个结构之中”①。根据这一规则，贝蒂主张，意义虽然是由富有意义的形式所提供的，但这种提供并不是单纯让解释者按机械程序去被动吸收，这种意义需要解释者在自身内借助他的卓越见识去重新认识和重新构造，这种意义的重新认识和重新构造需要解释者自己的洞察力和创作实践的经验，也就是说，解释者的态度不能是单纯被动地接受，而必须是主动地重构。

属于解释主体的第二个规则即意义符合规则或意义正确性规则是说，解释者应当以这样一种方式把他自己生动的现实性带入与他从对象所接受的刺激紧密和谐一致之中，以致我们与他人以一种和谐一致的方式进行共鸣。因为A1与B1这两条规则各强调了主或客一面，A1强调客体的自主性，B1则强调主体的现实性，这里就有需要把这种客体的自主性与主体的现实性统一起来的要求，按贝蒂的看法，这种统一的要求就构成意义的符合规则或意义的正确性规则。例如，在历史解释领域，历史个人所表现的个性应当与解释者的个性发生共鸣，正确的解释应当是它们两者的和谐一致。

3. 四个理论要素和三种解释类型

贝蒂在其解释学理论里提出四个理论要素和三种解释类型。四个理论要素是：(1) 语文学要素，在我们致力于理解永久固定的符号（文本、乐谱），即重构说出的或写下的讲话的语法和逻辑的一致

① 贝蒂. 作为精神科学一般方法论的诠释学（1962）//洪汉鼎. 理解与解释——诠释学经典文选. 北京：东方出版社，2001：135.

性时，我们就需要这一要素；（2）考证要素，在我们需对问题持怀疑态度时，如对象出现不一致、不合逻辑的陈述以及论证有漏洞时，我们就需要这一考证要素，这一要素允许我们区分原初的、本真的成分和后来追加的成分；（3）心理学要素，当我们力求设身处地地使自己置于作者的位置并重新认识和重新创造作者个人的思想时，这种要素就发挥作用；（4）技术-形态学描述要素，这一要素旨在联系客观精神世界的特殊逻辑和形成规则来理解客观精神世界的意义内容，这是一种在这些创造物上可感觉能重新构造的意义。

三种解释类型是：（1）“重新认识的”（recognitive）解释（重新构造的解释）；（2）“重新创造的”（reproductive）解释；（3）“规范的应用”（normative application）。它们可以根据指导它们的兴趣来区分：重新认识的目的存在于自身之中，即为理解而理解；重新创造旨在交往某种经验；而规范应用的目的是为行动提供指导。

重新认识或重新构造的解释是一种常见的解释，其典范是语文学和历史学。语文学涉及单纯的重新构造或重新恢复实际的和所意想的意义，它试图表明“事情本来是怎样”。按照贝蒂的看法，语文学解释首先必须遵循一切文本的基本特征，它需要理解两个要素：（1）所用语言的整体性，它要求熟悉语言，这属于语法研究；（2）制约作者语言的连续发展过程，这需要心理学观点，以便抓住讲话乃多种影响相互作用的结果。贝蒂特别指出语文学解释可能面临的两种情况，即意义缺乏或意义过剩，这两种情况都存在着富有意义的形式与它们中所表达的意义内容之间的不一致。他说，前者需要“补充解释”，而后者可以采取一种“喻意解释”（allegorical interpretation），在喻意解释里我们研讨一种在文字的或实际的意义之外或之后的，即超出文字实际意义的“意义”。研究意义过剩的问题在解释象征和神话里相当突出。象征（Symbol）与符号（Sign）不同，它代表另一种存在，指称某种在自身之外的东西，因此对象征的解释旨在用语言学工具推导那种超出文字意义即文字所表达的意义之外的意义价值（meaning-valü），用一种非比喻的判断去替代象征里的比喻判断。重新构造的解释也表现在历史解释中，这里的任务并不是复活全部历史时期，而是“扩大、补充和修正我们关于这些时期的受限制的片断的有问题的看法”。历史学家所接触的材料应被用来“辨析和重新认识那些产生这些材料的人们曾在思考什么，他们为什么要制造这些材料，什么动机促使他们”。对于历史现象的解释，光像语文学解释那样重构一个过去的事件是不够的，历史学家必须考虑一个文件产生的前后关系，遵循诠释学评价的整体性和一致性规则，因而历史是解释者比作者理解他自己更好地理解作者这一可能性的典型之处。贝蒂在概述语文学特别是历史学的解释时还提出了一种技术-形态学描述的解释（technical-morphological interpretation），所谓技术-形态学描述不单单是精神史或思想史研究，而且是对问题史的研究，即对问题的起源、发展和解决的研究，按照贝蒂的看法，这种技术-形态学描述的解释可以从宗教一直扩大到社会结构的领域。

重新创造的解释。理解的本性是重新创造，这在于它通过现实性把精神客观化物内在化或转换为它自己的语言，这是一种类似于产生富有意义形式的过程。但是，对语言的、戏剧的或音乐的创造物的诠释学训练有素的理解则增加了另一种度向，增加了一种特殊的即使人可理解的责任感：它指向听众，并需要解释者完全自我抛弃，以便忠实于作品和作者。在这里出现的典型困难在于需要把作者可能意向的或不意向的含糊的东西带到完全的表现。在翻译一个文本，上演一部戏剧和演奏一曲音乐时，解释者致力于把一种意义语境转换成另一种意义语境，并在这意义上重新创造该作品。这过程的基本原则是要求辨析和实现作者的意图，一切努力必须放入使这种意图得以实现的任务中。

规范的解释或应用主要出现于法学和神学领域。这两个领域的特征是力求从意义语境（如法典、《圣经》）推导出现时行为的指导规则。在法学领域，行为必须发生在既定方向的框架内，并在写下的法律并不直接包含的情况下进行带有规范意向的解释，而且可采取一种类推判断的形式。《圣经》的解释必须有一附加的条件，即它必须开始于独断论立场，即信仰。总之，神学和法学的解释不同于语文学和历史学的解释，后者与其说是关心一种与现实的实践关系，还不如说是沉思地使它们沉浸于它们所研讨的文本，而前者在与文本的交往中则具有一种实际运用于现实的能力。贝蒂试图通过几种解释类型的研究，警告我们不要以一种解释类型概括所有的解释类型。

4. 贝蒂对哲学诠释学的批评

为了反对海德格尔，布尔特曼和伽达默尔以一种解释类型概括所有解释类型的所谓“哲学诠释学”观点，贝蒂在著作中不遗余力地批判这种主观主义的解释立场，他说：“我们必须拒绝这一无保证的结论，即我们不可能主张认识主体和他的对象之间有明确的区分，或者历史现象的自在性无非只是客观化思想的幻觉。”① 他以布尔特曼的观点为例，他说，按照布尔特曼的看法，“如果没有被要求去理解历史现象的历史主体，历史现象就没有存在，解释之所以可能仅基于一种与文本中直接或间接表现的主题的先在的联系，这种先在的联系本身预先规定了研究的指向，因此要求解释者抛弃他的主观性是完全悖理的”，并最后得出“最主观的解释在这里是最客观的解释，即只有被那关于他自己存在的问题所激动的人才能倾听文本的要义”②。贝蒂对此所做的批判我们可以概括为三点：

（1）混淆事实本身（Sache selbst）与我们所看的观点（Ansicht）。贝蒂说，我们可以同意任何历史观点都依赖于历史学家的立场，每个历史现象都能从不同的立场去看，但我们不可能从历史学家立场的历史性推出对历史解释客观性的否定。历史的客观真理是存在的，从历史学家的任何背景和立场去看只能是模糊的，但如果由此认为历史学家的特殊观点是唯一正确的观点，那么这种模糊画面就成为误解。也就是说，我们可以承认“就绝对的和最终的知识意义而言，历史知识的客观性是不可达到的”——正是这点证明诠释学的任务是不能一劳永逸地完成的，但我们绝不能由此而认为“在认识现象像它们原本本身那样的意义上，历史知识的客观性是不可能的”③，因为这一陈述走得太远，甚而否认了历史现象的自在存在。只有我们认为客观化的他人意义内容仍保留在富有意义的形式中，解释者才会不以任意的方式而是借助可控制的指导原则去接近这种意义内容。

（2）混淆了阐释（Auslegung）与意义赋予或意义推论（Sinngebung）。贝蒂说，主观主义立场是依赖于一种意义的改变，这种改变把历史解释的诠释学过程与一种受具体境遇所规定的意义赋予（如来世论的意义推论）加以等同，并且具有一种把可能性的条件与那个过程的对象加以混淆的结果，以致使诠释学的对象自主性基本规

① 贝蒂．作为精神科学一般方法论的诠释学（1962）//洪汉鼎．理解与解释——诠释学经典文选．北京：东方出版社，2001：136.

② 同①138.

③ 同①142.

则完全从历史学家的工作中被排除出去。他写道："对这种观点的反驳显然是，这些以意义推论'前理解'（Vorverstaendnis）接近的文本不可用来肯定已经主张的意见；我们反而必须假定它们有某种我们靠自身是不能知道并不依赖于我们意义推论而存在的东西要说。这里主观主义立场的有问题的特征开始清楚了：它显然受当代生存论哲学的影响并势必把解释与意义推论加以混淆，以及以一种对一切人文科学解释程序结果的客观性加以怀疑的结论排除对象的自主性规则。我的看法是，作为历史研究的保护人和参与者，我们的职责就是捍卫这种客观性并为它的可能性认识论条件提供证明。"①

（3）混淆历史现象的本来意义（Bedeutung，meaning）与这些现象对现时和我们对未来负有责任的价值意义（Bedeutsamkeit，significance）。这里价值意义来源于价值指向的解释，按照韦伯的说法，价值指向是指向一个可以从美学、伦理、理智或任何其他文化的观点来考察的对象，它不是纯粹历史表象的部分，价值指向的解释即研究那个对象上所实现的价值，它并不旨在找出那个创造对象的人当时所想的东西，而是指出什么价值能够而且应当在对象里被找到。按照贝蒂的看法，Bedeutung（meaning）与Bedeutsamkeit（significance）是两种不同的意义。对象的Bedeutung是指它确实是怎样，这是被给予的；而对象的Bedeutsamkeit，即对于现时的意义，是随着具体情况而被规定的，是解释者为了自己当前现实而制造出的"对未来负有责任的"意义。因此，如果我们把历史现象的确定意义（Bedeutung，meaning）与它对解释者的现在和未来的价值意义（Bedeutsamkeit，significance）加以混淆，那么我们就会使诠释学成为独白，而不是对话。正确的解释正应当是对话，对话的一方是我们解释者，另一方是作为不可改变的他人精神，没有这种他人精神，任何解释程序就完全不能进行。

5. 贝蒂与伽达默尔的争论

贝蒂在《作为精神科学一般方法论的诠释学》（1962）里批评伽达默尔利用海德格尔所谓理解前结构观点，把理解的历史性，即解释过程中的历史条件，提高为诠释学的根本原则，从而使他"陷入了必须把成见认为是理解的条件这一悖论中"。按照伽达默尔的观

① 贝蒂．作为精神科学一般方法论的诠释学（1962）//洪汉鼎．理解与解释——诠释学经典文选．北京：东方出版社，2001：147-148.

点，历史诠释学应当开始于消除传统与研究之间，历史过程与历史知识之间的抽象对立，理解本身不应被认为是一种主观的活动，而应被认为是一种进入过去与现在经常彼此中介的过程。可是按照贝蒂的看法，伽达默尔这种看法完全是一种“自我欺骗”，也就是说，它并不为理解的正确性提供任何可靠的标准，因为理解的正确“必须要达到与作为心灵客观化物的文本所根深的意义完全符合，只有这样，结论的客观性才被保证是基于可靠的解释过程”。他写道：“创造过程在解释中的倒转需要从作者原来的背景转换到解释者的主观性。但这并不包含一种必须被认为是‘与现在中介’的‘变形’。现在虽然加强和促进理解的兴趣，但它在向主观性位置的转换中没有地位。按照我的看法，那种进入所指的结论的转变表现在如下论证线索中，即历史理解的对象不是由事实而是由它们的意义（significance）所构成的（这种意义是相对于现在的），也就是由它们对现在的意义所构成。如果我们讲一个被某个主体接触的自在存在的对象，那么这种理解将不是正确地被描述，更精确地说，历史理解的本质就是流传至今的传统影响现在，并必须在这种过去与现在的中介里被理解，或者甚至可以说被理解为这种过去与现在的中介。”①贝蒂并以法律史的情况为例，他说在法学上并不要求从当前的情况去理解法律文本的内容，这只是一种对法律内容的目的论评价，其实这些法律并不指向现在或想对今天的行为方式施以任何直接规范的影响。对此，伽达默尔在一封私人书信中做了回答，他说：“从根本说来我并未提出任何方法，相反，我只是描述了实际情形。我认为我所描述的情形是无人能够真正反驳的……例如，当你阅读莫姆森所写的古典论文时，你也立刻就知道这篇文章只可能在何时写成。即使是历史方法的大师也不可能使自己完全摆脱他的时代、社会环境以及民族立场的前见。这是否该算一种缺陷呢？如果说这是一种缺陷，那么我就认为，对这种缺陷为什么无处不在地发生于我们的理解之中进行反思，就是一种哲学任务。换言之，我认为唯一科学的做法就是承认实际情形，而不是从应当如何出发进行思考。正是在这个意义上我才试图超越现代科学的方法概念进行思考并在根本的一般性中考虑一直发生的事情。”②

---

① 贝蒂．作为精神科学一般方法论的诠释学（1962）//洪汉鼎．理解与解释——诠释学经典文选．北京：东方出版社，2001：156-157.

② 伽达默尔．真理与方法：第2卷．1986：394.

贝蒂在得知了伽达默尔这一答复后，利用康德的《纯粹理性批判》中“关于事实的追问”（quästio faciti）和“关于法权的追问”（quästio iuris）的区分，认为伽达默尔仅把诠释学限制于对事实的追问而不涉及法权问题，是一种错误。按贝蒂的看法，他提出的问题是诠释学的认识论问题，而这问题涉及的是这样一种辩护问题，即这问题“并不旨在查明在解释中表现出的思想活动里实际发生的东西，而是旨在找出我们应当做什么——我们在解释任务中应当致力于什么，在正确执行这一任务时使用什么方法以及遵循什么指导原则”。对贝蒂这种反对，伽达默尔在《真理与方法》“第二版序言”（1965）中做了这样的答复：“我认为，如果有人认为我们这里混淆了康德关于法权问题和事实问题的著名区分，那完全是一种误解。康德确实并未想过为现代自然科学规定它必须怎样做，以便使它能经受理性的审判。他曾经提出一个哲学问题，即他曾经追问，使近代科学成为可能的认识条件是什么？它的界限是什么？我们这里的探究也是在这个意义上提出一个哲学问题，但我们所探究的绝不只是所谓精神科学的问题（尽管我们赋予精神科学某些传统学科以优先的地位），我们一般所探究的不仅是科学及其经验方式的问题——我们所探究的是人的世界经验和生活实践的问题。借用康德的话来说，我们是在探究：理解怎样得以可能？这是一个先于主体性的一切理解行为的问题，也是一个先于理解科学的方法论及其规范和规则的问题。我认为海德格尔对人类此在的时间性分析已经令人信服地表明，理解不属于主体的行为方式，而是此在本身的存在方式。本书中的诠释学概念正是在这个意义上使用的。它标志着此在的根本运动性，这种运动性构成此在的有限性和历史性，因而也包括此在的全部世界经验。”① 总之，贝蒂和伽达默尔分别代表了两种截然不同的立场，他们的争论正反映了作为方法论的诠释学与作为哲学的诠释学的对立。

第二节　哈贝马斯的批判诠释学

尤尔根·哈贝马斯（Jürgen Habermas）是当代德国最富有盛名

① 伽达默尔．真理与方法：第2卷．1986：439-440.

的哲学家之一，法兰克福学派的第二代主要代表。当 20 世纪 70 年代初期法兰克福学派陷入极度的困境并几乎丧失生命力时，哈贝马斯开始对该派第一代人霍克海默和阿多诺的传统批判理论进行批判，以寻求该派的新的出路。众所周知，对工具理性的批判是早期法兰克福学派整个社会批判理论的基石，所谓工具理性是指现代工业社会为达到其发展而强调其所用的特殊手段的正确性，它排除任何对目的本身事物的考虑。按照法兰克福学派的看法，这种理性概念其实包含了它自己的非合理性形式，是一种错误的启蒙运动历史产物：通过把自然与能以数学加以理解的东西相等同，通过把能以数学加以理解的东西与真理相等同，从而绝对化那种排除任何批判思维训练的方法论技术，以致社会失却了否定性、批判性和超越性的向度而成为单向度的社会，而在此社会中的人由于沦为工具理性的奴隶而成为毫无否定、批判和超越能力的单向度的人。霍克海默、阿多诺和马尔库塞曾深刻揭示了工具理性给现代社会带来的种种矛盾和异化现象，不过，在哈贝马斯看来，这只是“一种带有悲观主义色彩的文化批判”。按照哈贝马斯的看法，法兰克福学派早期批判理论之所以陷入这种悲观主义境地，关键在于这种理论没有认真对待社会科学和分析哲学中发展起来的新思想，而始终逗留于主客关系的“意识哲学”中。哈贝马斯认为当代英美分析哲学和欧洲大陆哲学的“语言学转向”，正标志哲学主题的转变和哲学研究方式的变革，如果我们脱离这种语言学转向而仍孤立地研究人类的行为，那么就势必把人的行为与行为主体的主观意识联系在一起，从而把行为与其他行为主体、与社会隔离开来，这既不能解决认识论和真理问题，又不能解决认识论之外的社会问题，因此哈贝马斯说：“在吸收诠释学和语言分析的同时，我得到了这样的信念，即社会批判理论必须与由康德和黑格尔奠定基本概念的意识哲学决裂。”[①] 正是这种与早期法兰克福学派的决裂，哈贝马斯把早期法兰克福学派批判工具理性和改造科技结构的主张发展成了改造扭曲了的社会语言交往结构的纲领。

1. 哈贝马斯与伽达默尔

我们现在来看一下哈贝马斯与伽达默尔的关系。我们知道，哈

---

① 哈贝马斯．论社会科学的逻辑（Habermas J. Zur Logik der Sozialwissenschaften. Tübingen）．1967，1982：德文版序言．

贝马斯是在1961年尚未在法兰克福大学取得教授资格时，应伽达默尔邀请到海德堡大学任编外教授的，也正是在此时他研究了伽达默尔的哲学诠释学。应当说，他在这一时期与伽达默尔合作得很愉快，相互都有所启发，尽管这时伽达默尔要比哈贝马斯大29岁。1964年，哈贝马斯从海德堡又回到了法兰克福，并在该大学接替了霍克海默的讲座。在哈贝马斯1965年的就职演讲《认识与旨趣》里，我们就可看到他已试图用诠释学观点来克服法兰克福学派早期批判理论的一些困难，继后在1967年发表的《论社会科学的逻辑》中又详尽地讨论了诠释学，并认为伽达默尔的哲学诠释学代表了对社会科学的实证主义的批判。不过，在这里哈贝马斯也对伽达默尔哲学诠释学做了系统的批判，并认为伽达默尔的理论具有相对主义倾向及其对海德格尔存在论基础缺乏批判性的反思，以后哈贝马斯把其中关于伽达默尔的部分单独抽出来写成《评伽达默尔的〈真理与方法〉》一文再次发表于1971年。对于哈贝马斯的这种批判，伽达默尔于同年在其《短篇著作集》第1卷中发表了《修辞学、诠释学和意识形态批判》作为回答。1970年，哈贝马斯为伽达默尔70周年诞辰纪念文集《诠释学与辩证法》提交了一篇题为《诠释学的普遍性要求》的论文，其中批评了伽达默尔关于诠释学问题的普遍性主张，此后双方争论进一步扩大，苏尔康出版社在1971年专门出版了一本论战性的文集《诠释学与意识形态批判》，其中除收入伽达默尔、哈贝马斯两人以前的论辩外，还有阿佩尔、布伯勒等人参与这场论战的文章以及伽达默尔的答辩。伽达默尔在1975年出版的《真理与方法》第三版序言中还再次对哈贝马斯的批评提出反批评。

2. 三种认识旨趣

哈贝马斯在其著名的法兰克福大学就职演讲《认识与旨趣》（1965）中以及三年后出版的同名著作《认识与旨趣》（1968）中，根据当代诠释学观点，相对于早期法兰克福学派批判理论的技术的认知旨趣而提出一种实践的认知旨趣，以使一种解放的认知旨趣（emanzipatoriches Erkenntnisinteresse）置于此两者之上。按照哈贝马斯的观点，这三种认知旨趣分别形成经验的分析的知识、历史的诠释的知识和批判的知识，从而构成一种综合的知识体系。启蒙运动只谈第一种旨趣和第一种知识。从休谟的怀疑论到康德的先天综合知识，说明通过人的先天感性形式和知性范畴，只能掌握表象世界的知识，而对于道德实践领域则是无能为力的。我们只能知道“我们知道什么”，而不能知道“我们应当做什么”。按照启蒙思想的看法，关于外界世界的知识可用于改善社会，从而人类整体的社会生活实践就简化为知识或技术的应用。尽管康德也曾指出，这种对科学知识的强调可能忽略实践理性，但康德对于实践理性只是采取元批判并由此推出超时间的非历史的认知主体，而没有从人类的现实存在结构出发阐明人的现实实践活动，为此康德以后受到了黑格尔和马克思的批判。黑格尔对康德的批判在于如下两方面：一方面康德未认识到科学只是人类迈向绝对知识的一个暂时环节，人的认识活动只是人的实践活动的一个环节；另一方面康德预设了一个具有规范性的认识主体，而这个主体是非历史的和超时间的，从而忽视了人类认知能力的历史性度向。马克思认为黑格尔对康德的批判有其优点：一方面黑格尔未停留在抽象的生命概念上，他将人的生命表现与劳动结合起来；另一方面他又指出人的生命是一辩证发展过程。不过，按照马克思的看法，黑格尔对康德的批判却有根本的错误：一是没有看出劳动造成异化，忽视了具体的劳动实践；二是把自然仅看作理念的外化，从而忽略了客观世界的独立性；三是黑格尔所描述的人的异化的历史是抽象的，从而忽视了造成人类社会异化的根本经验基础和条件。按照哈贝马斯的看法，尽管马克思深刻地指出了人的存在的基础是社会性的劳动，人的认识是以社会性劳动为中介的，但马克思所说的社会性劳动只是一种工具性劳动，它着重如何改造和利用物质对象。另外，马克思也忽略了人的自我反思的一面，只看到生产和经验对人类社会的制约。因此哈贝马斯在此书中力图从诠释学和哲学人类学角度，从人的存在结构来思考人类知识的建构。他认为，人之所以为人是通过劳动和交往来完成的，如何对大自然进行有目的的工具性生产活动，是人类生活实践的第一个层次；如何在现实世界中进行与别人的交往则是人类生活实践的第二个层次。前者是技术工具的旨趣，产生经验的、分析的知识；后者是实践的旨趣，产生历史的、诠释的知识。如果光有前一种旨趣，人类社会的精神价值必将衰退，真理、自由、正义以及人道主义等将越来越成为非现实的东西，“人类不是进入真正合乎人性的状况，而是堕入一种新的野蛮状态”，因此后一种认知旨趣相当重要，是人类社会精神价值得以维护和发展的根本保证。不过按照哈贝马斯的看法，如果只有实践的旨趣而没有解放的旨趣，我们就不能对人类社会产生批判意识，因此他认为最重要的是解放的旨趣，这是对社会结构的批判意识，它产生批判的知识。

这样一种观点在哈贝马斯之后的著作中有进一层的发展。在1976年出版的《论历史唯物主义的重建》中，哈贝马斯在“导言”里写道：“马克思相信，对客观化的思维、技术和机制的知识及工具化和策略的行动，简言之，生产力方面的演变的卓有成效的学习过程，能推动时代的发展。但我们更有充分的理由可以确定，对在较成熟的社会协调形式和新的生产关系中所反映出来的，并且代替了新的生产力的道德观、实践知识、交往行为和协调行为冲突的规则方面的学习过程，也能推动时代的发展。”哈贝马斯试图在这里创立一种与马克思的历史唯物主义相对立的，认为道德因素、意识因素、主观因素是推动时代发展的决定性因素的理论。不过，与早期的批判理论不同，哈贝马斯把他的理论建立在意识形态批判上，按他的想法，批判理论的复兴在于为“病理性的”“畸形化了的”现代社会提供一个非病理性的、规范的、正常的评价标准。

这里我们达到了哈贝马斯的意识形态批判理论。“意识形态”(Ideologie) 一词最早出现于1801—1805年，法国思想家特拉西(Destutt de Tracy) 曾面对1789年发生的法国大革命重新研究了启蒙运动，他承袭了启蒙思想家这一看法，认为人类可以通过正确的社会知识来改进现实的社会和政治状况，从而改善人类生活。正确的知识在于正确观念的建构，正确观念如何形成呢？这样就产生了所谓“观念之学”，他以“意识形态”一词来称这门学问，因此意识形态自此就指发现真理和消除迷妄的一种技巧或学问。由于特拉西从事意识形态研究的目的与政治相关，即为改造社会和建立合理政治制度服务，因而他的观点曾一度成为法兰西共和国的法定学说。拿破仑起初支持特拉西及其追随者，但不久就转而反对他们，并且于1812年12月将法国军事上的失利归咎于“意识形态”的影响，他指责特拉西及其跟随者，说他们只是玩弄理论或观念的“意识形态家”(ideoloques)，从而“意识形态”一词自此在欧洲不仅有褒的意义，而且也有贬的意义。按照R. 盖茨 (Geuss) 在其著作《批判理论的观念，哈贝马斯和法兰克福学派》(1981) 里的说法，意识形态至少有三种不同的意义：其一，“描述意义上的意识形态”(ideology in the discriptive sense)，这种意义的意识形态是社会-文化总体结构中的一部分，是一种非褒非贬的中性意义上的意识形态；其二，“贬义的意识形态”（ideology in the pejorative sense），这是指“虚假的意识”“欺骗性的幻象”的否定性的意识形态；其三，“褒义的意识形态”（ideology in the positive sense），这是指一种反映社会存在和现实历史过程的肯定性的意识形态。不过，在19世纪，意识形态主要指一种与社会宰制结合起来的思想系统或观念体系，从而形成歪曲的交往和虚假的意识，意识形态成了一种与社会存在和现实不相符合的颠倒式的观念反映。黑格尔和马克思都曾把意识形态作为“虚假意识”的代名词，按照马克思在《德意志意识形态》中的说法，意识形态不过是人们用以欺骗自己的与真理相反的一套虚假的观念体系而已。法兰克福学派和哈贝马斯正是在这一意义上提出意识形态批判的，按照他的看法，意识形态在今天通过语言对人压制，造成系统扭曲的交往关系，因此意识形态批判需要像弗洛伊德的精神分析的心理治疗那样的“解符号化”（desymbolization）过程。心理治疗不像外科医生那样，它不是切除病人的病根而使病人康复，而是积极地、同情地、坦诚地和长时间地参与病人的主观世界和内在世界以使他们由“解符号化”到“恢复符号化”（re-symbolizion），从而能独立自主的生活。哈贝马斯认为，意识形态批判就是通过思想交往消除意识形态所造成的对交往关系的系统歪曲。

3. 交往行为理论

对于社会批判理论应当怎样被看待这一问题，哈贝马斯在他的一部早期的题为《理论与实践》的社会哲学论文集（1963）里已做了初步设想，而在他的法兰克福大学就职演讲《认识与旨趣》里第一次作为独立的草案被发表，这草案又被哈贝马斯在他的与法兰克福就职演讲同名的著作《认识与旨趣》（1968）中被加工整理。《理论与实践》论文集完全是按照哲学史观点撰写的，在这里哈贝马斯试图描绘从亚里士多德到20世纪社会科学的政治哲学的发展，并同时想使如下观点成为可理解的，即政治哲学越来越脱离与先行的实践的联系。当政治哲学对于亚里士多德还完全是致力于探究正确行为形式的问题并具有促成这种形式的建立和维护的任务时，在近代的理论里，如在霍布斯的理论里，却涉及了这样的行为的条件是怎样被创造的；社会整体成为社会哲学的对象，因而也成为意图要影响的对象，以致社会哲学及其所筹划的社会实践对社会的态度，就如现代自然科学和技术对自然的态度。但是正是由于这一点，社会哲学及其后继19世纪的社会科学不再能考虑它以一种完全不同于亚里士多德所理解的政治科学的方式被包括在社会实践之内。社会过程的计划在根本上无非只是在技术上被理解的目的的追踪。当然哈贝马斯并不要求按亚里士多德的观点批判社会哲学和社会科学，并使亚里士多德关于社会实践的理解起作用来反对这种社会哲学和社会科学。我们宁可说，他认为现代政治理论的这一问题，即社会行为的新条件怎样能被产生，以及行动过程本身如何能被计划，相对于亚里士多德来说，毋宁说是一种进步。在这种理论里唯一需要批判的，是它们未看清它们自己的社会制约性，因而也无能力追问和讨论它们所筹划的行为条件和行动过程的合理性或非合理性。但只有在这样一种讨论中，现存的社会关系才能失去它们的理所当然性；它们将不再简单地对社会化的人产生影响，而人却能自觉地按照他们的生存关系去衡量可能性和做出决定。所以一种批判的社会科学得以存在，在于它进行关于现存社会关系的讨论并对这种关系的改变起积极的促进作用。它既不包括在不言而喻出现的社会关系中，也不以异化方式把社会立在它对面，以致它不是科学-技术掌握世界的现象形式。它本身其实已成为一种社会实践，这实践旨在创造一种合理的公开的对话，但因此它也是这种原则意义上的实践。

在《理论与实践》论文集中，哈贝马斯把马克思政治经济学批判认为是这样一种概念，这概念满足对批判社会科学的要求。但在法兰克福的就职演讲里，马克思却不再起作用了，并且在三年后以发表的同名著作《认识与旨趣》里，已包含一个对马克思的批判。按照这批判，马克思虽然以一种很有影响的分析指出社会怎样在其劳动中成长起来，但他却只考虑工具领域，只考虑与目的实现相联系的行为，把社会实在只设想为它的生产品的实在，而未考虑到社会至少在公开对话的交往行为中找到其实在性。因此对于哈贝马斯来说，马克思的政治经济学批判至少是片面的，其根本点在于：就马克思只把他的社会理论发展为社会劳动理论而言，他“暗化了”批判社会科学观念，而正是在这一观念中才具有关于劳动所形成的社会现存状况进行公开对话的可能性。尽管哈贝马斯对马克思草案表示了一切同情，但在马克思那里他却未看到对他自己概念形成有任何有用的基础。

这样一种基础，哈贝马斯在20世纪60年代末认为可以在伽达默尔的哲学诠释学里找到，这种诠释学在他于1961年应伽达默尔邀请去海德堡大学任编外教授时已熟悉了。伽达默尔《真理与方法》（1960）一书为他提供了一种已加工的关于在对话中进行理解的概念，并能使他有可能精确地把握一种批判的社会科学的思想。此时哈贝马斯把伽达默尔诠释学解读为与语言学和语言分析哲学里所发展起来的日常语言分析相媲美的另一种富有成效的尝试，但也是与维特根斯坦的《哲学研究》思想相媲美的另一种富有成效的尝试。当语言学和语言分析哲学把日常语言取为对象并不再能说明日常语言得以被讲的语言有什么本质时，当维特根斯坦把每次的日常语言解释为一种不再可深入的关系时，对于哈贝马斯来说，正是与这两种观点相对立的诠释学考虑却表明它把语言的理解作为一种转换来把握：谁理解一种语言表现而不总是已经与这种语言表现打成一片，那么谁就不能超越他自己的语言视域。但是尽管哲学诠释学有如此魅力，哈贝马斯却不把哲学诠释学认作一种批判的社会科学。在他的著作《论社会科学的逻辑》（1967）中，他批评伽达默尔的诠释学只是把理解的“真理”与科学研究的“方法”对立起来，而这一真理实际上必须在被科学所认识的东西领域内被证明。另外，按照哈贝马斯的看法，伽达默尔诠释学还一直未考虑这一情况：一切被理解的东西在理解中总是可以被改变的，谁自觉地理解某种东西，谁就要考虑他与被理解东西的关系，因而不再有只是简单无疑地接受被理解东西的可能性。在哈贝马斯看来，伽达默尔哲学诠释学的根本限制在于它忽略了自我反思在理解中的决定性作用，而这种理解性的自我反思必须由科学性来刻画其特征。

1981年哈贝马斯出版了《交往行为理论》一书，在此书中，哈贝马斯根据波普尔关于三个世界的理论，创立了交往行为理论体系，从而使法兰克福学派的批判理论从意识哲学转向语言哲学。我们知道，波普尔在1967年关于《无认识主体的认识论》的报告中曾提出一个惊人的建议：“我们可以划分以下三个世界或宇宙：第一个世界是物理对象或物理状态的世界；第二个世界是意识状态或精神状态的世界，或者可以说，对行动的行动布置的世界；第三个世界是客观思想内容，特别是科学思想和诗歌思想，以及艺术作品的世界。”按照波普尔的看法，第三世界的实在不能作为主观精神的表达形式归结为内在的状态，也就是说，归结为第二世界的实在。在他看来，第三世界的客观性和实在性完全等同于第一世界，正是第三世界才使科学或理论成为可能。正是在这里，哈贝马斯感到可以为社会科学的行为概念奠定本体论基础，他说："我之所以以贾维从行为理论方面对波普尔的三个世界理论的运用为出发点，那是因为我想为我们普遍地要对一定的本体论的前提，选择一定的社会学的行为概念这个论题做准备。"① 何谓哈贝马斯的交往行为呢？哈贝马斯在该书中区分了四种人类行为：（1）目的行为，这是一种旨在实现某种目的的行为，它仅仅与一个"客观世界"相关联，因此涉及"真实性"有效性要求；（2）规范调节行为，这是一个社会共同体的成员以共同价值为取向的行为，它与一个社会群体或"社会世界"相关联，因此涉及"正当性"有效性要求；（3）戏剧行为，这是一种行为者在公众面前进行表演的行为，它与一个"主观世界"相关联，因而提出"真诚性"有效性要求；（4）交往行为，这是一种主体之间通过符号、语言和对话达到人与人之间相互理解的行为，它与"客观世界""主观世界""社会世界"这三个世界相关联，因而相应地提出了三种有效性要求："真实性""正当性""真诚性"。按照哈贝马斯的观点，交往行为与其他人类行为的根本区别就在于，唯有交往行为把语言作为直接理解的媒体。他说，目的行为只是把语言作为许多媒体的一种，通过这种媒体，取得自己成就的发言者相互发生影响，使对方构成或发表符合自己利益的愿望的意见或意图；规范调节行为首先把语言作为一种可以提供文化价值、取得一致意见的媒体，这种媒体只是再现一切其他进一步的理解活动；戏剧行为首先把语言作为自我表演的媒体，语言被同化为文化的和美学的表达形式。只有交往行为才首先把语言作为直接理解的一种媒体，在这里，发言者和听众，从他们自己所解释的生活世界的视域，同时论及客观世界、社会世界和主观世界中的事物，以研究共同的状况规定。这样，我们就可以看到前三种行为的片面性：第一种把交往看成仅仅为了实现自己目的的人的间接理解；第二种把交往看成仅仅为了体现已经存在的规范性的认可的人的争取意见一致的行动；第三种则把交往看成吸引观众的自我表演。哈贝马斯说，与此相反，与米德的象征性内部活动论、维特根斯坦的语言活动观点、奥斯丁

① 哈贝马斯. 交往行动理论：第 1 卷. 洪佩郁，蔺青，译. 重庆：重庆出版社，1994：119.

的言语行为理论以及伽达默尔的诠释学等社会科学传统联系在一起的交往行为模式，则同时注意到了语言的所有职能。当然，在该书中哈贝马斯也对伽达默尔的哲学诠释学进行了批判，在他看来，哲学诠释学最大的贡献在于：它正确地论述了意义问题与应用问题之间的内在联系，要理解一种语言表现，意味着在什么条件下接受这种语言表现的应用要求。但是哈贝马斯指出，要理解一种语言表现，并不意味着不考虑关系就同意这种表现的应用要求，因为同意往往有“系统地被歪曲的可能性”。他认为伽达默尔诠释学只考虑理解与同意的统一，而未考虑理解与批判的统一，因而这种理论仍是片面的理论。

4. 对伽达默尔哲学诠释学的批判

不过，要详细理解哈贝马斯对伽达默尔哲学诠释学的批判，我们必须阅读他在1967年于《哲学评论》上所发表的《论社会科学的逻辑》，这本是一篇对现象学、语言学和诠释学基本观点进行分析和批判的长篇论文，以后他把该论文中关于伽达默尔哲学诠释学的部分单独抽出来成为《论伽达默尔的〈真理与方法〉一书》，附在1971年出版的《诠释学与意识形态批判》中。在此文中，哈贝马斯首先指出哲学诠释学的贡献是：在实证主义观点和新维特根斯坦观点之外提出了另一种社会分析的观点，实证主义观点强调中立的观察语言以使社会分析摆脱主观主义，从而确保它具有自然科学的客观性。与此相反，诠释学强调一切理解的境遇性，一切关于对象领域的理解和观察都包含前判断（特殊的解释范式），因而不能有实证主义所说的那种中立的或客观的事实观察和理解。哈贝马斯认为，诠释学这一观点其实也为现代自然科学哲学家所接受，如奎因、库恩和费耶阿本德都强调观察对象对理论的依赖或理论负载，证实和证伪理论的约定性质。在社会科学中，新维特根斯坦派对实证主义的批判也反驳了所谓“客观的”“价值自由的”事件解释，他们强调“语言游戏”的本源性，不过在哈贝马斯看来，唯有伽达默尔才从理论上进行构造。当然，此文主要是批判的，哈贝马斯对伽达默尔哲学诠释学的批判有如下几点：

（1）真理与方法的对立导致伽达默尔错误地和抽象地把诠释学经验与科学方法论对立起来。哈贝马斯说，伽达默尔在与实证主义和主观主义观点的争论中提出诠释学经验高于科学方法能够控制的领域，其实，“真理与方法的对立似乎不应使伽达默尔错误地和抽象地把诠释学经验与整个方法论的认识加以对立”①。按照哈贝马斯的看法，即使我们不说全部科学，光就行为科学来说，也避免不了把经验分析的处理方法与诠释学的处理方法加以联系，而诠释学反对经验科学的普遍方法论的这一绝对主义要求，也脱离不开整个方法论。哈贝马斯还用“以子之矛攻子之盾”的辩论方法，说伽达默尔自己其实也承认这一点，例如，他说：“理解甚至也根本不能被认为是一种主体性的行为，而是要被认为是一种置身于传统事件中的行动，在这行动中，过去与现在不断进行中介。这就是必须在诠释学理论里加以发挥的东西，因为诠释学理论过多地被某个程序、某种方法的观念所支配。”②

（2）伽达默尔对“传统”“前（成）见”“权威”的正名掩盖了反思和批判精神。哈贝马斯首先指出，当伽达默尔强调传统所具有的力量不会因为历史的意识而消失时，他是以一种无根据的期望掩盖了对历史主义的错误自我理解所做的正确批评。按照哈贝马斯的看法，诠释学关于理解是不能简单地跳过解释者的传统联系这一观点显然是正确的，但是，我们不能从理解在结构上从属于传统的这种关系中得出这样的结论：传统这个媒介通过科学的反思不会发生深刻变化。哈贝马斯认为，伽达默尔对理解中的反思力量做了错误理解，“反思的力量在这里不会长时间被由于自我解释而产生的绝对精神的假象所迷惑，并且不会脱离反思力量所赖以存在的有限基础”③，当反思的力量透识了反思赖以产生并屈从之的传统的起源时，生活实践的教义就会发生动摇。另外，哈贝马斯也指出伽达默尔哲学诠释学优越于维特根斯坦语言哲学的地方，在于他不仅把传统理解为语言，而且也认为传统就是我们生活于其中的口头流传下来的语言。伽达默尔说“传承物（传统）的存在方式当然不具有感官直接性。这是语言，而理解传承物的倾听者则通过对文本的阐释把传承物的真理纳入其自身的语言世界关系之中”，这样伽达默尔的诠释学就克服了维氏由于语言游戏的语法多样性而坚持的先验观点。

① 哈贝马斯．评伽达默尔的《真理与方法》一书//诠释学与意识形态批判（Hermeneutik und Ideologiekritik. Frankfurt a. M.）. 1971：46. 以下凡引《诠释学与意识形态批判》原文，均为德文页码，可在中文版边页找到。

② 伽达默尔．真理与方法：第1卷．1986：295.

③ 哈贝马斯．评伽达默尔的《真理与方法》一书//诠释学与意识形态批判．1971：47.

不过，哈贝马斯同样也指出，诠释学的这种自我反思只有在它对诠释学经验加以绝对肯定并不承认在反思自身中起作用的先验力量时，它才能得以进行，而这一点伽达默尔诠释学没有做到。因此哈贝马斯认为伽达默尔诠释学是断裂的。按照哈贝马斯的观点，语言本身正如科学与技术一样，也是一种意识形态。“问题不是语言中包含着欺骗，而是用语言本身来进行欺骗”①。真正的诠释学应当向人们说明语言对实际关系的这种依赖性，真正的诠释学经验本身就应是意识形态批判。遗憾的是伽达默尔未认清这一点。

（3）当伽达默尔把他关于前见结构的观点变成为这种前见恢复名誉时，哈贝马斯问道：“真有合法的前见吗？”当伽达默尔强调真权威与假权威的区别在于得到承认权威不直接同服从相关联，而是与认识相关联时，哈贝马斯说，这实际上表述了一种哲学基本信念：真正的权威不需要以权威的面目表现出来。哈贝马斯解释说，权威与认识的一致就是：在教育者背后起作用的传统把逐渐成长起来的人的头脑中所想象的前见加以合法化，而这种前见只能在逐渐成长起来的人的反思中得到证明，反思似乎只有在真实的传统的东西范围内才可能进行活动。因此哈贝马斯认为，伽达默尔在这里实际上否认反思具有的力量，否认反思能否定传统提出的要求。哈贝马斯写道：“权威与认识是不一致的。毫无疑问，认识植根于实际的传统中；它同有限的条件联系在一起。但是，反思在传统规范的事实中耗尽自己的精力是不留痕迹的。人们把反思说成是补充的东西，但是，在对往事的回忆中，它却具有反作用力。只有当我们在十分强大的势力下学会盲目地遵循人的内心规范的时候，我们才能向这些规范表示服从。然而，当反思回忆起权威走过的道路时——在这条道路上，语法被教条主义地作为世界观和行为的规则——权威中纯统治性的东西，才可以被排除，并且才可以在没有暴力强制中被认识和合理的决断所替代。”② 哈贝马斯认为，反思的这种经验是18世纪德国唯心主义留给我们的永恒遗产，反思的权利要求诠释学实行自我限制。反思有权提出一个能够超越传统本身的联系的关联体系，只有在这个时候，人们才可以批判传统。

总之，哈贝马斯站在意识形态批判的立场，揭示了伽达默尔哲学诠释学缺乏反思与批判精神，这种诠释学不能成为批判的社会科

① 哈贝马斯．评伽达默尔的《真理与方法》一书//诠释学与意识形态批判．1971：53．

② 同①50．

学。在他看来，物质生活的再生产条件中的变革虽然是以语言为媒介的，但是一种新的实践的实现，不仅是通过一种新的解释，而且“新的实践也将从根底冲击解释的旧模式和改造解释的旧模式”。今天在科学技术进步下发生的制度变革必将直接对语言的世界观模式发生影响，正如生产方式的变革曾对语言的世界观模式产生过影响一样，因为科学是生产力中的第一生产力。哈贝马斯认为批判的社会科学绝不能归结为理解的社会学，因为“批判的社会科学要求一种关联体系，这种关联体系一方面不是自然主义地抹杀社会行为的符号媒介，以有利于纯粹的控制符号的和引起刺激的行为，但另一方面，它同样也不会陷入语言的唯心主义，并且不会把社会过程升华为文化的传统”①。

5. 诠释学的普遍性问题

哈贝马斯与伽达默尔的争论突出表现在诠释学的普遍性要求这一问题上。这一争论的起因是哈贝马斯在 1967 年对于《真理与方法》一书的批评，伽达默尔于同年在其《短篇著作集》第 1 卷里发表了《修辞学、诠释学和意识形态批判》，以对哈贝马斯的批评做回答。1970 年，哈贝马斯在伽达默尔 70 周年诞辰纪念文集《诠释学与辩证法》里发表了一篇题为《诠释学的普遍性要求》的批判性文章，此文在下一年又被收入苏尔康出版社出版的一本论战性文集《诠释学与意识形态批判》里，该论集还再次发表了哈贝马斯关于伽达默尔《真理与方法》的批评，对此伽达默尔在该论集中也写了一篇答辩，这篇《答〈诠释学与意识形态批判〉》论文以后又被收入《伽达默尔著作集》第 2 卷中。

为了理解伽达默尔与哈贝马斯关于诠释学的普遍性问题的争论，我们有必要先弄清这里所谓诠释学普遍性要求指什么。诠释学的普遍性问题始于《真理与方法》最后一节“诠释学的普遍方面”，此节的中心论点就是“能被理解的存在就是语言”，或者用荷尔德林反面的话来说，“语词破碎处，无物存在”。按照伽达默尔的观点，语言不只停留在者状态（ontisch），而且也揭露存在论层次（ontologisch），语言不仅说出在者（Seiende），而且也说出存在（Sein），任一命题不仅说出事实，而且也指出它的存在方式。语言反照存在。

① 哈贝马斯. 评伽达默尔的《真理与方法》一书//诠释学与意识形态批判. 1971: 54-55.

谁进行理解，谁就总是已经进入了一个事件，通过这一事件，有意义的东西表现出来。从这里伽达默尔得出诠释学的普遍性，即诠释学并非只是与语言、文本打交道，而是对人类的世界经验进行揭示。他说："人类的世界关系绝对是语言性的，因而是可理解性的……诠释学因此就是哲学的一个普遍方面，而并非只是所谓精神科学的方法论基础。"① 为了进一步阐明这一问题，伽达默尔还在 1966 年写了一篇论文《诠释学问题的普遍性》，在此文中，伽达默尔一开始就说，语言问题在当今的哲学讨论中占据了类似思想这一概念在一个半世纪以前所处的中心位置，"我们这代人把我们在世存在的基本进行方式，亦即语言这个论题作为包罗万象的世界构造形式置于哲学的中心地位"②。正是根据这种语言中心论，伽达默尔提出了诠释学的普遍性要求，即作为一门理解和解释的理论学科，诠释学是整个人类经验世界的模式。此模式表明，只有通过熟悉和了解，才使我们走出异己世界成为可能，才使我们从异己世界中找出某些东西成为可能，从而才可能扩大和丰富我们自己的世界经验。伽达默尔说："真正的说话，即要说出某种东西，不是给出预定的信号，而是寻找一些借此能与他者联系的语词，这就是普遍的人类任务。"③ 在 1967 年的《修辞学、诠释学和意识形态批判》中，伽达默尔再次强调哲学诠释学的任务就在于解释整个诠释学领域，并使其对我们整个世界关系的基本意义发生作用，这种作用可以以各种形式发生，从人际交往到社会操纵，从个人在社会中的经验，从源于宗教和法律、艺术和哲学所建立的传统到革命意识的解放性反思力。伽达默尔试图从修辞学和诠释学这两种学科来阐明诠释学有与社会学同样的现实批判的普遍性要求，在他看来，修辞学并非只是讲话形式的理论和说服的手段，而是一种从自然能力发展而成的实际技能，同样，诠释学的语言中心论强调"能被理解的存在就是语言"，也并非与虚假的实在打交道。他说："语言根本不是镜子，我们在语言中所看到的并不是我们和一切存在的映象（Widerspiegelung），而是对与我们共在的、和劳动及统治真正联系的、构成我们世界的东西的解释和发挥。"④ 在伽达默尔看来，根本不存在不以一种语言表达的意识表

① 伽达默尔．真理与方法：第 1 卷．1986：479.

② 伽达默尔．真理与方法：第 2 卷．1986：219.

③ 同②231.

④ 同②243.

现出来的具有其真正强制力的社会现实，“现实并不发生在语言之背后，而是发生在能够完全理解世界的东西背后，它发生在语言之中”①。在《答〈诠释学与意识形态批判〉》中，伽达默尔再次明确地把诠释学的普遍性要求概括为：“理解和相互理解原本并不是指从方法角度训练的与文本的关系，而是人类社会生活的进行形式，人类社会生活的最后形式便是语言共同体，从这种语言共同体不能取出任何不是世界经验的东西，无论是现代科学的专门化，还是它日益增长的经营秘传，抑或物质劳动和它的组织形式，甚或用统治形式管理社会的政治统治机构和管理机构，它们都不处于这种普遍的实践理性的媒介之外。”② 由上所述，我们可以把伽达默尔所谓诠释学的普遍性问题简要地概括为如下三点：(1) 语言是中心；(2) 语言反映实在；(3) 诠释学不超出语言，但并不脱离实在。因此诠释学虽然是文本的理解和解释的学问，但通过这种学问同样也可进行现实的批判。伽达默尔说：“如果声称我们所有的世界经验都只不过是一种语言过程，我们色彩感的发展只不过在于使用色彩词的不同，这是荒谬的。”③

这样，我们来看一下哈贝马斯对伽达默尔的批判。在《诠释学的普遍性要求》这篇文章中，哈贝马斯首先指出哲学诠释学的确与一般的修辞学和诠释学不同，哲学诠释学不是规则指导下的实用技能技巧，而是一种批判。哲学诠释学吸收了以往修辞学和诠释学的两种反思，即对熟悉的理解和使自己被理解的反思以及使他人信服和说服他人的反思，但它并不以此来建立一种可教的艺术，而是用来对日常交往的结构进行哲学的思考。在这方面哲学诠释学也不同于语言学和语言分析哲学，后者不研究交往能力，而旨在重建规则系统，反之，哲学诠释学却思考有交往能力的讲话者的基本经验。按照哈贝马斯的看法，哲学诠释学有如下几个基本特征值得我们注意：(1) 诠释学意识摧毁了客观主义者关于传统人文科学的自我理解，指出理解的客观性有赖于解释者的诠释学境遇，只有通过效果历史意识才能获得；(2) 诠释学意识进一步使社会科学记起了在它们对象的符号式前结构活动中产生的问题；(3) 诠释学意识还影响科学主义对自然科学的自我理解，人们认识到自然语言对所有用形

① 伽达默尔. 真理与方法：第 2 卷. 1986：245.
② 同①255.
③ 同①256.

式语言表述的理论来说，代表着最后的元语言；（4）诠释学意识最终会在具有重大社会意义的领域得到运用，“谁在语言的镜子中观察事物，谁就能发现这些事物完全的未被简化的真理”，哈贝马斯还引用伽达默尔的话说：“人类语言的普遍性乃是一种本身不受限制并能承载一切事物的因素，不仅承载语言流传下来的文化，而且还承载所有的一切，因为一切事物都被带进理解之中。”①

但是，对于伽达默尔这种关于诠释学的普遍性要求的主张，哈贝马斯提出如下的批判：诠释学意识必须有一个诠释学理解范围的限制，如果越出这范围，特别是涉及不可理解的表述，它就会不完善。哈贝马斯认为，不可理解性有两种形式：一种是出自巨大的文化差距和时间或社会的差距，另一种是来自语言本身的系统歪曲。他认为前一种不可理解，诠释学还可以发挥作用，但对后一种不可理解，诠释学意识就不适当了，因为在这种情况下，不可理解性是由于言语本身的组织有明显的病态或缺陷所造成的，而依存于语言并在语言中活动的诠释学当然无法超出病态的语言而对其进行批判。正是在这里，哈贝马斯根据精神分析学的成果，提出一种“深层诠释学”（Tiefenhermeneutik）的语言分析，他认为唯有深层诠释学才能说明被歪曲的交往的特别不可理解性。当伽达默尔哲学诠释学强调理解总是从一种前理解——这种前理解是根据传统并在语言交往中形成——开始时，哈贝马斯的深层诠释学的理解则要求一种扩展到语言之上的系统的前理解，由于这种前理解超出语言，因而能对本身歪曲了的语言的不可理解性进行理解。按照哈贝马斯的观点，这种深层诠释学要成立，还需要一种关于交往能力的理论。何谓交往能力理论呢？这是哈贝马斯依据语言学和语言分析哲学的最新发展而提出的一种批判社会学理论。语言学家乔姆斯基曾在他的语言理论里区分了语言能力（Sprachkompetenz）和语言实施（Sprachperformanz），把前者意指为讲话者控制语言规则并根据这种控制能形成基本是无限量的命题的能力，而语言实施则是指这些命题本身的形成和表现。哈贝马斯接受了这种区分并通过他从奥斯丁和塞尔的语言分析概念得来的思想加以补充，认为命题不只是那种总是涉及世界里事物关系的表达式，而是具有一种组织上的意义：命题将总是被应用于某种情况并使人理解，讲话者在这里已经承担了这样

① 哈贝马斯．诠释学的普遍性要求//洪汉鼎．理解与解释——诠释学经典文选．北京：东方出版社，2001：276-277.

的作用：谁表达了某个问题命题，谁就给予这样的理解，即他现在在这情况里就是提问者，这表示他不只是引用这命题。哈贝马斯用"交往能力"这一概念说明命题于一定情况中同时承担一种作用的能力，这就是控制那些在语言上实施的行为规则的能力。按照哈贝马斯的看法，深层诠释学的解释只能在一种交往能力理论的框架中得以发展。

哈贝马斯认为，正是在深层诠释学运用交往能力的过程中，我们看到了一贯被歪曲的交往现象，而关于这种交往种种条件的知识就足以使我们对伽达默尔的哲学诠释学的存在论自我理解提出疑问。他说，哲学诠释学强调对意义的理解依赖于语境，而语境要求我们永远从由传统支持的前理解出发，并要求在理解被修正的过程中不断地形成新的前理解。这种理解的前结构不仅禁止我们在探究那构成我们误解和不理解之基础的、事实上已确定了的意见一致，而且还认为这样一种努力是没有意义的，因此按照前理解概念，语言传统在本体论上比一切可能的批判还居首位。这种观点在哈贝马斯看来，甚至落后于启蒙运动，启蒙运动曾要求人们承认理性是交往的原则，在被压力歪曲的交往之实际经验面前，强调要摆脱压力的影响。最后，哈贝马斯指出伽达默尔哲学诠释学的两种错误的本体论的自我理解：(1) 伽达默尔根据他对理解的前结构的诠释学洞察得出重建先入之见的地位的结论，他没有看到权威和理性的任何对立。伽达默尔在这里预先假定，合理的承认以及权威以之为基础的意见一致是能够不受强制而自由地产生和发展的，哈贝马斯批判说，实际上我们关于被歪曲的交往的经验却与他这种假定相矛盾。在任何情况下，压力或强制只有通过客观上看来貌似非强制的伪交往的意见一致才能长久保持下去。因此为了分清武断的承认和真正的意见一致，我们需要有那种以未受控制的普遍意见一致为条件的原则。(2) 既然权威和理性的这种对立确实存在，既然这种对立不能用诠释学方法取代，那么企图对解释者承担说明或启迪的义务施加基本限制，也就必然成为问题。正是在这里，哈贝马斯说："在现时条件下，指出由批判提出的普遍性的错误要求的限度，比指出诠释学主张的普遍性的限制，更为紧迫。"①

上面我们以贝蒂和哈贝马斯为例，概述了当前对伽达默尔哲学

① 哈贝马斯．诠释学的普遍性要求//洪汉鼎．理解与解释——诠释学经典文选．北京：东方出版社，2001：302.

诠释学的两种批判态度，即一种来自方法论的批判和一种源于意识形态批判的批判。正如伽达默尔所说，热衷于方法论的人在哲学诠释学中看到一种“方法合理性的回绝”[①]，在诠释学成为一种时髦时，他们甚至反其道而行之，想在诠释学中发现一种新的方法，而属于意识形态批判流派的人“虽说在诠释学中认识到了真理，但只认识一半真理”，因为他们说，“虽然在传统的前把握的含义中认识传统是件好事，但这样做却缺乏一件更重要的事，即要从传统中解放出批判性和解放性的反思”[②]。对这两种批判观点，伽达默尔写道：“无论是热衷于方法的人还是意识形态批判者，他们实际上都反思得不够。前者把绝无争议是不断试验的合理性当作人类理性的最高标准，后者虽然认识到这种合理性具有意识形态方面的偏见，但却未能对这种意识形态批判本身具有的意识形态关联给予足够的重视。”[③]

第三节　利科尔的现象学诠释学

在哲学诠释学的继续发展过程中，法国哲学家保罗·利科尔（Paul Ricoeur）的卓越贡献不可忽视，尽管这种贡献显然带上了法国哲学的特有特征。利科尔的综合诠释学，我们一般称之为现象学的诠释学。按照利科尔的看法，诠释学与现象学之间存在着紧密的联系，尽管海德格尔和伽达默尔曾对现象学进行了批判，但那只是对现象学的一种极端解释形式的批判。如果摆脱胡塞尔的唯心主义现象学解释，那么我们可以看到现象学与诠释学之间具有与生俱来的本质联系：首先，它们都是探讨意义问题，而且认为意义的来源先于语言；其次，现象学的方法本身就是诠释学的方法，利科尔试图通过“现象学的诠释学”这一名称，使诠释学又从存在论层次返回方法论层次。另外，鉴于当代西方哲学中各种流派的争论，在他的这种综合诠释学中，我们也看到了这些流派如现象学、结构主义、意识形态批判与诠释学进行综合沟通的可能性。

利科尔出生于法国南部的一座小城市，早年父母双亡。1935 年

① 伽达默尔. 真理与方法：第 2 卷. 1986：494.

② 同①495.

③ 同①551.

毕业于巴黎大学。第二次世界大战期间，应征入伍，曾被囚禁于德国纳粹在波兰的集中营数年，直至1945年战争结束。1948年至1956年，利科尔任斯特拉斯堡大学哲学史教授，1956年起在巴黎第十大学任哲学教授。主要著作有《马塞尔和雅斯贝尔斯》（1948）、《论解释——弗洛伊德研究》（1965）、《解释的冲突》（1969）和《解释理论》（1976）等。

1. 综合诠释学的两种发展倾向

直至现在，关于诠释学的历史，我们已有了两种不同甚而对立的描述，即狄尔泰的描述和伽达默尔的描述。按照狄尔泰的看法，现代诠释学的标志就是诠释学从独断论中解放出来，因而诠释学的发展史就是从独断论解释到非独断论解释的转变过程，他认为施莱尔马赫的普遍诠释学就是这一转变过程的转折点。反之，按照伽达默尔的观点，诠释学的根本转变并不是像狄尔泰所说的从独断论到非独断论的发展，而是从解释的方法论到解释的存在论的转向，施莱尔马赫的普遍诠释学非但不是现代诠释学的根本标志，而且还是使诠释学本有的独断论的真理内容和应用功能消失于只是认识和方法的技巧之后。因此伽达默尔认为，诠释学的根本转变不是由施莱尔马赫开创的，而应当是由之后的海德格尔开创的，因为唯有通过海德格尔对此在的生存论分析，诠释学才完成了从方法论认识论到存在论的根本转向。现在当我们转到伽达默尔之后的诠释学发展阶段，我们究竟应当怎样看待这两种关于诠释学历史的根本不同的描述呢？在这里，保罗·利科尔可以说给我们提供了一个比较全面而正确的看法。

按照利科尔的观点，诠释学的现代历史应由两种倾向所支配，一种是逐步扩大诠释学的目标，以使各种局部诠释学汇合成一门普遍诠释学；另一种是诠释学从认识论到存在论，即从单纯的认识方式到根本的存在方式的转变。他把前一种发展称为“从局部诠释学到普遍诠释学”，而把后一种发展称为“从认识论到存在论”。所谓诠释学从局部性到普遍性的发展，利科尔是指诠释学从关于希腊拉丁文古代经典的古典语文学（philology）和关于《圣经》文本的注释学（exegesis）到施莱尔马赫的普遍诠释学的发展。这里从两类不同文本的特殊解释形式发展成要求超出各种特殊解释形式并提出它们共同具有的解释程序，以使诠释学从零零散散的各种规则和方法的特殊性发展成一门普遍可应用的解释技艺学（Kunstlehre）。按照利科尔的看法，使注释学和语文学的特殊规则上升到有关理解的一般性问题的这一从局部诠释学到普遍诠释学的过程，其贡献如康德哲学在自然科学中所完成的革命。众所周知，康德批判哲学的根本精神就是把存在与认识的关系根本颠倒过来，我们不是先有存在问题才提出认识问题，而是在我们提出存在问题之前，我们必须先衡量一下我们的认识能力。因此诠释学从局部性到普遍性的转变，使解释规则不是与同各种各样的文本以及这些文本所包含的事物相关联，而是与同各种各样的解释统一起来的主要程序相关联，这一转变正类似于康德哲学所进行的从存在问题到认识问题的转变。按照利科尔的观点，施莱尔马赫的普遍诠释学不仅表现了康德哲学的哥白尼革命，而且还对康德哲学的主体概念进行了深刻的革命性改造，因为施莱尔马赫的普遍诠释学除了康德批判哲学的背景外，还有浪漫主义传统，浪漫主义的精神就是强调个别天才人物身上的无意识的创造作用，从而施莱尔马赫的诠释学使康德非个人的抽象的心智或精神具有活生生的生命联系。这样在施莱尔马赫那里，我们不仅看到他强调“哪里有误解，哪里就有诠释学”这一般带有批判哲学普遍适用的规则性质的命题，而且也听到了他说出“要与讲话的作者一样好甚至比他还更好地理解他的话语”这一显然带有浪漫主义精神的话语。不过，按照利科尔的看法，施莱尔马赫的普遍诠释学以及以后的狄尔泰作为精神科学普遍方法论的诠释学，只代表了诠释学发展的第一种倾向，因而诠释学作为理解和解释的认识理论和方法理论在 20 世纪受到海德格尔和伽达默尔的质疑，后两位哲学家试图在诠释学的认识论研究活动的底层进行深掘，以便揭示其存在论的根本条件。按照利科尔的看法，与前一种倾向和发展相比起来，后一种倾向和发展更为重要，因为诠释学从局部性到普遍性的这种发展，只有当它使其严格的认识论倾向从属于它的存在论倾向时，才能最后完成。他说，如果我们能把从局部诠释学向普遍诠释学的第一次转变称为“哥白尼式的革命”，那么我们更应该把海德格尔和伽达默尔的从认识论到存在论的第二次转变称为“哥白尼式的巨变”，这一巨变不是完善化和系统化由注释学、语文学、心理学、历史理论或文化理论等学科中产生的方法论研究，而是从解释的方法论深入其基础研究即解释的存在论的根本转变，现在出现的新的问题，不是问“我们怎样知道”，而是问“只通过理解去存在的那种存在者的存在方式是什么”。诠释学不是对精神科学的方法论所做的思考，而是对精神科学得以建立的存在论基础所做的阐明。不过，按照利科尔的解释，伽达默尔的《真理与方法》表现了这两种倾向和发展，也就是说，它不仅表现了从局部诠释学到普遍诠释学的发展，而且也表现了从精神科学认识论到存在论的发展。他说，伽达默尔的哲学诠释学是“这两种发展的综合”。另外，利科尔还进一步认为，伽达默尔也注意到在海德格尔哲学中出现的从存在论返回认识论问题的转向，并认为他自己“正是根据这一观点来讨论伽达默尔”。这一点正表现了利科尔的综合诠释学的根本取向，即从理解存在论返回解释认识论和方法论，他的步伐就是把诠释学与现象学相结合。

2. 诠释学与现象学

诠释学与现象学的联系，正如我们以前说过的，早已为海德格尔所研究了。作为胡塞尔的学生，当海德格尔从狄尔泰的著作里引进诠释学这一名称时，就已经表明海德格尔与他的老师走着不同的道路，尽管后者曾是他哲学生涯的出发点。海德格尔并不跟随胡塞尔从本质现象学到先验现象学，而是把现象学作为一种诠释学，从而从一种方法论的诠释学走向了此在诠释学，形成他对此在分析的基础存在论。不过，这已经是四十年前的事情了。当伽达默尔的《真理与方法》于 1960 年出版后五年，利科尔似乎感到需要对海德格尔在 20 年代末的观点重新加以理解，为此他于 1965 年发表了一篇名为《存在与诠释学》的论文，试图重新阐明诠释学与现象学的关系。利科尔在此文中的主要观点即他所谓的“把诠释学嫁接于现象学方法”，其目的是想通过表明现象学因诠释学而复兴来指明“一条朝向当代哲学的道路”。按照利科尔的看法，把诠释学建基于现象学上有两种方式：一种是捷路，即海德格尔的理解存在论所采取的直接路径；另一种是长路，即他本人要采取的从语文学到反思再到存在的间接路径。他为什么认为海德格尔的理解存在论是一种捷路呢？他说，这是因为“它与任何方法论的讨论截断关系，它直接把自身带到有限存在的存在层次，以便在那里重新恢复理解，使之不再作为一种认识方式，而是作为一种存在方式”①。在利科尔看来，

① 利科尔．存在与诠释学//洪汉鼎．理解与解释——诠释学经典文选．北京：东方出版社，2001：249.

在海德格尔那里，我们不是一点一点地从解释认识论进入解释存在论，不是通过注释学、历史研究或精神分析的方法论要求逐渐地接近这种理解存在论，而是通过问题的突然倒转而被带到那里；我们不是探问一个能动的主体在什么条件下能理解文本或历史，而是探问究竟什么类型的存在才是其存在是由理解所构成的，因而诠释学问题从此在如何理解变成了对此在进行直接分析的问题。不过，按照利科尔的看法，海德格尔的这种捷径尽管引起了有重大意义的思想革命，但也可能成为“短路”，从而中断了从解释到存在的通路。正是在这里，利科尔认为他要走一条不同于海德格尔捷路的长路，即用开始于语言分析的长路取代此在分析的捷路，这就是他所谓的把诠释学嫁接于现象学之上的路径。

按照利科尔的看法，诠释学既然是一门关于理解和解释的理论，它就不可避免地要与注释学、历史研究和精神分析相联系，如果抛弃这些明显带有方法论性质的学科，诠释学也就不成其为诠释的科学了。利科尔写道：“我们将继续与那些以方法论方式寻求实际解释的学科保持联系，我们将反对那种把真理、即理解的典型特征与来自注释学的学科所运用的方法加以分开的引诱。”① 正是这一点使利科尔确定自己要走一条通过语义学迂回之路达到存在问题的长路，按照他的解释，这条长路必须经历语义学层次、反思层次最后到达存在层次。语义学层次是我们所习惯的一种探讨语言意义的层次，因为一切诠释学的核心问题就是语义问题，它们的共同元素就是某种意义建构。通常，语词和语句都有双重的意义或多种的意义，利科尔把这种多义的表达式称为象征，他说象征是“任何表意（signification）结构，其中直接的最初的文字的意义附加地指称某种间接的引申的比喻的意义，这后一种意义只有通过前一种意义才能被理解”②。什么是解释呢？利科尔说：“解释是思想的工作，它在于于明显的意义里解读隐蔽的意义，在于展开暗含在文字意义中的意义层次。”③ 按照利科尔，诠释学以语义学层次为出发点，将使它与实际实践的各种解释系统如注释学、历史研究、精神分析以及宗教现象学、人类学等保持联系，并与当代语言哲学进入富有成果的对话，

---

① 利科尔．存在与诠释学//洪汉鼎．理解与解释——诠释学经典文选．北京：东方出版社，2001：254.

② 同①256.

③ 同①256.

从而开始实现对人类交谈的重建。反思层次之所以继语义学层次而出现，是因为语义学层次不足以使诠释学成为哲学，正如海德格尔理解存在论所表明的，推动超越语言层次运动的是对存在论的渴望。但为了避免重蹈海德格尔的覆辙，利科尔认为在语言层次与存在层次之间需要一个反思层次作为中间步伐，因而反思就是“介于符号理论和自我理解之间的桥梁”。反思就是自我通过对其生命文献的解读之迂回路径而对自身的重新发现。从语义学层次经过反思层次，最后达到存在层次，因而真正地理解存在论不是像海德格尔所说的那样，与解释方法论相脱离，而是相反，理解存在论就包含在解释方法论之中。为了证明从理解到存在这种迂回之路，利科尔说我们必须像福音书里讲灵魂那样讲到反思主体：要获得拯救，它必先失落。反思哲学的特征就是：自我必须失落，以便我重新被发现。因此，存在只有通过对那些出现在文化世界里的所有含义的不断注释，才能达到表现、获得意义。存在只有通过占有那些精神生命得以客观化的作品、制度与文化遗迹等本来存在于外面的意义，才能成为自我——具有人性的自我、成熟的自我。简言之，存在论绝不能与解释相分离，存在论就是诠释学。

3. 文本解释理论

这种观点具体表现在利科尔的文本解释理论中。文本就是任何由书写所固定下来的话语，换句话说，由于书写，本是瞬间的话语由固定不变的文本所取代。当文本取代了话语，发生了什么重要的事情呢？在说话时，谈话者不仅出现在我们面前，而且也出现在那个谈话语境中，这语境包括了当时周围的环境、现实问题以及谈话者的声音、姿态，即使我们可以想象当时可利用现代音像技术把谈话者和听话者的现场对话录制出来，这种录制也绝不能把不成音像的东西如环境气氛、现实问题复制出来。话语正是在对于这种气氛和问题的关系中才是完全有意义的，一旦这种关系和问题消失了，话语也就不是其原来的话语了，这就是文本取代话语的第一层变动。文本取代话语的第二层变动，就是文本所包含的话语现在变成了持久固定的，由于失去了话语的语境和问题，它的意义成了一种空白，或者更正确地说，成了一种固定持久的形式，也正因为这样，它为我们的理解开放了无限的意义可能性。从另一个角度来说，由于书写，文本的意义与作者的意义不再是一件事，文本的语境打破作者的语境，个别的话语成了普遍的文本。用利科尔的术语来说，书写的话语即文本，一方面“解除原来的语境关系”（decontextualise），另一方面又“重建新的语境关系”（recontextualise）。这样，书写以一种将能使我们直接引入解释概念的形式求助于阅读。现在，写-读关系不是原来的说-听关系。我们不能说阅读就是通过作品与作者对话，因为读者对书的关系完全不像原来听者对话语的关系。对话是问题与回答的交换，而在作者与读者之间没有这种交换。书把写的行为和读的行为分为两边，读者缺乏写的行为，而作者缺乏读的行为，因此利科尔说：“书写是一种可以与谈话相比拟并与谈话平行的实现，一种取代了谈话、实际上切断谈话的一种实现。”①

正是在书写-阅读的关系不是在对话情景中的谈话-回答的关系，或者说，作者-读者的关系不是谈话者-听者的关系时，解释问题出现了。这里的关键是对“间距化”概念的态度，按照以往施莱尔马赫和历史学派的看法，间距化是理解的障碍和误解的原因，而利科尔遵循伽达默尔的看法，认为“人类经验的历史真实性的根本特征，即在距离中并通过距离交流”②。因此，间距化不是一种消极的因素，而是一种积极的建设性和生产性要素，它是理解和解释的条件，正是间距性使我们从解释的心理学上升到理解的诠释学。利科尔分析了四种间距化形式：第一种形式的间距化是通过所说的意思达到对所说事件的超越，所说的意思是用书写方式铭记下来的，它使所说的事件黯然失色；第二种形式的间距化涉及书写的表达与原说话者之间的关系，在书写的话语中，说话主体的意愿与所说话语的意义不一致，文本所说的东西现在多于作者所意指的东西；第三种形式的间距化在于书写所表达的内容与原来听众之间的关系，书写话语的读者不固定，任何能读文本的人都是它的听众，从而文本摆脱了原来社会-历史生产条件的语境关系而对无限制的阅读开放；第四种形式的间距化涉及文本的意义从直指的指称关系中解放出来，在言谈时，话语的指谓由言谈情景中的现实所决定，而在书写中，这种现实不再存在，因而文本有一个与话语指谓范围不同的指谓范围，利科尔用海德格尔的话说，书写文学的指称“不再是对话直指的所指的 Umwelt（环境），而是我们所读、所理解和所爱的每一文本的

---

① 利科尔．解释学与人文科学．陶远华，等译．石家庄：河北人民出版社，1987：150.

② 同①134.

非直指的所指所筹划的 Welt（世界）”[①]。前两种形式的间距化，即通过所说的意思使所说事件黯然失色，以及所说的意思与言谈主体的分离，利科尔称之为解释辩证法的第一个运动，它意味着文本的客观意义不是其作者的主观意向，而是某种不同于其作者主观意图的东西，因而利科尔得出了与 E. D. 赫斯这样的文学评论家直接相反的结论：“正确理解的问题不再能通过简单地回归到作者所声称的意图上就可以被解决。”[②] 正如隐喻所预设的对峙需要构造一种新意义来解决，文本的意义也应当被看作是读者的猜测和建构。间距化的后两种形式，即文本面对的读者之无限性以及文本自身指称范围的不定性，利科尔称之为解释辩证法的第二个运动，它意味着书写的话语与讲话者和讲话语境关系的截断，表明解释的开放性和无限性。利科尔在这里指出可能由于书写话语这种不受对话者和对话情景的约束而引起的两种对文本的态度：一方面读者可能把文本指谓范围看作一个完全虚无的世界，另一方面读者可能抛开这一问题而力图阐明文本的非表面指谓。前一种态度是结构主义者所采取的方法，他们企图按照文本的内在语言结构重新解释文本；后一种态度则是海德格尔和伽达默尔所采取的态度，即读者所寻求的不是隐蔽在文本背后的东西，而是在文本前面所暴露出来的东西，不是文本的内在建构，而是这个建构所指向的某种可能的世界。对于这两种态度，利科尔均有批评，前者由于注意语言结构和形式而忽略了解释与可能世界的关联，后者由于着重与可能世界的关联而陷入主观主义。为此，利科尔提出了他的“占有”（appropriation ）概念，这一概念是德文 aneignung 一词的翻译，原指把异化了的东西重新占为己有。按照利科尔的解释，占有文本并不是把文本还原为读者的世界，而是读者把自己交付给文本。因此占有首先意味着剥夺，占有一个文本，首先就是占有者因进入文本世界而丧失自己的过程，利科尔曾用弗洛伊德精神分析学的“自恋的自我”这一概念说：“占有不再表现为一种拥有，一种掌握方式……相反，它包含了一种自恋的自我被剥夺。”[③] 的确，占有与其说是自我拥有活动，还不如说是自我丧失活动，在占有中，直接自我的自我理解被由文本的世界

---

① 利科尔. 解释学与人文科学. 陶远华，等译. 石家庄：河北人民出版社，1987：182.

② 同①15.

③ 同①200.

所中介的自我反思所代替。“最终我所占有的是意欲的世界，后者不是在文本之后，像一个隐藏的意图那样，而是在文本之前，就像作品展开、发现、揭示的那样。自此之后，理解就是在文本前面理解自我。它不是一个把我们有限的理解能力强加给文本的问题，而是一个把我们自己暴露在文本之上并从它那里得到一个放大了的自我，这将是以最适合的方式与意欲的世界相对应的意欲的存在。”①

4. 诠释学与意识形态批判

1973 年利科尔写了一篇题为《诠释学与意识形态批判》的论文，其中他提出了这样一个当代哲学基本走向的问题：当代哲学究竟是走向一个“公开表明一切人类理解都受有限范围的历史条件所制约”的道路，还是走向一个“不断对错误意识、扭曲的交往进行批判”的道路？换句话说，是走向谦卑的诠释学意识，还是走向傲慢的批判意识？显然，这是他要在当代两个大哲学家，即伽达默尔和哈贝马斯之间进行抉择的问题。按照利科尔的看法，伽达默尔与哈贝马斯之间的这种冲突，类似于历史上启蒙运动与浪漫主义之间的争论。启蒙运动及其反对成见的斗争表现了意识形态批判的一种早期形式，反之，浪漫主义及其对过去的怀恋则表明一种为成见、传统和权威进行辩护的哲学诠释学形式。但是利科尔说，现在的问题是：“按照法兰克福学派而确定的意识形态批判和伽达默尔诠释学之间的现代冲突是否标志这场争论中的任何进步？”②

利科尔的目的，正如他自己所说，他不是以一种包容这两者的超体系将诠释学与意识形态批判加以混合，而是寻求一种真正建设性的对话。他认为他们每一方都从不同的立场讲话，然而每一方都可以被要求承认对方，不是把对方作为陌生的和纯粹敌对的立场而是作为以它自己方式提出合法性要求的立场。利科尔首先把他们这一争论概括为参与和异化的对立，哲学诠释学认为传统是历史意识度向，通过这一度向，个人参与文化传统，而批判理论只看到传统中的歪曲和异化，试图以一种规范的摆脱强制的交往观念去消除这种歪曲和异化。这样，利科尔就提出两个问题：（1）诠释学哲学是

---

① 利科尔. 解释学与人文科学. 陶远华，等译. 石家庄：河北人民出版社，1987：147.

② 利科尔. 诠释学与意识形态批判//洪汉鼎. 理解与解释——诠释学经典文选. 北京：东方出版社，2001：437.

否能说明意识形态批判的要求？（2）意识形态批判最终能离开诠释学的前提吗？

关于第一个问题，利科尔认为，对批判事业的认可在诠释学内是一种不断被重申但又经常被忽略的模糊愿望。从海德格尔开始，诠释学整个来说是致力于返回基础，即一种从人文科学可能性条件的认识论问题走向理解的存在论结构的运动，但问题是我们是否从存在论再返回认识论呢？按照利科尔的观点，尽管这在海德格尔和伽达默尔的诠释学里可能找不到，但从诠释学本身的历史来看，却并不是不可能的。他认为整个诠释学的历史，其重点总是要返回注释学和语文学，总是要返回与基于文本或与文本有相同地位的文献或纪念物中介的传统的关系。具体来说有四点：（1）间距化表现为文本存在的一个积极成分，文本作为书写固定下来的话语，一方面其意义内容可能脱离作者的意图，文本的世界可能冲破其作者的世界，另一方面其读者不是原来的听众，作品本身创造了新的听众。这样，文本的解释在根本上承认批判事业为其最基本的条件。（2）诠释学为了执行批判事业，必须克服狄尔泰所说的“说明”与“理解”的区分。事实上，文本领域的符号学已表明“说明”并不是自然科学的或因果性的。文本的内容不是单纯阅读文本就可启示的东西，而是文本的形式排列所中介的东西。诠释学一定是通过中介过程而构成的，而不是反对结构说明，因而真理与方法并不形成对立，而是构成一种辩证的过程。（3）真正的诠释学是我们越过文本的界限而对文本的真理内容，即文本所开启的世界进行询问。要解释的东西不再是隐藏在文本之后的意图，而是在文本面前所展示的世界。文本要开启实在度向的力量原则上包含了反对任何既定的实在和批判实在的可能性。文本所开启的世界的存在方式是能在的方式，而能在的诠释学就表示自身转到了意识形态批判，它构成意识形态批判最基本的可能性。（4）文本的诠释学为意识形态批判指明了位置。理解不是把自己投射于文本中，而是把自己暴露给文本，阅读使我进行“想象的自我变形”，而这正是意识形态批判所谓批判主体幻觉的自我理解的主题。

关于第二个问题，即意识形态批判是否最终能离开诠释学的前提，利科尔以诠释学的普遍性要求与意识形态批判所要求的普遍性相互渗透作为回答。（1）哈贝马斯所提出的三种旨趣是基于劳动、权力和语言，这实际上依赖于一种类似于海德格尔对此在的分析，是一种有限状态的诠释学，这种诠释学先天地确保了成见概念与意识形态概念之间的相关性。（2）哈贝马斯所谓的解放旨趣，如果不被放在与历史诠释学同一水平上，即交往行为的水平上，那么它将是完全空洞而抽象的。传统诠释学的任务就是提醒意识形态批判注意，只有在重新创造性地解释文化遗产的基础上，人才能筹划他的解放和期望一种无限制和无强迫的交往，如果我们没有任何交往经验，我们如何能希望它对所有人有说服力并在社会关系水平上盛行呢？（3）当哈贝马斯把科学技术看成现代的意识形态，即成为对现代工业体系的统治和不平等关系的扭曲反映时，那么诠释学就会向当代意识形态批判提出如下问题：假如今天的意识形态在于隐瞒交往行为规范秩序和官僚条件作用之间的区别，因此就是在于分解通过语言进入工具主义行为结构中的相互作用范围，那么解放旨趣除了在交往行为本身的重新意识中使它具体化外，如何能够保留除了虚假誓言之外的任何其他事情呢？如果不是依据文化遗产的创造性的复兴，你将依据什么来支持对交往行为的重新意识呢？（4）任何批判的出发点都是传统，甚至批判就是一种传统，解放旨趣的批判乃投入一种最感人的传统里，即自由行动的传统里。按照利科尔的看法，传统回忆和自由期望是统一的，如果没有传统回忆，也许也就不再有解放的旨趣，不再有自由的期望。

对于利科尔来说，致力于对过去文化遗产进行重新解释的诠释学旨趣与致力于自由人性未来主义的意识形态批判旨趣是根本统一的。在他看来，传统诠释学要实现它的纲领，只有当它引入批判的间距化，以使之成为诠释学过程的一个组成部分；反之，意识形态批判要实现它的计划，只有当它包含某种对过去的恢复，即对传统的重新解释。当这两种旨趣彻底地决裂时，诠释学与批判本身也就无非是一种意识形态。

5. 当代诠释学的两种不同范例

利科尔和伽达默尔的著作为当代诠释学提供了两种不同的范例。他们之间最直接的区别是他们关于文本的不同立场。当伽达默尔提出一种对话的解释模式——在这里，文本是一个我们与之进行谈话的“你”——利科尔却坚持文本作为一种语言对象的反思距离。这在他们关于哲学诠释学和人文科学实践之间关系的理解里产生了更大的分歧。对于伽达默尔来说，哲学诠释学比精神科学方法论更为根本，并为人文科学对象的方法论异化提供一种修正；反之，利科尔则认为哲学诠释学必须面对人文科学服务于一种认识论功能，并且必须把批判实践具体化于自己的谈话之中。

伽达默尔以海德格尔存在论诠释学作为自己的出发点，并由此发展一种对话的理解和解释模式，而这种模式却偏离了海德格尔的问题。当《存在与时间》强调此在的未来指向死的存在时，伽达默尔强调过去在构成任何对现时或未来的理解中的作用。他论证说，任何理解都受文化遗产的效果概念和实践所制约。而且当海德格尔在柏拉图那里看到自我遗忘的黑暗时代的开始时，伽达默尔却在柏拉图的对话里发现一种理解“事物本身”的真实模式，历史文本同时是现时和未来的同一对象。伽达默尔认为，一个文本最好被认为是对某个问题的回答，以致解释的关键就是理解文本假定的问题。并且伽达默尔还主张文本最好被认为是“你”，与读者同时代的“你”。在这方面伽达默尔更多地与浪漫主义诠释学尤其是施莱尔马赫相一致，而不与狄尔泰相一致，因为狄尔泰认为文本是要解读的对象。但是当施莱尔马赫把对话理解为是重构对话者的心理过程时，伽达默尔却坚持对话能提供对讨论对象的理解，而不是构造他人信念和断言的起源过程。伽达默尔诠释学试图理解对象的真理，只有通过对象的中介，对话者之间相互理解才有可能。虽然狄尔泰也开始于文本与它的解释者之间的亲缘关系，但伽达默尔认为由于狄尔泰把这种关系简化为主体与其客体之间相似性而背叛了这种亲缘关系。因此伽达默尔说：“尽管有方法论的区别，但与自然科学的差别却不再存在——因为在这两种情况里我们都是把问题提交给已完全现时的对象。”伽达默尔的反对是：狄尔泰关于人文科学和自然科学方法不同的区分阻碍了方法论问题本身。伽达默尔的理由是：凡是对我们说某种东西的东西都是在对我们讲话，而凡是讲话的东西在本体论上都与我们自己是同一的。伽达默尔在讲话中发现隶属性要素，在这隶属性里我们已经被传统所构成并作为传统，传统是不可客观化的。正如我们不能客观化我们因为我们隶属于传统并是传统，同样我们也不能客观化文本。所以对话模式并不异化文本和它的读者之间的隶属亲缘关系，而是保存避免任何客观化要求。

利科尔由于试图继续狄尔泰的诠释学认识论方案，所以他把文本客观化要求包含在他的文本理论里特别是一般的叙述理论里。利科尔批评海德格尔和伽达默尔，因为他们抛弃了认识论方案并给予诠释学以他认为是自相矛盾的问题。利科尔认为，一种彻底的本体论诠释学区别于一般的综合学科，它既让各种人文科学有区别又为这种区别提供中介，没有这种中介，人文科学就会导致不可解决的解释冲突。不过，利科尔虽然维护狄尔泰关于诠释学的认识论功能见解以反对海德格尔和伽达默尔的彻底的本体论诠释学，但在理解和解释问题上他又与狄尔泰相区别。当狄尔泰坚持人文科学基于理解的解释方法不同于自然科学的说明方法时，利科尔则认为这种对立不再有效。一旦诠释学吸收了语义学和结构语言学方法，人文科学同样可以采取自然科学的说明方法，只是这种说明是语言性的而不是因果性的。代替了理解和说明的简单对立，利科尔坚持它们两者的辩证关系。利科尔断言，说明不仅对于人文科学是可能的，而且有效的解释一定要包含说明要素，但反过来说，文本的说明却受制于理解，而只有涉及人自身和人的生活世界，理解才是完全的。文本是一个更为普遍的叙述模式里的间距化要素，这种叙述模式包括作为叙述人或读者的主体并结束于一种为主体提供新的存在可能性的重构的生活世界。按照利科尔的看法，对话是对话者之间讲话行为的交流，因此对话关系不是本体论的，它是两个主体之间的一种认识论关系。阅读文本不是对话的例子，因为“读者离开书写行动，作者离开新闻记者行动”。对于利科尔来说，文本不是对读者的“你”，因为文本是意义与事件的间距化。由于文本的间距化而可能的结构说明是一种批判要素，它使主体具有精神分析和意识形态批判的揭露错误幻觉的技巧。

当利科尔把语言学说明方法看作诠释学能用来反对错误意识的武器时，伽达默尔却把话语受制于方法本身看作对技术时代流行的计算旨趣的屈服。他说：“通过语言和交往合作对我们所生活于其中的世界的表述，既不是完全约定的度向，又不是一种错误意识的残余。”所以，我们自身的真理不是由文本的批判性客观化所揭示的。对于伽达默尔来说，我们自身的真理不是反思知识的对象，自我理解的成就不是主体的自我的构成。

第四节　作为实践哲学的当代诠释学

在当代诠释学的发展中，“实践智慧”（phronesis）这一概念日益显示出其不可忽略的巨大作用，以致我们今天甚而可以再度启用“实践哲学”这一名称来概括当代诠释学的后期发展。伽达默尔在其于1985年写的《在现象学和辩证法之间——一种自我批判的尝试》一文中总结他的哲学诠释学发展过程时写了这样一段话：

> 我思想形成时期的第一篇文章（写于1930年）现在正好以《实践知识》为题第一次发表在我的著作集第5卷中。我在那篇文章中联系《尼各马可伦理学》第6卷解释了phronesis（实践智慧）的本质，我这样做是由于受了海德格尔的启发。在《真理与方法》中这个问题占据了中心位置。今天亚里士多德的实践哲学传统已被人从多方面重新接受。我认为这个问题具有一种真正的现实性，这是毫无疑义的。在我看来，这和今天多方与所谓的新亚里士多德主义相联系的政治口号并无关系。什么是实践哲学这个问题，对于近代思想的科学概念总是一种不容忽视的真正挑战。我们可以从亚里士多德那里得知，希腊的科学这一概念，即episteme，所指的是理性知识。这就是说，它的典范是在数学中而根本不包括经验。因此，近代科学与希腊的科学概念即episteme很少相符，它倒是更接近于techne（技术）。不管怎样，实践知识和政治知识，从根本上说，是与所有这些可学到的知识形式及其应用的结构不一样的。实践知识实际上就是从自身出发为一切建立在科学基础上的能力指示其位置的知识。这就是苏格拉底追问善的问题的含义，柏拉图和亚里士多德坚持了这种立场。如果有谁相信科学因其无可争辩的权能而可以代替实践理性和政治合理性，那么他就忽视了人类生活形式的引导力量，而唯有这种引导力量才能够有意义并理智地利用科学和一切人类的能力，并能对这种利用负责。但实践哲学本身却并不是这样一种合理性。它是哲学，这就是说，它是一种反思，并且是对人类生活形式必须是什么的反思。在同样的意义上可以说哲学诠释学也并非理解的艺术，而是理解艺术的理论。但这种或那种唤起意识的形式都来自实践，离开了实践就将是纯粹的虚无。这就是从诠释学的问题出发所重新证明的知识和科学的特殊意义。这正是我自《真理与方法》完成之后一直致力于的目标。①

① 伽达默尔．真理与方法：第2卷．1986：22-23．

从这段引文我们可以看出，实践智慧这一概念对于当代诠释学，特别是伽达默尔的哲学诠释学，具有非常重要的核心作用，正是这一概念引导伽达默尔最后走向了实践哲学。要正确理解实践智慧这一概念，正如伽达默尔所说的，我们只能从亚里士多德关于科学、技术和实践智慧的基本区别出发，从而理解近代的科学概念既不是亚里士多德的科学概念，也不是亚里士多德的实践智慧概念，而是亚里士多德的技术概念。在我们正确理解了实践智慧这一概念的本质之后，我们就可以理解这一概念在今天社会生活和社会科学理论中的真正现实性，近代的科学概念并不能代替实践理性和政治合理性，而唯有实践智慧才是人类生活形式的引导力量，因为唯有它才能理智地并负有责任地利用科学和一切人类的能力。按照伽达默尔的看法，在当代科学技术取得巨大成就而对社会进行全面统治以及人文主义精神相对而言已日益衰退的时候，再次强调实践智慧这一概念在当代社会科学理论中的重大作用，将具有无比深远的意义。

1. 科学、技术、实践智慧

实践智慧，希腊文 φρουŋσις，这词是由 φρου 和 ŋσις（智慧）组成的，φρου 在希腊文里意指人体的横膈膜。按照古希腊人的看法，在横膈膜以上的部位，是心灵、头脑、思维的部位，而在横膈膜以下的部位，则是腹部、情欲、排泄的部位，因而 φρου 就有一种不同于思维的实际欲望和实践行动的意思。所以当 φρου 与 ŋσις组成 φρουŋσις时，它就自然而然地意指一种实践的知识或明智考虑的能力。最早在苏格拉底和柏拉图那里，实践智慧指知识和德行的统一，他们说“德行就是理性（logos)”，理性即知识，所以德行就是知识，简言之，实践智慧就是一种有德性的知识或有知识的德行。亚里士多德是最明确论述这一概念的古希腊哲学家，在他的《尼各马可伦理学》里，他不仅明确地提出了这一概念，而且还指出他与苏格拉底的分歧。他写道：“苏格拉底主张德性就是理性，它就是知识形式，而在我们看来，德性只被理性所伴随。”[①] 这就是说，亚里士多德认为德性并不仅是知识，而且它还有一种更重要的本质属性，它只不过是被理性所伴随。实践智慧究竟具有一种什么样的本质属性呢？

---

① 亚里士多德．尼各马可伦理学：1144b27-29.

亚里士多德在《尼各马可伦理学》中曾区分了人类认识事物和表述真理的五种能力或知识形式：纯粹科学（episteme）、技术或应用科学（techne）、实践智慧（phronesis）、理论智慧或哲学智慧（sophia）和直观理智（nous）。其中关于纯粹科学、技术（技艺）或应用科学、实践智慧这三种能力或知识形式的区分，对于我们来说相当重要。

纯粹科学的特征是：（1）其研讨的对象是不可改变的、必然的和永恒的事物，他说："我们全都认为，科学地认识的东西是不可改变的，而可改变的东西既处于考察之外，那也就无法知道它们是存在还是不存在。凡是出于必然的东西，当然能被科学地认识。凡是出于必然而存在的东西，当然完全无条件是永恒的东西，而永恒的东西既不能生成也不灭亡。"① （2）一切科学既可学习又可传授。他说："一切科学看来都是可传授的，凡是能被科学地认识的东西是可以学习的。"② （3）一切科学都具有逻辑演绎的推理程序，即从一般到个别。他说："一切传授都须从一个前在的知识出发，有的要通过归纳，有的要通过演绎，而归纳所得到的东西是开始之点和普遍者，演绎则从普遍出发，普遍是演绎由之出发的始点，它自身则不是来自演绎而是来自归纳。"③ （4）一切科学都具有可证明的形式。他说："科学具有可证明的性质，这在《分析篇》里有进一步的规定，因为只有在人具有某种信念，对于开始之点知之甚明的时候，他才能有科学的知识，如若他所知的并不比结论更多，那么他所有的知识是偶然的。"④ 概括上述四点可知，纯粹科学是一种关于不可改变并必然存在的事物的知识，它是一种依赖于推理证明而能被人学习的演绎性知识，其典范就是数学。

技术（技艺）或应用科学的特征是：（1）其处理的对象是可改变和可制作的事物。亚里士多德说："因为技术所涉及的既不是必然存在或生成的东西，也不是那种其存在或生成是由于自然的作用的东西（因为这些东西在自身之内有着其存在的根据），所以其对象都是可改变的事物。"⑤ （2）技术的本质在于生产或制作。他说："例

---

① 亚里士多德．尼各马可伦理学：1139b20-25.

② 同①1139b25-26.

③ 同①1139b26-31.

④ 同①1139b31-34.

⑤ 同①1140a15-24.

如建筑，这是一种技术，按其本质是一种旨在制作的反思活动……一切技术都与生成有关。”① （3）技术受制作者的观念和计划所指导。他说：“一切技术都与生成有关，进行技术的思考就是去审视某物怎样产生，什么能存在，什么不能存在，这些东西的存在根据是在制作者中，而不在被制作物中。”② （4）技术的生产或制作不是目的，而是手段。他说：“制作在自身之外尚有别的目的。”③ （5）技术与偶然相联系。他说：“在某种意义上说，技术与巧遇的对象相同，正如阿加松所说：‘技术依恋巧遇，巧遇依恋技术。’”④ 综上所述，技术或应用科学是关于制作或生产某种可改变事物并且服务于制作者目的的一种与偶幸相联系并能为人们学习的知识。

实践智慧的特征是：（1）其所研讨的对象是可改变的事物。亚里士多德说：“具有实践智慧的人就是善于正确考虑的人。谁也不会去考虑那些不可改变的事物或他无能力去做到的事物，践行的领域是可以改变的。”⑤ （2）实践智慧的本质是一种不同于生产或制作的践行。他说：“在可以改变的事物中我们要区分制作和践行，制作和践行是两种不同的活动……旨在践行的反思活动不同于旨在制作的反思活动。”⑥ （3）实践智慧的践行本身就是目的，也就是使人趋善避恶。他说：“实践智慧是一种与正确计划相联系并坚持正当行为的践行能力，而这种践行的对象是那些对人善或不善的事物，因为制作在自身之外尚有别的目的，但践行却不是这样，因为良好的践行本身就是目的。”⑦ （4）实践智慧考虑的是对人的整个生活有益的事。他说：“所谓具有实践智慧的人，就是能正确考虑对自身的善或有益的事，但这不是就部分意义而言，如对于健康、对于强壮有益，而是就整个意义而言，指对于整个善良而幸福的生活有益。”⑧ （5）实践智慧不只是对普遍事物的知识，而更重要的是对特殊事物的知识，并且经验在其中起了重要作用。他说：“实践智慧不只是对普遍东西的知识，它更应当通晓个别事物，因为它的本质是践行，而践行必须与

---

① 亚里士多德. 尼各马可伦理学：1140a6-11.

② 同①1140a11-16.

③ 同①1140b5.

④ 同①1140a17-20.

⑤ 同①1140a30-1140b2.

⑥ 同①1140b1-5.

⑦ 同①1140b3-6.

⑧ 同①1140a25-27.

个别事物打交道，从而许多人虽然对其能力没有科学知识，但干起来比起那些有科学知识的人更出色，其他领域也这样，都是具有实践经验的人占先。例如，如果有人一般地知道肉容易消化，有益于健康，但不知道何种肉容易消化，那么他就不能达到好的结果，反之，谁知道鸡肉是容易消化，有益于健康，他就能有好的收效。”① 另外他还说：“青年人可以通晓几何学和数学，并在这方面卓有成就，但他们却不能达到实践智慧，其原因在于，这种实践智慧不仅涉及普遍的事物，而且也涉及特殊的事物。人要熟悉特殊事物必须通过经验，而青年人所缺乏的正是经验，因为取得经验则需较长时间。”② 由上述五点可知，实践智慧是一种关于其对象是可改变事物的人类践行的知识，并以在具体事物中的践行作为自身的目的，它不是通过单纯学习和传授而获得的，经验在这里起了很大作用，它要求我们身体力行去实现人类最大的善。

从上面亚里士多德关于纯粹科学、技术（技艺）或应用科学、实践智慧这三种知识类型的论述，我们可以看出，实践智慧作为一门特殊的知识类型，它既不同于纯粹科学，也不同于单纯的技术或应用科学。实践智慧不同于纯粹科学，是因为它研讨的对象不是不可改变的东西，而是可改变的并且是我们能做到的东西，因而它无须严格的科学推理程序和严密的证明形式。对于它来说更为重要的是关于具体的特殊事物的知识和经验，只有通晓特殊事物并具有丰富经验的人才能具有实践智慧。与单纯追求真理的纯粹科学不同，实践智慧所关心的是在人的具体生活中去追求对于人类整体生活有益的最大的善，因此实践智慧不是一门光求知识的学问，只有在具体实践过程中去实现最大的善才是它的目的。另外，实践智慧也不同于技术或一般应用科学，尽管它们两者都以可改变的事物为对象，但技术的本质仅是制作或生产东西，而实践智慧的本质则是践行，即人类自身的行为。技术只是工具或手段，其目的存在于制作或生产之外；反之，实践智慧的践行本身就是目的，它关心人类自身的价值和意义。技术或应用科学只是把所学到的原理或规则简单地运用于具体事物，如盖房、做鞋，它既可学习又可传授；反之，实践智慧既不能学习又不能传授，它需要的是实际生活的经验和特殊事物的知识。亚里士多德写道：“具有实践智慧的人就是善于正确考虑

① 亚里士多德．尼各马可伦理学：1141b14-21.

② 同①1142a11-16.

的人，谁也不会去考虑那些不可改变的事物或他无能力去做的事物，既然科学依赖于必然的推理程序，而在那些其基本前提是可改变的事物里，就不可能有必然的推理程序—— 因为在这里全都是可以改变的——并且，既然我们不能考虑那些必然而存在的事物，那么实践智慧就不是科学，也不是技术。它之所以不是科学，是因为践行的领域是可以改变的；它之所以不是技术，是因为践行和制作种类不同。所以结论是，实践智慧是一种与正确计划相联系并坚持正当行为的践行能力，而这种践行的对象是那些对人善或不善的事物。因为制作在自身之外尚有别的目的，但践行却不会是这样，因为良好的践行本身就是目的。由此我们认为，像伯里克利那样的人就是一个具有实践智慧的人，因为他能明察什么事对自己和别人是善的。像这样的人才是善于治理家庭和治理城邦的人。”①

2. 科学的自然知识和实践的人文知识

亚里士多德关于纯粹科学、技术或应用科学、实践智慧的区分尽管比较简单而原始，反映了他那个时代科学尚在朦胧时期的水平，但有两点值得我们注意：一是科学的自然知识和实践的人文知识的区分，二是科学技术的应用和实践智慧的应用的区分。

亚里士多德关于纯粹科学和实践智慧的区分首先使我们想到了两种不同的知识类型，即科学的自然知识和实践的人文知识的根本分界。科学的自然知识，如数学、物理学等自然科学，它们研讨的对象不是人能改变的东西。在这种知识里，主体和客体是对立的、不相干的，客体既不能影响主体，主体也不能影响客体，加之它的方法主要是从一般到个别的演绎法，能允许严格的科学证明程序，因此这种知识一般具有必然性和普遍性，我们把它们称为精密的科学知识；反之，实践的人文知识，如伦理学、政治学等人文科学，它们研讨的对象是可以改变的并且是我们有能力去做的东西，因而其对象是可以由我们所规定的。在这里，主体不是静观而中立地立于他所考察的对象的对面，正相反，其对象反而能被其认识者所影响和规定，主体与客体处于一种内在的关联中，加之它的方法主要是从个别到一般的归纳法，不能允许严格的科学证明程序，因此这种知识一般不具有必然性和普遍性，人们以往一般把它称为不精确

① 亚里士多德. 尼各马可伦理学：1140a30－1140b11.

的科学知识。人文知识的这一特征亚里士多德是深刻认识到的，他以“只能概略地、提纲挈领地来指明这一主题的真理性”来说明这种知识不能具有像自然知识那样的精确性和严密性，并且认为，如果我们要求它具有像数学那样的精确性，那就如同要求一位数学家去接受一个没有定论的说法一样，他写道：“不能期待一切知识都同样确切，正如不能期待人工制品都同样精致一样。政治学考察高尚和正义，但这些概念相互间差异极大，变化多端……既然以这样多变的观念为前提，人们也只能概略地、提纲挈领地来指明这一主题的真理性，对于只是经常如此的事物并且从这样的前提出发只能概略地说明。所以每人都注定了要以这样的方式来接受我们所说的每一件事，因为每个受过教育的人，只能在事物本性所允许的范围内去寻求每一种类事物的确切性。要求一位数学家去接受一个没有定论的说法，正如要求一个演说家进行证明一样。”① 如果在这里我们把亚里士多德与柏拉图做个对照，那么我们可以看出亚里士多德这一思想的新颖性。柏拉图也曾经要求一种不同于一般科学知识的更高的知识，即哲学知识，他把这种知识称为辩证法，不过，这种作为哲学知识的辩证法在柏拉图看来也只是一种普遍而必然的科学知识，因为它是一切专门科学知识之上的专门科学知识，反之，亚里士多德抛弃了这种最高科学知识的理想，提出了一种在种类性质上与一般科学知识完全不同的实践知识。

现在问题在于：是否这样一来，实践知识或人文知识就不是一种科学知识，或者说，它是一种价值远低于纯粹科学知识的知识类型？这里我们有必要对近代西方所谓科学（science）这一概念做一考察。英语 science 这一近代发展的概念从词源学上说来自拉丁文 scientia ，而 scientia 的内蕴却是由亚里士多德的 episteme 即纯粹科学这一概念所规定的。因此，正如我们上面关于亚里士多德三种知识类型的区分所说的，近代科学主要的特征就是研讨那些不可改变而必然存在的东西，主体在研讨和考察其对象时尽量保持某种对之不施加任何影响而静观中立的态度，所使用的方法是从一般到个别的演绎法以使之承服于严格的科学证明，因此这样的科学概念必然以不关联人的生存和价值的所谓客观的真理为其追求对象。但这样一种科学概念以及这样一种客观真理概念是否穷尽了人类知识的一

① 亚里士多德．尼各马可伦理学：1094b14-28.

切追求和一切内容呢？按照亚里士多德的分析，人类对知识的追求，除了求真之外，应当还有一种更为重要的追求，即求善，即以对于人类自身生存和幸福生活有益为其目标的欲望。因此他把我们人类对知识的追求或思考分为思辨的科学的思考和实践的思考两种，思辨的科学的思考以真和假为其特征，而实践的思考则以善和恶为其内容，尽管一切思考都以寻求真理为其功用，但思辨的科学的思考是以科学的或客观的真理为其目标，而实践的思考则是以真与善结合的实践的真理为其准则。亚里士多德写道："在欲望中有追求和躲避，正如在思考中有肯定和否定一样。伦理德性既然是种选择性的品质，而选择是一种经过思考的欲望。这样看来，如若选择是一种确当的选择，那么理性和欲望都应该是正确的。它既是一种肯定，也是一种追求。这样的思考是一种实践的真理，而思辨的科学的思考则不是实践的，它只有真与假而不造成善与恶。寻求真理是一切思考的功用，而实践思考的真理则要和正确的欲望相一致"①。因此，单纯以纯粹科学作为一切知识的典范，单纯以科学的真理作为一切真理的代表，必然以牺牲人类知识和真理中其他更为重要的内容为代价，近代西方单纯以亚里士多德的 episteme 为其特征的 science 这一科学概念因而必然具有其片面性和局限性。② 当我们推崇自然科学知识时，我们应当想到我们还有一种与这种自然科学知识完全不同但价值和意义对我们似乎还更为重要的知识类型，即实践的人文知识。

如果我们更为细致地考察这两种知识的区分，我们还可看到实践的人文知识在另一个重要点上也远胜于科学的自然知识，即科学的自然知识仅以客观性为其理想，而实践的人文知识却以主动参与为其理想。科学的自然知识的本质特征是主客二分，即主体尽量中立地静观地立于他所考察的客体的对面，尽量避免主体对客体所施加的影响，以使其所获得的知识具有客观性；反之，实践的人文知识的基本特征则不是主客二分，而是主客关联，因为它不是以单纯静观或认识为其目的，而是以对于客体的行为以及怎样行为为目的，这就必然使它不能以单纯的客观性为其理想，而只能以主体的主动

① 亚里士多德．尼各马可伦理学：1139a23-31.

② 与英语 science 不同，德文 Wissenschaft 却保持古老的知识传统，它既可以指自然知识（Naturwissenschaft），又可以指人文知识（Geisteswissenschaften.），亚里士多德的 episteme 只是 Naturwissenschaft，反之，人文科学则是 Geisteswissenschaften。

参与为其理想。亚里士多德在阐明实践智慧所研讨的是可改变而不是不可改变的对象时，他所指的实践智慧知识就不是与我们主体存在相脱离的所谓客观知识，而是一种能被我们主体存在所规定并对这个存在进行规定的实践知识。这种实践知识其实正是古希腊人最为推崇的“理论”一词的真正含义。希腊文 theoria 一词最初的意义是作为一个代表团或团体的一员参与某种崇奉神明的祭祀庆祝活动，对这种神圣活动的观察，不只是不介入地确认某种中立的事态或静观某种壮丽的表现，正相反，理论是真正参与一个事件，真正地出席现场。它表现出人这个在宇宙中脆弱而有限的存在的卓越特征，人尽管在范围上是微弱有限的，但却能通过自身的能力理论地思考宇宙。理论并不像我们现时代所表现的那样与实在拉开距离，而是对实在的接近，也就是说，理论不是与实践相对立，而是与实践相统一。伽达默尔对此有一段相当精辟的论述，他在《真理与方法》一书中写道：“无论胡塞尔的生活世界经验还是海德格尔的实际性诠释学概念都坚持人相对于理解和真理之无限任务的时间性和有限性。我的观点是，从这种角度出发，则知识并非只是基于统治它在的疏异的东西这个问题而提出来，这只是活跃在当今自然科学中对事实进行科学研究的基本激情。我的观点刚好相反，人文科学中最关键的并不是客观性，而是与对象的先行关系。我想为该知识领域用‘参与’（Teilhabe）理想，如同在艺术和历史学里鲜明形成的对人类经验本质陈述的参与理想，来补充由科学性道德设立的客观认识理想。在人文科学中，参与正是其理论有无价值的根本标准。”①

这就使我们理解了当时亚里士多德为什么相对于一般自然科学而赋予这种实践的人文科学（当时指政治学、伦理学）以很高的评价，认为它是“最高主宰的科学，最有权威的科学”，其原因就在于这种知识所研讨的不仅对于个人而且特别对于国家都是最重要的东西，即善，而其他一切科学相比之下反而应隶属于这门科学。他写道：“它（指实践的人文科学，即政治学）自身的目的含蕴着其他一切科学的目的，所以，人自身的善也就是政治学的目的。一种善对于个人和对于城邦来说，都是同一的，然而获得和保持城邦的善显然更为重要、更为完满。一个人获得善值得嘉奖，一个城邦获得善却更加荣耀、更为神圣。讨论至此就可知道，这门科学就是政治学。”②

① 伽达默尔．真理与方法：第 2 卷．1986：323.

② 亚里士多德．尼各马可伦理学：1094a28－1094b11.

3. 科学技术的应用和实践智慧的应用

亚里士多德关于实践智慧与技术或应用科学的区分也使我们分清了两种不同的应用类型，即科学技术的应用和实践智慧的应用。

正如我们所讲过的，按照亚里士多德的看法，实践智慧与技术或应用科学的根本区别在于：技术的本质仅是生产或制作，而实践智慧的本质则在于践行，即人类自身的行为。生产或制作一般是先有观念或蓝图，然后按照观念或蓝图制作或生产产品，如我们建筑一幢房屋或制作一双鞋，我们必须先有房屋的设计蓝图或鞋子的规格尺寸，然后我们才能建造或制作，这是一种简单的一般对具体的应用，是一种单纯地把个别纳入一般的线性过程。反之，实践智慧的践行由于它是要在可变的具体事物中进行行为，考虑怎样行为，因此这种践行绝不是先有明确的一般，再将此一般简单地应用于具体事物，它往往需要根据具体情况去提出一般，即使它最初可能有某种观念或理想，但这种观念或理想最初只能是一种模糊的图式（Schemata），它们往往需要我们在具体的实践过程中去加以修正、补充和发展。因此这里表现了两种不同的一般与个别的应用关系，在前一种应用（科学技术的应用）里，我们看到了规则的普遍性和具体事物的个别性的单纯一致性，事先的主导观念和方法精确地规定了我们在任何特殊情况下所要做的事情；反之，在后一种应用（实践智慧的应用）里，我们往往却看到最初规则的普遍性和具体事物的个别性的对峙，它不允许我们简单地通过把具体事例归于普遍规则之下来演绎正确的行为准则，而是要求我们针对特殊的具体情况去发展和补充普遍规则。

为了理解上面这一点，让我们简单回忆一下亚里士多德在《尼各马可伦理学》中对柏拉图善的理念的批判。亚里士多德对柏拉图善的理念的批判，根本点就在于反对柏拉图主张的那种与个别具体事物相分离的善的理念。按照亚里士多德的观点，善这一般概念绝不能离开具体的个别事物，就如同白色离不开具体的白的事物，人作为一般概念不能离开个别的具体的人。具体的个别事物有多种多样，作为一般观念的善的意义也有多种多样，因此并不存在一种普遍的善。如果非要说有这样一种放之四海而皆准的普遍的善，那么这或者就是一种空洞的理念，或者就是无内容的形式，而且这种善也显然是非人力所能实现和获得的，即使我们把它认为是理想或指针，这对我们实际的追求也无益。亚里士多德写道：“所有的科学虽然都追求某种善，并对其不足加以补救，但却不研究普遍的善。普遍的善如果对于人确有那般大的帮助，那么所有技工怎么不知道，甚至不追求呢？这绝不可能。再说，一个编织工或一个木匠在知道了‘普遍善’后，如何会对他的手艺有益？一个人在了解了所谓的理念后，如何会成为一个优秀的医生和良好的将军呢？这些谁也说不清。显然，一个医生并不研究‘健康本身’，而只是研究人的健康，或者更好地说，研究他的病人的健康，因为他所医治的是个别的人。”①

正因为不存在一种与具体的个别事物相分离的一般的善，善总是具体的个别的善，所以以追求善为目标的实践智慧就绝不能像纯粹科学和技术那样，把一般的观念简单地应用于个别事物，而是需要根据具体事物的情况去确定、修改和发展一般观念。这里我们以亚里士多德关于法律上的公正和日常伦理生活中的公道的讨论为例，来说明实践智慧这种不同于科学技术应用的另一种一般与个别的应用类型。亚里士多德在《尼各马可伦理学》中说，公道和公正尽管看上去似乎是一样的，但两者存在很大区别：“公道虽然是公正，但并不是法律上所谓的公正，而是对法律公正的纠正。其原因在于：全部法律都是普遍的，但在某些特殊场合里，只说一些普遍的道理不能够称为正确。就是在那些必须讲普遍道理的地方，这也不见得是正确的，因为法律针对大多数，虽然对过错也不是无知的……如果法律是一种普遍的规定，并且在这里有可能出现一些普遍规定所不掌握的情况，那么在立法者有所忽略并由于简单化而出现失误的地方，对立法者的过错进行纠正就是正确的。如果立法者本人在场，那他自己会考虑这种情况，如果他已知道了这种情况，他自己就会把所缺少的规定放入法律之中，因此公道就是公正，而且优于某种形式上的公正——这种公正当然不可以理解为绝对公正，而是由于其普遍性而带有缺点的公正。纠正法律普遍性所带来的缺陷，正是公道的本性，因为法律不能适应于一切事物，对于有些事情是不能绳之以法的，所以应当规定某些特殊条文。对于不确定的事物，其准则也不确定，正如罗斯博斯岛的营造师们的弹性规则，这种规则不是固定不变的，而是与石块的形状相适应的，条文对事物也应如此。”②

① 亚里士多德．尼各马可伦理学：1097a1－13.

② 同①1137b13－33.

我认为亚里士多德在这里以法律条文为例对实践智慧和一般人文科学的一般与个别应用类型做了相当精辟而深刻的论述。在法学中，法律条文的普遍性和具体案例的个别性、对法律条文的意义解释和该条文在某些不同情况的应用构成一对矛盾，在开庭之前，我们首先要在法律的普遍适用性与具体的诉讼材料之间建立联系。某些法律文本不再是我们当前法律经验的真确表述，不再植根于我们实际生活经验，我们就需要对其重新给予解释。这就是说，法律的每一次应用绝不仅限于对某法律条文普遍意义的单纯理解，而是在于根据具体案例创造一个现实。这就如音乐戏剧的演出并不单纯是原作的再现，每一次演出都是在新的基地上创造和确立一个现实。法律规定的每一次应用，就其是实事求是而言，都是对它的意义的具体化和进一步补充。亚里士多德认为诉讼活动需要补充性的因地制宜的考虑，这并不和法律的严格性相矛盾，相反，正是因为其放松了法律条文才真正实现了法律的意义。因此我们可以说，任何普遍的规范的意义，只有在其具体化中或通过具体化才能得到真正的判定和确定。亚里士多德曾讲到“良机”(kairos)，即要我们在应用法律条文时重视具体境遇，因为普遍的法则需要运用，而法则的运用却又是没有法则可循的，这也就是一种法律的智慧(jurisprudenz)，原先法学就是 Jurisprudenz 一词，可是后来由于实践智慧的遗忘，Jurisprudenz 变成了 Recht- wissenschaft（法律科学)。

实践智慧就是这种没有普遍规则可循的应用类型，它要求我们在具体的实际情况中去探索和摸索，因此亚里士多德说这种智慧既不可学习又不可传授，因为“行为的全部原理只能是粗略的，而非精确不变的……这里没有什么经久不变的东西，如若普遍原理是这样，那么，那些个别行为原理就更加没有普遍性。在这里既说不上什么技术，也说不上什么专业，而只能是对症下药，看情况怎样合适就怎样去做”①。也正因为如此，亚里士多德认为实践智慧并不是青年人一般可学习的，青年人可以通晓几何学和数学等自然科学，并在这方面卓有成就，但他们却不能达到实践智慧，“其原因在于，这种实践智慧不仅涉及普遍的事物，而且也涉及特殊的事物，人要熟悉特殊事物必须通过经验，而青年人所缺乏的正是经验，因为取得经验则需较长时间”②。甚至他还主张青年人不应从一开始就学

① 亚里士多德．尼各马可伦理学：1104a2-10.

② 同①1142a13-16.

习政治学和伦理学，因为“他们对生活尚无实践经验，而这种理论来自生活经验并说明生活经验……这门科学的目的不是知识而是实践”①。

综上所述，亚里士多德的实践智慧概念使我们掌握了一种特殊类型的实践科学，这门科学不是作为实践对立物的纯粹科学，也不是那种基于生产或制作的技术或应用科学。以掌握实践智慧为己任的实践科学既不是数学形式上的理论科学，也不是得心应手地把握某种操作过程意义上的纯粹技能，而是一种致力于人类生存价值和意义且理论与实践相统一的特殊类型的科学。伽达默尔写道：“在具体生活境况中去认识可行事物的实践知识所具有的完善性并不像技术中专门知识所具有的那种完美性。技术是可教的又是可学的，技术方面的成就显然不依赖于掌握这门技术的人从道德或政治的角度来看是一个什么样的人，但是，对于阐明并指导人的实际生活境况的知识和理性来说，情况就正好相反。当然，这里在某种程度上也存在把某种普遍知识应用于具体情况这样的现象……但是这里无论如何绝不涉及规律与事例的逻辑关系，也不涉及与现代科学思想相适应的对过程的预测和先知。”② 正是基于这一点，伽达默尔说，当亚里士多德把这种处理具体情况的实践知识称为“另一类知识”时，这里“并不是愚蠢的非理性主义，而是在一种实践政治意义上懂得发现可行性的理性的闪光”③。

4. 重新恢复实践智慧和作为实践哲学的诠释学

伽达默尔曾写了一篇《论未来的规划》的文章，在此文中他一开始就指出：“如果我们说，首先并不是自然科学本身的进步，而是自然科学的技术-经济的应用的合理性才导致了我们现在所处的工业革命新阶段，这大概绝不是一种夸张。据我看，并不是未曾预料的对自然统治的增长，而是对社会生活的科学控制方法的发展才铸造了我们时代的面目。正因如此才使自19世纪开始的现代科学的胜利进军成了一种统治一切的社会因素。现在作为我们文明基础的科学思想掌握了社会实践的所有领域。科学的市场研究、科学的指挥战争、科学的外交政策、科学的培养后代、科学的指导人类等，这一

---

① 亚里士多德. 尼各马可伦理学：1095a3-6.

② 伽达默尔. 真理与方法：第2卷. 1986：162.

③ 同②.

切使专家统治在经济和社会中占据了中心地位。”①

按照伽达默尔的看法，近代的科学概念和理想虽然来自亚里士多德的纯粹科学概念，它致力于追求一种普遍而必然的客观知识和客观真理，但近代科学的应用，特别是近代的所谓科学技术的应用，从根本上说，乃起源于亚里士多德的技术概念。一切技术的本质在于它不是为了自身而存在，也不是为了某种为其自身而存在的要制造的对象而存在。对象就是为了需要而制造，而制造这些需要对象的人的知识和能力本身却不了解这一需要，他既不懂得他所制造的东西该如何正确使用，更不知道该如何把它用于正确的目的。技术方面的成就只依赖于生产或制作的精湛方法，而不依赖于掌握这门技术的人从道德或政治角度来看是一个什么样的人。单纯的生产者可能制造出一切可能想出的东西，但他仍然是一个不懂在自己能生产的东西中到底该生产什么的人。正是由这里，伽达默尔最后得出近代科学技术的发展既是我们文明成熟的标志，同时也是我们文明危机的标志。他在《科学时代的理性》一书中写道：“自然和自然环境的技术化以及这种技术化所带来的深远后果，都是打着合理化、反神秘化、反神话和破除轻率的拟人对应的旗号。最后经济的可行性以及我们时代无情变化过程的新平衡变成了越来越强大的社会力量，所有这一切都是我们文明成熟的标志，或者也可以说，是我们文明危机的标志，因为20世纪是第一个以技术起决定作用的方式重新确立的时代，并且开始使技术知识从掌握自然力量扩转为掌握社会生活。”② 我认为这是对我们以科学技术发展为特征的现代文明的一种清醒认识。尽管现代科学技术和全球经济一体化使我们得到古代人无法想象的惊人的舒适条件，占有了不断增加的物质财富，但这样一来，我们作为大写的人的存在反而隶属于技术理性的统治。人在实践世界里的智慧、决断和理性统统让位于技术理性，那么这势必就会使人类逐渐失去对生产及其后果的控制，造成理智的盲目性，最后是人作为人自身的自由理性的丧失。当前核武器的出现、人类生存环境的破坏、生态平衡的失调足可以向我们敲起警钟。

为什么当代科学技术的发展会出现这些失调以致造成我们人类文明的危机呢？其原因显然在于实践智慧日益被忽视。一方面我们过分抬高科学技术，看不到它只是我们人类认识世界的一种方式，

① 伽达默尔．真理与方法：第2卷．1986：155.

② 伽达默尔．科学时代的理性．1981：71-72.

而不是一切方式。伽达默尔曾这样讲到西方的科学概念："科学概念是西方文化的特征，但如果我们把西方文化与伟大的高度发展的亚洲文化做比较，则它的厄运也许就在于这种科学概念之中。"① 只要我们比较一下西方的科学概念和我国传统文化的学问概念就可以看出其中的真理性。西方科学概念，正如上面所说的，来源于亚里士多德的纯粹科学（episteme），其特征是研讨不可改变而必然存在之物，演绎是它的基本方法，数学是它的典范。如果我们只按照这种科学概念来规定人的知识，那么有关人类的事务就不能有知识或只具有很少的认知性，因为道德和政治、人类制定的法律、人类据以生活的价值观、人类自己设立的制度、人类遵循的习惯，所有这一切都无法要求不变性和科学的认知性或可知性。反之，我国古代的传统哲学从一开始就把人的生存和价值立于学问的首位，首先求诚而不是真，求做贤人而不是做智人，时时想到"为天地立心，为生民立命，为往圣继绝学，为万世开太平"。面对当代科学技术的剧烈发展，我们确有必要对我们自己祖先的卓识观念加以回顾。

当代实践智慧逐渐被忽视的另一原因则在于我们把科学技术的应用类型等同于实践智慧的应用类型，简言之，以技术的应用等同于实践并取代了实践。尽管我们现在也经常讲到实践概念，但现代的实践似乎仅把人类对外界的行为和活动作为它的主要内容。其实，按照亚里士多德的看法，实践固然是一种行为或活动，但与一般所谓的行为或活动有区别，他曾把活动或行为区分为两类：一类是指向活动之外目的的或本身不完成目的的活动，另一类是本身即是目的的或包含完成目的在内的活动。例如，生产这种活动，其目的在于产品而不是生产，它是本身不完成目的的活动；反之，政治、道德这类伦理行为，其本身就应当是目的即善的活动，善并不外在于这种行为，而这种行为本身也是完成目的即善行于内的活动。目的是在活动之外的，活动就变成了手段，因而会造成不择手段地去追求它之外的目的；反之，目的是在活动之内的，活动本身也就是目的，因而活动就不会超出目的而不择手段。为了区分这两种活动，亚里士多德有时单把前一种活动称为活动，而把后一种活动称为实现（energeia）。② 在亚里士多德看来，唯有实现才能称为实践。他

① 伽达默尔. 真理与方法：第2卷. 1986：319.

② 亚里士多德. 形而上学：1048b29-35.

说："不完成目的的活动就不是实践，而实践是包括了完成目的在内的活动。"① 因此，亚里士多德的实践概念总是与人类的善这一目的联系在一起的。他说："如果对于各种不同形式的活动都有某种为自身而期求的最终目的，而其他的只是想指向这种最终目的，那么这最终目的显然就是善自身和最高的善。"② 以亚里士多德这种实践概念来评判现代的实践概念，那么我们就可看出，现代的实践概念缺少了某种更为重要的本质内容。现代的实践概念是以自然科学里把原理用于实验或转化为生产技术为模式，这只是亚里士多德意义上的技术（techne），其特征是目的只在于生产的产品而不在于生产的手段，而不是亚里士多德所说的那种"对于整个善良而幸福的生活有益"的实践智慧。

正因为实践智慧日益被忽视，本以实践智慧为本质内容的实践的人文科学在今天日益丧失了古希腊人曾赋予它的那种尊严。本与实在相联系并参与实在的理论概念，现在不再是实践的一部分，而是与实践相脱离，甚至成了高居于实践之上的空中楼阁。相对于科学技术的日益进步，人文科学势必日益衰退并遭人轻视，而这种科学的衰退也势必造成技术理性进一步对社会的统治，从而实践智慧可能完全消失。正是从这里，伽达默尔提出以重新恢复实践智慧或实践理性为核心的人文科学模式。他写道："在我看来，在所谓精神科学的自我理解方面，实践理性问题不仅是其中的一个问题，而且比所有其他问题更首要地被提了出来。humanities，即'人文科学'，在科学领域中究竟占有何种位置？我将试图指明，正是亚里士多德的实践哲学——而不是近代的方法概念和科学概念——才为精神科学合适的自我理解提供了唯一有承载力的模式。"③ 在他看来，当我们面对当代科技和经验的剧烈发展以及由此出现的诸种问题时，我们唯有重新恢复实践智慧的主要权威，并利用实践智慧来控制盲目的科技应用，使之不产生危害人类的后果，我们才能产生富有生命力的真正的人文科学和社会科学模式。

这就是他所谓的作为实践哲学的诠释学的核心和意义。按照伽达默尔的看法，当亚里士多德在其《形而上学》中把科学区分为理论的、创制的和实践的三种不同类型的科学时，就已经蕴含了实践

① 亚里士多德. 形而上学：1048b20-21.

② 亚里士多德. 尼各马可伦理学：1094a19-24.

③ 伽达默尔. 真理与方法：第2卷. 1986：319.

科学这门科学在知识领域内的特殊作用。尽管实践科学的本源与创制科学的本源一样，并不在它们研讨的对象中，而在对象的创制者和实践者中，但实践科学的对象却是人而不是物，也就是说，它所研究的对象不是客观的世界，而是人对自己、对他的创造物世界的认识。因而实践科学自古以来就是一门关于人的科学，即政治科学和伦理学。实践科学只涉及每一个个体作为公民所应有的权益和意义，只关心那种使个体和共同体变得更加完美或完善的东西。因此，作为实践哲学的诠释学就不应只是一门关于理解和解释的理论，而首先应当是一门致力于人的善的实际学问，它关于解释的各种可能性、规则和手段的思考都应直接有用于和有利于人们的现实实践。特别是面对当代科学技术的发展以及所带来的种种问题，它应当通过它的理解和解释召唤实践智慧让人们清醒地做哲学思考，使人们对自己和周围的世界清醒地做哲学思考。

这种哲学思考也是一种人们获得自由的方式。在我们当前这样的科学文化中，技术领域被无休止地扩张，掌握达到预定目标的手段已经更加单一，人们之间的接触和公民之间的相互交往成为可控制的。不仅工匠的技艺为工业化的劳动所取代，而且我们日常生活的种种形式也被技术地组织起来，甚至舆论本身也成了一种新的真正的决定性方式，以致人们不再有自己个人的决定，不再有自己的观点可以交换。我们不仅受到各种统治者和专家们的威胁，而且也受到一切我们所生产的东西的支配和对其依赖性的威胁。伽达默尔认为，这一切都有必要使我们做诠释学的自我思考，唯有这种思考才是我们摆脱上述威胁而获得自由的方式。

诠释学是哲学，而且作为哲学，它就是实践哲学。作为实践哲学的诠释学所研讨的问题就是那些决定所有人类认识和活动的问题，是那些决定人之为人以及人对善的选择至关紧要的最伟大的问题。

总　结

这里我们对本书的内容做一个简短的回顾：

希腊文 hermeneüin 即解释。诠释学 Hermeneutik 就是 Auslegungskunst 或 Verstehenslehre，而 Auslegungskunst 与 Interpretationslehre（解释学）是有区别的。

第一，古代诠释学首先被用来解释在预言和自然现象中神的符号和指示，它基于如下信念，即《圣经》和古代经典文本都有一个超出其具体内容的特别的真理要求，而这种要求必须阐明出来。诠释学大概在 1500 年提出它的任务是给出正确解释神学文本和古典人文主义文本的方法规则。

第二，在施莱尔马赫那里，诠释学的领域被扩大了，包括了所有的流传下来的文本和精神作品，而不只是那些经过特别选择的古典的、权威性的或神圣的著作。由于这种扩大，诠释学失去了它在传统上视文本为真理传达的关系，代替这种传达真理的关系，文本被认为是作者的思想、生活的表现和历史时期的表现，因而理解等同于重新体验和再次认识文本所自产生的意识、生活和历史时期。按照施莱尔马赫的看法，诠释学不需要从解释的古代的和基督教的文本的真理内容出发来把握，而是应从我们接近文本的特殊方式出发来理解，因而诠释学的任务就不再是使我们接近上帝或人的真理，而是应发展那种有助于我们避免误解文本、他人讲话和历史事件的方法。因此诠释学成为一种普遍的技艺学，其目的是避免在试图设身处地地进入那种存在于已有的文本后面的思想、生活时所产生的误解。在施莱尔马赫看来，解释者的目的就是“首先要像作者一样好地理解文本，然后甚至要比作者更好地理解文本”。为了达到这一目的，我们必须创造性地重新认识或重新构造作者的思想，这种重构他是用“设身处地”（Einleben）的理论来解释的。他认为，作者和读者乃同一种精神的表现，这就是他所谓的“同质性”(Gleichartigkeit)。

第三，19世纪后半叶，随着对黑格尔绝对唯心论的发展和对历史哲学的批判，诠释学在历史主义里被认为是一种探究历史事件的意义的方法。正如施莱尔马赫把诠释学从独断论的教条中解放出来，使之成为一种解释方法的普遍诠释学一样，19世纪的德国历史学派的诠释学努力也被用来使历史研究脱离黑格尔的历史哲学，使之成为一门真正的经验科学。不过，当历史学派回避黑格尔把历史还原为一种思辨概念时，自身却被迫进入一种神学的自我思考或一种美学的自我思考，而不能真正解释历史事件的意义。因此，正如伽达默尔所说，历史学派在试图把文学解释原则转用到历史研究时，却忽略了历史理解的时间性度向，尽管他们对黑格尔的目的论进行了批判，但他们比黑格尔还更可怜地陷入历史结构的目的论。

第四，狄尔泰通过历史学派继续走着施莱尔马赫的道路，力图把施莱尔马赫的普遍诠释学发展成精神科学的普遍方法论。按照他的看法，当自然科学从外说明（Erklären）世界的可实证的、可认识的所与时，精神科学则从内理解（Verstehen）世界的精神生命，因而说明与理解分别构成自然科学与精神科学各自独特的方法。他说：“我们说明自然，我们理解精神。”狄尔泰试图使诠释学基于一种历史的心理过程，按他的想法，诠释学是通过精神的客观化物去理解过去生命的表现，他提出了“体验”（Erleben）和“再体验”（Nacherleben）这类概念。如果说对于施莱尔马赫而言，理解就是重新构造作者的思想，那么对于狄尔泰来说，理解就是重新体验过去的精神生命。《狄尔泰全集》第7卷中指出：“如果从对理解任务的态度中产生了自己体验到的精神关系，那么人们也将此称为从本己的自我向某种生命表现之总体的转移。”狄尔泰这种追求对以后文本解释和文学批评产生了很大影响。

第五，在海德格尔以及之后的伽达默尔那里，诠释学包含一个更加广泛的意义，因为他们主张，不仅我们关于文本和精神产品的知识，而且我们自身的发展都依据于某种理解，理解不是主体的行为方式，而是此在本身的存在方式。哲学必须以这种理解作为其出发点，因而哲学本身也要成为一种诠释学。由于诠释学概念的这种扩充，诠释学重新产生了那种被施莱尔马赫、历史学派和狄尔泰所抛弃的与真理概念的联系。解释着的理解占有（die auslegende Verstehensaneignung）成为我们借以理解我们自身的真理的占有。诠释学哲学成为一种关于人的历史性的学说，即这样一种理论：人作为“在世存在”总是已经处于理解境遇之中，而对于这种理解境遇，人必须在某种历史的理解过程中加以解释和修正。正如伽达默尔所说：“理解从来就不是一种对于某个所与对象的主观行为，而是属于效果历史，这就是说，理解属于被理解东西的存在。”①

第六，利科尔以强调人的在世存在的语言性和历史性而继续发展诠释学。按照他的看法，人为了理解自身及其自己的产物，必须与自身保持距离，他必须借助文化符号和社会机制去客观化自身，利科尔把这样一种被中介的理解（ein solches vermitteltes Verständnis）称为解释。在这里他强调了诠释学与语言学的结构主义或心理分析的统一。同样，阿佩尔又在皮尔士的实用主义影响下，试图提出一种先验语用学的诠释学。

第七，当代诠释学的最新发展是作为理论和实践双重任务的诠释学，或者说是作为实践哲学的诠释学。这种诠释学既不是一种理论的一般知识，又不是一种应用的技术知识，而是综合理论与实践双重任务的一门人文学科，这门学科本身就包含批判和反思。

① 伽达默尔．真理与方法：第2卷．1986：441．

当代中国人文大系

文学

论二十世纪中国文学　谢冕

新世纪的太阳
——二十世纪中国诗潮　谢冕

中国反封建思想革命的一面镜子
——《呐喊》《彷徨》综论　王富仁

嬗变
——辛亥革命时期至五四时期的中国文学（修订版）　刘纳

性格组合论　刘再复

中华古代文论的现代阐释　童庆炳

维纳斯的腰带
——创作美学　童庆炳

中西比较诗学（修订版）　曹顺庆

文学的维度　南帆

修辞论美学
——文化语境中的20世纪中国文艺　王一川

众神狂欢
——世纪之交的中国文化现象（最新版）　孟繁华

历史学

古文献丛论　李学勤

楚史　张正明

夏商西周的社会变迁　晁福林

《周礼》主体思想与成书年代研究（增订版）　彭林

简帛数术文献探论（修订版）　刘乐贤

秦史稿　林剑鸣

秦汉交通史稿（增订版）　王子今

汉代婚姻形态　彭卫

察举制度变迁史稿　阎步克

唐、吐蕃、大食政治关系史　王小甫

唐代藩镇研究（增订版） 张国刚
唐五代敦煌寺户制度（增订版） 姜伯勤
宋朝阶级结构（增订版） 王曾瑜
宋代地方财政史研究 包伟民
宋夏关系史 李华瑞
元代大都上都研究 陈高华 史卫民
明清土地契约文书研究（修订版） 杨国桢
在国家与社会之间
——明清广东地区里甲赋役制度与乡村社会 刘志伟
市场机制与社会变迁
——18世纪广东米价分析 陈春声
明清福建家族组织与社会变迁 郑振满
近五百年来福建的家族社会与文化 陈支平
清代社会的贱民等级 经君健
江南的早期工业化（1550—1850）（修订版） 李伯重
中国的社与会（修订版） 陈宝良
近代中国社会的新陈代谢 陈旭麓
十九世纪后半期的中国财政与经济 彭泽益
太平天国的历史和思想 王庆成
离异与回归
——传统文化与近代化关系试析（增订版） 章开沅
二十世纪初中国政治改革风潮
——清末立宪运动史 侯宜杰
中国近代会党史研究（增订版） 蔡少卿
章太炎思想研究 姜义华
寻求历史的谜底
——近代中国的政治与人物 杨天石
胡适新论 耿云志
国学与汉学
——近代中外学界交往录 桑 兵
西学东渐与晚清社会（修订版） 熊月之
晚清政治革命新论（增订版） 郭世佑
美国的奠基时代（1585—1775）（修订版） 李剑鸣
天国的陨落——太平天国宗教再研究（增订版） 夏春涛

近代中国思维方式演变的趋势（增订版） 王中江

哲学

哲学与主体自我意识 高清海
走向历史的深处 陈先达
理论思维的前提批判（第 2 版） 孙正聿
为马克思辩护 杨　耕
论黑格尔的逻辑学（第 3 版） 张世英
海德格尔思想与中国天道（修订新版） 张祥龙
走进分析哲学 王　路
现象学的始基（内外编） 倪梁康
论可能生活（第 2 版） 赵汀阳
生命伦理学 邱仁宗
激动人心的年代 李醒民
现代科学与伦理世界（第 2 版） 张华夏
希腊空间概念 吴国盛
中国佛教与传统文化 方立天
进化主义在中国的兴起（增补版） 王中江
中国伊斯兰探秘 金宜久
多元化的上帝观（增订版） 何光沪
宗教哲学研究（增订版） 张志刚
心学之思 杨国荣
孟子性善论研究（修订版） 杨泽波
《周易》经传与易学史新论（修订版） 廖名春
情感与理性 蒙培元
从物质实体到关系实在 罗嘉昌
因果观念与休谟问题 张志林
科学活动论 刘大椿
中西美学与文化精神 张　法
现代西方伦理学史（上、下卷） 万俊人
庄子哲学及其演变（修订版） 刘笑敢
黄老与老庄 王葆玹
唯物主义的现代形态 萧前　杨耕 等
善的历程 杨国荣
思辨哲学新探 王树人

斯宾诺莎哲学研究（修订版）　洪汉鼎
明代哲学史（修订版）　张学智
价值论（第3版）　李德顺
逻辑哲学研究　陈　波
人活动的效率（修订版）　郭　湛
中国的儒学统治　刘绪贻
亚里士多德关于本体的学说　汪子嵩
宋明理学研究（增订版）　张立文
佛学与儒学（修订版）　赖永海
道家形而上学研究（增订版）　郑　开
诠释学：它的历史和当代发展（修订版）　洪汉鼎

图书在版编目（CIP）数据

诠释学：它的历史和当代发展/洪汉鼎著. —修订本. —北京：中国人民大学出版社，2018.10
（当代中国人文大系）
ISBN 978-7-300-25511-8

Ⅰ.①诠… Ⅱ.①洪… Ⅲ.①阐释学 Ⅳ.①B089.2

中国版本图书馆 CIP 数据核字（2018）第 024919 号

当代中国人文大系
诠释学：它的历史和当代发展（修订版）
洪汉鼎 著
Quanshixue：Ta de Lishi he Dangdai Fazhan

出版发行	中国人民大学出版社		
社　　址	北京中关村大街 31 号	**邮政编码**	100080
电　　话	010－62511242（总编室）		010－62511770（质管部）
	010－82501766（邮购部）		010－62514148（门市部）
	010－62515195（发行公司）		010－62515275（盗版举报）
网　　址	http://www.crup.com.cn		
经　　销	新华书店		
印　　刷	涿州市星河印刷有限公司		
规　　格	155 mm×235 mm　16 开本	**版　　次**	2018 年 10 月第 1 版
印　　张	18.25 插页 2	**印　　次**	2023 年 4 月第 3 次印刷
字　　数	286 000	**定　　价**	82.00 元